国家社会科学基金（教育学）重大项目（VDA200004）阶段性研究成果
北京外国语大学"双一流"建设标志性项目（BW202018）阶段性研究成果

"一带一路"国家文化教育大系　　　　　总主编　王定华

韩国文化教育研究

한국 문화교육 연구

万作芳　乔蓉蓉　王凡　崔晓　　著
高正亮　闫林杨　张博　刘星

外语教学与研究出版社
FOREIGN LANGUAGE TEACHING AND RESEARCH PRESS
北京 BEIJING

图书在版编目 (CIP) 数据

韩国文化教育研究 / 万作芳等著. —— 北京：外语教学与研究出版社，2022.9（2024.6 重印）
("一带一路"国家文化教育大系 / 王定华总主编)
ISBN 978-7-5213-3980-2

Ⅰ. ①韩⋯ Ⅱ. ①万⋯ Ⅲ. ①教育研究－韩国 Ⅳ. ①G531.26

中国版本图书馆 CIP 数据核字 (2022) 第 176102 号

出 版 人	王　芳
项目负责	孙凤兰　巢小倩
责任编辑	杜晓沫
责任校对	夏洁媛
装帧设计	李　高
出版发行	外语教学与研究出版社
社　　址	北京市西三环北路 19 号（100089）
网　　址	https://www.fltrp.com
印　　刷	北京盛通印刷股份有限公司
开　　本	787×1092　1/16
印　　张	23　　彩插 1 印张
版　　次	2023 年 3 月第 1 版　2024 年 6 月第 4 次印刷
书　　号	ISBN 978-7-5213-3980-2
定　　价	180.00 元

如有图书采购需求，图书内容或印刷装订等问题，侵权、盗版书籍等线索，请拨打以下电话或关注官方服务号：
客服电话：400 898 7008
官方服务号：微信搜索并关注公众号"外研社官方服务号"
外研社购书网址：https://fltrp.tmall.com

物料号：339800001

记载人类文明
沟通世界文化
www.fltrp.com

"一带一路"国家文化教育大系编写委员会

顾　问：顾明远　　马克垚　　胡文仲

总主编：王定华

委　员（按姓氏音序排列）：

常福良	戴桂菊	郭小凌	金利民	柯　静	李洪峰
刘宝存	刘　捷	刘生全	刘欣路	钱乘旦	秦惠民
苏莹莹	陶家俊	王　芳	谢维和	徐　辉	徐建中
杨慧林	张民选	赵　刚			

"一带一路"国家文化教育大系编审委员会

主　任：王　芳

副主任：徐建中　　刘　捷

秘书长：孙凤兰

委　员（按姓氏音序排列）：

蔡　喆	柴方圆	巢小倩	杜晓沫	华宝宁	焦缨添
刘相东	刘真福	马庆洲	彭立帆	石筠弢	孙　慧
万作芳	王名扬	杨鲁新	姚希瑞	苑大勇	张小玉
赵　雪	祝　军				

南山首尔塔

仁川中央公园

李舜臣雕像

光化门

韩服

韩屋

首尔市夜景

韩国国立中央博物馆

韩国国立亚洲文化殿堂

首尔星空图书馆

学前教育活动

小学计算机课

小学实验课

大学生

大学图书馆

梨花女子大学

终身教育学院课堂

疫情期间的线上线下课堂教学

出版说明

2013年9月7日，国家主席习近平提出共建"丝绸之路经济带"重大倡议。2013年10月3日，习近平主席提出共建"21世纪海上丝绸之路"重大倡议。两者合称"一带一路"倡议。以2013年金秋为起点，"一带一路"倡议作为构建人类命运共同体的伟大设想，在开拓和平、繁荣、开放、绿色、创新、文明之路的非凡征程中，孕育生机和活力，汇聚信心和期待，在世界范围内广受欢迎和响应。

文化交流、文明互鉴是构建人类命运共同体的人文基础。文化发展，教育先行。作为"共和国外交官的摇篮"、文化教育的主动践行者、"一带一路"倡议的踊跃响应者和构建人类命运共同体的积极参与者，北京外国语大学在党委书记王定华教授的带领下，放眼世界，找准坐标，勇于担当，主动作为，深耕文化教育相关领域，研究、策划并组织编写了"一带一路"国家文化教育大系（以下简称大系）。国内相关高校和研究机构的众多专家学者献计献策，踊跃参加，形成了一个范围广泛、交流互动、共同进步的"一带一路"国家文化教育学术研究共同体。大系旨在填补国内相关研究领域的学术空白，实现"一带一路"国家教育研究全覆盖，为中国教育"走出去"和相关国家先进教育理念"请进来"提供科学理论和实践指导，具有重要的学术价值。同时，大系服务国家重大战略，通过分期分批出版，形成规模和品牌，向中国共产党建党一百周年和"一带一路"倡议提出十周年献礼，具有深远的意义。

作为国家社会科学基金（教育学）重大项目"新时代提升中国参与全球教育治理的能力及策略研究"、北京外国语大学"双一流"建设标志性项目"'一带一路'国家文化教育研究"的课题研究成果和北京外国语大学党委的"奋进之举"，大系秉承学术性与可读性兼顾的原则，对"一带一路"国家文化教育理论与实践问题展开深入研究，从国情概览、文化传统、教育历史、学前教育、基础教育、高等教育、职业教育、成人教育、教师教育、教育政策、教育行政、教育交流等方面，全景擘画"一带一路"国家的教育风貌，帮助读者了解"一带一路"国家教育的历史与现状、经验与特点，为我国教育的发展和对外交流合作提供有益的借鉴、思考与启迪。

肆虐全球的新冠肺炎疫情严重影响了各国人民的生产生活，带来了二战以来人类面临的最严重的全球性危机，同时也再次阐述了人类命运共同体深刻内涵的世界性意义。在疫情防控常态化背景下，大系所有专家学者不畏困难，齐心协力，直面挑战，守望相助，化危为机，切实履行了响应和支持"一带一路"倡议的承诺。在此，特别感谢大系总策划、总主编王定华教授，以及所有顾问、编委和作者的心血倾注、智慧贡献和努力付出。

外语教学与研究出版社对大系的编写和出版工作给予了高度重视。自2019年项目启动以来，外研社抽调精锐力量成立大系工作组，多次组织相关部门和人员召开选题论证会，商建编委会，召开全体作者大会，制订周密、科学的出版计划，以保证项目的顺利开展和图书的优质出版。目前，大系的出版工作已取得阶段性成果，预计在2023年"一带一路"倡议提出十周年前后，将分期分批推出数量和规模可观的、具有相当科研价值和学术价值的系列专著。期望大系的编写和出版能为"一带一路"建设、中外教育交流及我国文化教育发展发挥基础性、服务性、广远性的作用。

外语教学与研究出版社
2021年4月

总 序

王定华

改革开放以来，中国各项事业取得了巨大成就。中国经济和世界经济高度关联，中国一以贯之地坚持对外开放的基本国策，构建全方位开放新格局，深度融入世界经济体系。2013年9月和10月，习近平主席在出访中亚和东南亚国家期间，先后提出共建"丝绸之路经济带"和"21世纪海上丝绸之路"的重大倡议（以下简称"一带一路"倡议），得到国际社会的高度关注。其中，"丝绸之路经济带"东边牵着亚太经济圈，西边系着发达的欧洲经济圈，是世界上最长、最具发展潜力的经济大走廊；"21世纪海上丝绸之路"串起连通东盟、南亚、西亚、北非、欧洲等各大经济板块的市场链，发展面向南海、太平洋和印度洋的战略合作经济带，以亚欧非经济贸易一体化为发展的长期目标。

一、精准把握"一带一路"倡议的时代意蕴

"经济带"概念是对地区经济合作模式的创新。其中经济走廊涵盖中蒙

俄经济走廊、新亚欧大陆桥、中国-中亚-西亚经济走廊、孟中印缅经济走廊、中国-中南半岛经济走廊等，以经济增长极辐射周边，超越了传统发展经济学理论。"丝绸之路经济带"概念不同于历史上所出现的各类"经济区"与"经济联盟"，同后两者相比，经济带具有灵活性高、适用性广以及可操作性强的特点，各国都是平等的参与者，本着自愿参与、协同推进的原则，发扬古丝绸之路兼容并包的精神。

"一带一路"倡议是我国在新时代推进全方位对外开放的重要举措，为当今世界提供了一个充满东方智慧、实现共同发展的中国方案，也是对历史文化传统的高度尊重，凝聚了世界各国利益的最大公约数。丝绸之路是起始于古代中国，连接亚洲、非洲和欧洲的古代陆上商业贸易路线，最初的作用是运输古代中国出产的丝绸、瓷器等商品，后来成为东方与西方之间在经济、政治、文化等方面进行交流的主要通道。1877年，德国地质、地理学家李希霍芬（F. P. W. Richthofen）在其著作《中国》一书中，把公元前114年至公元127年，中国与中亚、中国与印度间以丝绸贸易为媒介的这条西域交通道路命名为"丝绸之路"，这一名词很快为学术界和大众所接受，并正式运用。其后，德国历史学家赫尔曼（A. Herrmann）在20世纪初出版的《中国与叙利亚之间的古代丝绸之路》一书中，根据新发现的文物考古资料，进一步把丝绸之路延伸到地中海西岸和小亚细亚，并确定了丝绸之路的基本内涵，即它是中国古代与中亚、南亚、西亚以及欧洲、北非的陆上贸易交往通道。进入21世纪，海上丝绸之路也被纳入丝绸之路的涵盖范围，即从中国沿海港口过南海到印度洋并延伸至欧洲，从中国沿海港口过南海到南太平洋。随着时代的发展，"丝绸之路"成为古代中国与西方所有政治经济文化往来通道的统称。

推进"一带一路"建设既是中国扩大和深化对外开放的需要，也是加强和世界各国互利合作的需要，中国愿意承担更多责任和义务，为人类和平发展做出更大的贡献。文明交流互鉴是构建人类命运共同体的重要途径，是推动人类文明共同进步、实现世界和平发展的重要动力。共建"一带一路"要顺应世界多极化、经济全球化、文化多样化、社会信息化的潮流，秉持开放的区域合作精神，致力于推动"一带一路"各国实现经济政策协调，开展更大范围、更高水平、更深层次的区域合作，共同打造开放、包容、均衡、普惠的区域经济合作架构，维护全球自由贸易体系和开放型世界经济格局。

"一带一路"贯穿亚欧非大陆，一头是活跃的东亚经济圈，一头是发达的欧洲经济圈，中间广大腹地国家经济发展潜力巨大。根据"一带一路"走向，陆上依托国际大通道，以中心城市为支撑，以重点经贸产业园区为合作平台，共同打造新亚欧大陆桥以及中蒙俄、中国-中亚-西亚、中国-中南半岛等国际经济合作走廊；海上以重点港口为基点，共同建设通畅安全高效的运输大通道。

"一带一路"建设是有关国家开放合作的宏大经济愿景，需要各国携手努力，朝着互利互惠、共同安全的目标相向而行：努力实现区域基础设施更加完善，安全高效的陆海空通道网络基本形成，互联互通达到新水平；投资贸易便利化水平进一步提升，高标准自由贸易区网络基本形成，经济联系更加紧密，政治互信更加深入；人文交流更加广泛深入，不同文明互鉴共荣，各国人民相知相交、和平友好。

"一带一路"倡议是具有开放性和包容性的友好建议。当今世界是一个开放的世界，开放带来进步，封闭导致落后。中国认为，只有开放才能发现机遇、抓住并用好机遇、主动创造机遇，才能实现国家的奋斗目标。"一带一路"倡议就是要把世界的机遇转变为中国的机遇，把中国的机遇转变为世界的机遇。正是基于这种认知与愿景，"一带一路"倡议以开放为导向，冀望通过加强交通、能源和网络等基础设施的互联互通建设，促进经济要素有序自由流动、资源高效配置和市场深度融合，开展更大范围、更高水平、更深层次的区域合作，打造开放、包容、均衡、普惠的区域经济合作架构，以此来解决经济增长和平衡问题。"一带一路"倡议的开放包容性是区别于其他区域性经济倡议的一个突出特点。

"一带一路"倡议是超越地缘政治的务实合作的广阔平台。"和平合作、开放包容、互学互鉴、互利共赢"的丝路精神是人类共有的历史财富，"一带一路"倡议就是秉承这一精神与原则提出的新时代重要倡议，通过加强相关国家间的全方位多层面交流合作，充分发掘与发挥各国的发展潜力与比较优势，形成互利共赢的区域利益共同体、命运共同体和责任共同体。在这一机制中，各国是平等的参与者、贡献者、受益者。因此，"一带一路"倡议从一开始就具有平等性、和平性特征。平等是中国坚持的重要国际准则，也是"一带一路"建设的关键基础。只有建立在平等基础上的合作才能是持久的合作，也才会是互利的合作。"一带一路"倡议平等包容的合作特征为其推进减轻了阻力，提升了共建效率，有助于国际合作真正"落地生根"。同时，"一带一路"建设离不开和平安宁的国际环境和地区环境，和平是"一带一路"建设的本质属性，也是保障其顺利推进所不可或缺的重要因素。这些就决定了"一带一路"倡议不应该也不可能沦为大国政治较量的工具，更不会重复地缘博弈的老路。

"一带一路"倡议是政府、企业、团体共同发力的项目载体。"一带一路"建设是在双边或多边联动基础上通过具体项目加以推进的，是在进行充分政策沟通、战略对接以及市场运作后形成的发展倡议与规划。2017年5月发布的《"一带一路"国际合作高峰论坛圆桌峰会联合公报》强调了建设"一带一路"的合作原则，其中就包括市场运作原则，即充分认识市场作用和企业主体地位，确保政府发挥适当作用，政府采购程序应开放、透明、非歧视。可见，"一带一路"建设的核心主体与支撑力量并不是政府，而是企业，根本方法是遵循市场规律，并通过市场化运作模式来实现参与各方的利益诉求，政府在其中发挥构建平台、创立机制、政策引导等指向性、服务性功能。

"一带一路"倡议是与现有相关机制对接互补的有益渠道。参与"一带一路"建设的国家要素禀赋各异，比较优势差异明显，互补性很强。有的国家能源资源富集但开发力度不够，有的国家劳动力充裕但就业岗位不足，有的国家市场空间广阔但产业基础薄弱，有的国家基础设施建设需求旺盛但资金紧缺。我国目前经济总量居全球第二，外汇储备居全球第一，优势产业越来越多，基础设施建设经验丰富，装备制造能力强、质量好、性价比高，具备资金、技术、人才、管理等综合优势。这就为我国与其他"一带一路"建设参与方实现产业对接与优势互补提供了现实可能与重大机遇。因而，"一带一路"倡议的核心内容就是要加强基础设施建设和促进互联互通，对接各国政策和发展战略，以便深化务实合作，促进协调联动发展，实现共同繁荣。由此可见，"一带一路"倡议不是对现有地区合作机制的替代，而是与现有机制互为助力、相互补充。实际上，"一带一路"建设已经与俄罗斯主导的欧亚经济联盟、印尼全球海洋支点发展规划、哈萨克斯坦光明之路经济发展战略、蒙古国草原之路倡议、欧盟欧洲投资计划、埃及苏伊士运河走廊开发计划等实现了对接与合作，并形成了一批标志性项目，如中哈（连云港）物流合作基地。作为新亚欧大陆桥经济走廊建设成果之一，中哈（连云港）物流合作基地初步实现了深水大港、远洋干线、中欧班列、物流场站的无缝对接。该项目与哈萨克斯坦光明之路经济发展战略高度契合。

"一带一路"倡议是促进人文交流的沟通桥梁。"一带一路"倡议跨越不同区域、不同文化、不同宗教信仰，但它带来的不是文明冲突，而是各文明间的交流互鉴。"一带一路"倡议在推进基础设施建设、加强产能合作与发展战略对接的同时，也将"民心相通"作为工作重心之一。民心相通是"一带一路"建设的社会根基。民心相通就是要传承和弘扬丝绸之路友好合作精神，广泛进行文化交流、学术交流、人才交流往来、媒体合作、青年和妇女交往、志愿者服务等，为深化双边和多边合作奠定坚实的民意基础。一是扩大相互间留学生规模，开展合作办学；国家间互办文化年、艺术节、电影节、电视周和图书展等活动，深化国家间人才交流合作。二是加强旅游合作，扩大旅游规模，联合打造具有丝绸之路特色的国际精品旅游线路和旅游产品。三是强化与周边国家在传染病疫情信息沟通、防治技术交流、专业人才培养等方面的合作，提高合作处理突发公共卫生事件的能力。四是加强科技合作，共建联合实验室（研究中心）、国际技术转移中心、海上合作中心，促进科技人员交流，合作开展重大科技攻关，共同提升科技创新能力。五是整合现有资源，开拓和推进参与国家在青年就业、创业培训、职业技能开发、社会保障管理服务、公共行政管理等共同关心领域的务实合作。六是充分发挥政党、议会交往的桥梁作用，加强国家之间立法机构、主要党派和政治组织的友好往来，互结友好城市。七是加强各国民间组织的交流合作，重点面向基层民众，广泛开展教育、医疗、减贫开发、生物多样性和生态环保等主题的各类公益慈善活动，改善贫困地区生产生活条件；加强文化传媒领域的国际交流合作，积极利用网络平台，运用新媒体工具，塑造和谐友好的文化生态和舆论环境；通过强化民心相通，弘扬丝绸之路精神，开展智力丝绸之路、健康丝绸之路等建设，在科学、教育、文化、卫生、民间交往等领域广泛合作，使"一带一路"建设的民意基础更为坚实，社会根基更加牢固。"一带一路"建设就是要以文明交流超越文明隔阂，以文明互鉴超越文明冲突，以文明共存超越文明优越，为相关国家人民加强交流、增进理解搭起新的桥梁，为不同文化和文明加强对话、交流互鉴织就新的纽带，推动各国相互理解、相互尊重、相互信任。

"一带一路"是促进共同发展、实现共同繁荣的友谊之路。共建"一带一路"旨在促进各国发展战略的对接和耦合，有利于发掘区域市场的潜力，推动经济要素有序自由流动、资源高效配置和市场深度融合，促进投资和消费，创造需求和就业，增进各国人民的人文交流与文明互鉴，从而让各国人民相逢相知、互信互敬，共享和谐、安宁、富裕的生活。共建"一带一路"符合国际社会的根本利益,彰显了人类社会的共同理想和美好追求,是国际合作及全球治理新模式的积极探索,将为世界和平发展增添新的正能量。中国政府倡议秉持和平合作、开放包容、互学互鉴、互利共赢的理念,全方位推进务实合作,打造政治互信、经济融合、文化包容的利益共同体、命运共同体和责任共同体。

"一带一路"倡议已经得到世界上众多国家和地区的积极响应,成为维护全球自由贸易体系和开放型世界经济的重要支撑。截至2021年1月30日,中国已经同171个国家和国际组织签署205份共建"一带一路"合作文件。[1] 特别是2017年5月第一届"一带一路"国际合作高峰论坛、2019年4月第二届"一带一路"国际合作高峰论坛和2019年5月亚洲文明对话大会的成功举办,充分彰显了我国开放、包容的大国外交风范。在此背景下,我们一方面应致力于向世界介绍中国,推动中国文化"走出去",讲好中国故事;另一方面也应加强对"一带一路"国家的历史、文化、语言、教育、艺术等方面的介绍和研究,让中国人民更多地了解"一带一路"国家的具体国情,特别是文化传统和教育体系。

"一带一路"倡议合作范围不断扩大,合作领域愈加广阔。它不仅给参与各方带来了实实在在的合作红利,也为世界贡献了应对挑战、创造机遇、强化信心的智慧与力量。

当今世界,新冠肺炎疫情带来诸多挑战,局部战争风险依然存在,经济增长动能不足,"逆全球化"思潮涌动,地区动荡持续,恐怖主义蔓延。和平赤字、发展赤字、治理赤字带来的严峻问题,已摆在全人类面前。这充分说明现有的全球治理体系面临结构性问题,亟须找到新的破解之策与应对方略。作为一个新兴大国,中国有能力、有意愿同时也有责任为完善全球治理体系贡献智慧与力量。面对新挑战、新问题、新情况,中国给出

---

[1] 中国一带一路网. 我国已签署共建"一带一路"合作文件205份 [EB/OL].(2021-01-30)[2021-02-23]. https://www.yidaiyilu.gov.cn/xwzx/gnxw/163241.htm.

的全球治理方案是：构建人类命运共同体，实现共赢共享。"一带一路"倡议正是朝着这个目标努力的具体实践。"一带一路"倡议强调各国的平等参与、包容普惠，主张携手应对世界经济面临的挑战，开创发展新机遇，谋求发展新动力，拓展发展新空间，共同朝着人类命运共同体方向迈进。正是本着这样的原则与理念，"一带一路"倡议针对各国发展的现实问题和治理体系的短板，创立了亚洲基础设施投资银行、丝路基金等新型国际机制，构建了多形式、多渠道的交流合作平台。这既能缓解当今全球治理机制代表性、有效性、及时性难以适应现实需求的困境，在一定程度上扭转公共产品供应不足的局面，提振国际社会参与全球治理的士气与信心，又能满足发展中国家尤其是新兴市场国家变革全球治理机制的现实要求，大大增强了新兴国家和发展中国家的话语权，是推进全球治理体系朝着更加公正合理方向发展的重大突破。

"一带一路"倡议涵盖了发展中国家与发达国家，实现了"南南合作"与"南北合作"的统一，有助于推动全球均衡可持续发展。"一带一路"建设以基础设施建设为着眼点，促进经济要素有序自由流动，推动中国与相关国家的宏观政策的对接与协调。对于参与"一带一路"建设的发展中国家来说，这是一次搭中国经济发展"快车""便车"，实现自身工业化、现代化的历史性机遇，有利于推动"南南合作"的广泛展开，同时也有助于增进"南北对话"，促进"南北合作"的深度发展。不仅如此，"一带一路"倡议的理念和方向同联合国《2030年可持续发展议程》也高度契合，完全能够加强对接，实现相互促进。联合国秘书长古特雷斯表示，"一带一路"倡议与《2030年可持续发展议程》都以可持续发展为目标，都试图提供机会、全球公共产品和双赢合作，都致力于深化国家和区域间的联系。

二、深入推动"一带一路"国家的教育交流

2020年6月印发的《教育部等八部门关于加快和扩大新时代教育对外开放的意见》指出，教育对外开放是教育现代化的鲜明特征和重要推动力，要以习近平新时代中国特色社会主义思想为指导，坚持教育对外开放不动摇，主动加强同世界各国的互鉴、互容、互通，形成更全方位、更宽领域、更多层次、更加主动的教育对外开放局面。

教育为国家富强、民族繁荣、人民幸福之本，在共建"一带一路"中具有基础性和先导性作用。教育交流为各国民心相通架设桥梁，人才培养为各国政策沟通、设施联通、贸易畅通、资金融通提供支撑。各国间教育交流源远流长，教育合作前景广阔，大家携手发展教育，合力共建"一带一路"，是造福各国人民的伟大事业。推进"一带一路"国家教育共同繁荣，既是加强与各国教育互利合作的需要，也是推进中国教育改革发展的需要，中国愿意在力所能及的范围内承担更多责任和义务，为区域教育大发展做出更大的贡献。

（一）教育合作的原则

"一带一路"国家教育合作应遵循四个重要原则。

一是育人为本，人文先行。加强合作育人，提高区域人口素质，为共建"一带一路"提供人才支撑。坚持人文交流先行，建立区域人文交流机制，搭建民心相通桥梁。

二是政府引导，民间主体。政府加强沟通协调，整合多种资源，引导教育融合发展。发挥学校、企业及其他社会力量的主体作用，活跃教育合作局面，丰富教育交流内涵。

三是共商共建，开放合作。坚持共商、共建、共享，推进各国教育发

展规划相互衔接，实现各国教育融通发展、互动发展。

四是和谐包容，互利共赢。加强不同文明之间的对话，寻求教育发展最佳契合点和教育合作最大公约数，促进各国在教育领域互利互惠。

（二）教育合作的重点

"一带一路"各国教育特色鲜明、资源丰富、互补性强、合作空间巨大。中国将以基础性、支撑性、引领性三方面举措为建议框架，开展三方面重点合作，对接各国意愿，互鉴先进教育经验，共享优质教育资源，全面推动各国教育提速发展。

1. 开展教育互联互通合作

一是加强教育政策沟通。开展"一带一路"国家教育法律、政策协同研究，构建各国教育政策信息交流通报机制，为各国政府推进教育政策互通提供决策建议，为各国学校和社会力量开展教育合作交流提供政策咨询。积极签署双边、多边和次区域教育合作框架协议，制定各国教育合作交流国际公约，逐步疏通教育合作交流政策性瓶颈，实现学分互认、学位互授联授，协力推进教育共同体建设。

二是助力教育合作渠道畅通。推进"一带一路"国家间签证便利化，扩大教育领域合作交流，形成往来频繁、合作众多、交流活跃、关系密切的携手发展局面。鼓励有合作基础、相同研究课题和发展目标的学校缔结姊妹关系，逐步深化和拓展教育合作交流。举办校长论坛，推进学校间开展多层次、多领域的务实合作。支持高等学校依托优势学科和专业，建立"产学研用"相结合的国际合作联合实验室（研究中心）、国际技术转移中心，共同应对各国在经济发展、资源利用、生态保护等方面面临的重大挑战与机遇。打造"一带一路"国家学术交流平台，吸引各国专家学者、青年学生开展研究和学术交流。推进"一带一路"国家优质教育资源共享。

三是促进语言互通。研究构建语言互通协调机制，共同开发语言互通开放课程，逐步将国家语言课程纳入各国的学校教育课程体系。拓展政府间语言学习交换项目，联合培养、相互培养高层次语言人才。发挥外国语院校人才培养优势，推进基础教育多语种师资队伍建设和外语教育教学工作。扩大语言学习国家公派留学人员规模，倡导各国与中国院校合作在华开办本国语言专业。支持更多社会力量助力孔子学院和孔子课堂建设，加强汉语教师和汉语教学志愿者队伍建设，全力满足不同国家的汉语学习需求。

四是推进民心相通。鼓励学者开展或合作开展中国课题研究，增进各国对中国发展模式、国家政策、教育文化等各方面的理解。建设国别和区域研究基地，与对象国合作开展经济、政治、教育、文化等领域研究。逐步将理解教育课程、丝路文化遗产保护纳入各国中小学教育课程体系，加强青少年对不同国家文化的理解。加强"丝绸之路"青少年交流，注重通过志愿服务、文化体验、体育竞赛、创新创业活动和新媒体社交等途径，增进不同国家青少年对其他国家文化的理解。

五是推动学历学位认证标准联通。推动落实联合国教科文组织《亚太地区承认高等教育资历公约》，支持联合国教科文组织建立世界范围学历互认机制，实现区域内双边、多边学历学位关联互认。呼吁各国完善教育质量保障体系和认证机制，加快推进本国教育资历框架开发，助力各国学习者在不同种类和不同阶段教育之间进行转换，促进终身学习社会的建设。共商、共建区域性职业教育资历框架，逐步实现就业市场的从业标准一体化。探索建立各国教师专业发展标准，促进教师流动。

2．开展人才培养培训合作

一是实施"丝绸之路"留学推进计划。设立"丝绸之路"中国政府奖学金，为各国专项培养行业领军人才和优秀技能人才。全面提升来华留学人才培养质量，把中国打造成为深受各国学子欢迎的留学目的地。以国家公派留学为引领，推动更多中国学生到"一带一路"其他国家留学。坚持"出国留学和来华留学并重、公费留学和自费留学并重、扩大规模和提高质量并重、依法管理和完善服务并重、人才培养和发挥作用并重"，完善全链条的留学人员管理服务体系，保障平安留学、健康留学、成功留学。

二是实施"丝绸之路"合作办学推进计划。有条件的中国高等学校开展境外办学要集中优势学科，选好合作契合点，做好前期论证工作，构建科学的人才培养模式、运行管理模式、服务当地模式、公共关系模式，使学校顺利落地生根、开花结果。发挥政府引领、行业主导作用，促进高等学校、职业院校与行业企业深度产教融合。鼓励中国优质职业教育配合高铁、电信运营等行业企业"走出去"，探索开展多种形式的境外合作办学，合作设立职业院校、培训中心，合作开发教学资源和项目，开展多层次职业教育和培训，培养当地急需的各类"一带一路"建设者。整合资源，积极推进与各国在青年就业培训等共同关心领域的务实合作。倡议国家之间开展高水平合作办学。

三是实施"丝绸之路"师资培训推进计划。开展"丝绸之路"教师培训，加强先进教育经验交流，提升区域教育质量。加强"丝绸之路"教师交流，推动各国校长交流访问、教师及管理人员交流研修，推进优质教育模式在各国的互学互鉴。大力推进各国优质教学仪器设备、教材课件和整体教学解决方案的输出，跟进教师培训工作，促进各国教育资源和教学水平均衡发展。

四是实施"丝绸之路"人才联合培养推进计划。推进国家间的研修访学活动。鼓励各国高等院校在语言、交通运输、建筑、医学、能源、环境工程、水利工程、生物科学、海洋科学、生态保护、文化遗产保护等国家发展急需的专业领域联合培养学生，推动联盟内或校际教育资源共享。

3．共建丝路合作机制

一是加强"丝绸之路"人文交流高层磋商。开展国家间的双边、多边人文交流高层磋商，商定"一带一路"教育合作交流总体布局，协调推动各国建立教育双边和多边合作机制、教育质量保障协作机制和跨境教育市场监管协作机制，统筹推进"一带一路"教育共同行动。

二是充分发挥国际合作平台作用。发挥上海合作组织、东亚峰会、亚太经合组织、亚欧会议、亚洲相互协作与信任措施会议、中阿合作论坛、东南亚教育部长组织、中非合作论坛、中巴经济走廊、孟中印缅经济走廊、中蒙俄经济走廊等现有双边、多边合作机制的作用，增加教育合作的新内涵。借助联合国教科文组织等国际组织力量，推动各国围绕实现世界教育发展目标形成协作机制。充分利用中国-东盟教育交流周、中日韩大学交流合作促进委员会、中阿大学校长论坛、中非高校20+20合作计划、中日大学校长论坛、中韩大学校长论坛、中俄综合性大学联盟等已有平台，开展务实的教育合作交流。支持在共同区域、有合作基础、具备相同专业背景的学校组建联盟，不断延展教育务实合作平台。

三是实施"丝绸之路"教育援助计划。发挥教育援助在"一带一路"教育共同行动中的重要作用，逐步加大教育援助力度，重点投资于人、援助于人、惠及于人。发挥教育援助在"南南合作"中的重要作用，加大对相关国家尤其是最不发达国家的支持力度。统筹利用国家、教育系统和民间资源，为相关国家培养培训教师、学者和各类技能人才。积极开展优质教学仪器设备、整体教学方案、配套师资培训一体化援助。加强中国教育培训中心和教育援外基地建设。倡议各国建立政府引导、社会参与的多元化经费筹措机制，通过国家资助、社会融资、民间捐赠等渠道，拓宽教育经费来源，做大教育援助格局，实现教育共同发展。

三、精心组织"一带一路"国家文化教育大系的编著出版

在编写"一带一路"国家文化教育大系过程中，应当全面了解国内外对"一带一路"倡议的响应情况，关注进展，总结做法；应当在新冠肺炎疫情得到控制后到对象国去走一走，看一看，实地感受其教育情况和发展变化；应当广泛收集对象国一手资料，认真阅读，消化分析，吐故纳新；应当多方检索专家学者已经开展的相关研究，虚心参阅已有的研究成果。肆虐全球的新冠肺炎疫情，给人类身体健康和生命安全带来了巨大威胁，对世界格局和世界治理体系产生了重大影响，给全球各行各业带来了巨大挑战。教育置身其间，影响十分明显。因而，对"一带一路"国家文化教育进行研究时，必须观察分析疫情对相关国家文化教育和全球教育治理的深刻影响。

"一带一路"倡议提出后，中外已形成多个"一带一路"多边大学联盟。2015年5月22日，由西安交通大学发起的新丝绸之路大学联盟成立，迄今已吸引38个国家和地区的150余所大学加盟。该联盟是海内外大学结成的非政府、非营利性的开放性、国际化高等教育合作平台，以"共建教育合作平台，推进区域开放发展"为主题，推动"新丝绸之路经济带"国家和地区大学之间在校际交流、人才培养、科研合作、文化沟通、政策研究、医疗服务等方面的交流与合作，增进青少年之间的了解和友谊，培养具有国际视野的高素质、复合型人才，服务"新丝绸之路经济带"及欧亚地区的发展建设。

2015年10月17日，丝绸之路（敦煌）国际文化博览会筹委会文化传承创新高端学术研讨会在敦煌举行。中国的复旦大学、北京师范大学、兰州大

学和俄罗斯乌拉尔国立经济大学、韩国釜庆大学等46所中外高校在甘肃敦煌成立了"一带一路"高校战略联盟,以探索跨国培养与跨境流动的人才培养新机制,培养具有国际视野的高素质人才。46所高校当日达成《敦煌共识》,联合建设"一带一路"高校国际联盟智库。联盟将共同打造"一带一路"高等教育共同体,推动"一带一路"国家和地区大学之间在教育、科技、文化等领域的全面交流与合作,服务"一带一路"国家和地区的经济社会发展。

2016年9月,中国、中亚及丝绸之路经济带沿线7个国家的51所高校共同发起成立了中国-中亚国家大学联盟,旨在打造开放性、国际化互动平台,深化"一带一路"科教合作。

此外,高等教育合作研讨会也日渐增多,既有官方推动形成的研讨会,也有民间自发举办的研讨会。比如,中外大学校长论坛、新加坡-中国-印度高等教育论坛、"一带一路"教育对话论坛,以及北京师范大学举办的"一带一路"国家教育交流与合作高端研讨会,北京外国语大学举办的"一带一路"与行业国际化人才培养高峰论坛,北京理工大学主办的"一带一路"高等教育研究国际会议,浙江大学举办的"一带一路"背景下的工程科技人才培养国际研讨会等。这些多边研讨会的召开,不仅吸引了大量"一带一路"沿线国家的教育研究者与实践者参会,推动了研究与实践合作,而且创新了教育合作模式,促进了国际化高端人才培养,为"一带一路"建设奠定了民意基础。

"一带一路"倡议提出之后,中国学术界迅速开展了关于"一带一路"的研究活动,有关"一带一路"主题的图书主要有以下五类。第一类是倡议解读类图书,一般是梳理"一带一路"倡议的提出、发展及其理论内涵与外延。第二类是经济贸易类图书,专业性较强,主要为理论研究型图书。第三类是国情文史类图书,多为介绍"一带一路"国家国情概览、历史情况、发展概况的工具书,语言平实,部分图书学术性较强。第四类是丝路历史类图书,一般回顾古代丝绸之路的形成与发展、丝绸之路上的人物和大事记等，追古溯源，以便更好地开启"一带一路"新篇章。第五类是法律税收类图书，多为法律指引、税务规范手册等。

可以看出，国内对"一带一路"国家的研究已有一定基础，但是囿于语言翻译的障碍，已经出版的"一带一路"图书，大多是政策解读、数据报告、概况介绍等，对对象国的研究广度和深度还很不够，尤其是针对"一带一路"国家文化教育的系统研究还比较少。

在"一带一路"国家中，遴选具有代表性的对象，对其文化、教育进行系统性的研究，并在此基础上编写"一带一路"国家文化教育大系，分期分批出版，对于帮助中国普通读者和研究人员了解"一带一路"国家的文化教育情况，以及对于拓展我国比较教育研究领域、丰富比较教育研究文献，乃至对于促进中外文明互通、更好地参与推进"一带一路"建设，都具有重要意义。基于对选题背景与意义、相关出版产品调研和北京外国语大学比较优势的分析，"一带一路"国家文化教育大系坚持学术性、可读性兼顾原则，分批次推出，不断积累，以形成规模和品牌。

大系在内容上，一方面呈现"一带一路"国家的文化概貌，展示"一带一路"国家教育发展的文化背景和社会依托。大系采用专题形式，力求用简洁平实的语言生动活泼地介绍"一带一路"国家的自然地理、人文景观、历史发展、风土人情、文化遗产等内容，重点呈现对象国独有的文化现象和独特风貌，集中揭示其民族文化内涵、民族精神、人文意蕴。另一方面，大系重点研究、评价、介绍"一带一路"国家教育的基本情况、发展历史、发展战略、政策法规、现存体系、治理模式与师资队伍等，这方面内容占较大篇幅，是全书的重点和主要内容。

"一带一路"倡议正在成为我国参与全球开放合作、改善全球治理体系、促进全球共同发展繁荣、推动构建人类命运共同体的中国方案。作为国家社会科学基金（教育学）重大项目"新时代提升中国参与全球教育治理的能力及策略研究"的部分研究成果和北京外国语大学"双一流"建设重大标志性成果，"一带一路"国家文化教育大系计划在2021年中国共产党建党100周年和北京外国语大学建校80周年之际，推出首批图书。2023年"一带一路"倡议提出10周年时，推出该项目二期成果。同时积极参与党和国家相关主题纪念活动，以及国家重大图书项目的申报评选工作。

北京外国语大学以外语见长，国际交往活跃，被誉为"共和国外交官的摇篮"，先后培养了400多位大使、2 000多位参赞，以及更多的外交外事外贸工作者。凡是有五星红旗飘扬的地方，都能看到北外人的身影。北外不仅承担着培养各类国际化人才的任务，更担负着向中国介绍世界、向世界介绍中国的历史使命。迄今为止，北外已获批开设101种外国语言，成立了37个区域与国别研究中心，丰富的涉外资源正在助力"一带一路"国家的研究。

大系由外研社具体组织实施。外研社隶属北外，多年来致力于"一带一路"国家的合作交流，服务讲好"中国故事"，在中华思想文化传播、打造中外出版联盟、推动中外学术互译等方面积累了丰富经验，对于协助研究、编著、出版"一带一路"国家文化教育大系具有良好的工作基础。这也是北外及外研社的使命和担当之所在。

大系编著者以北外教师为主。服务国家重大战略，北外人责无旁贷。同时，国内有研究专长和研究意愿的专家学者也踊跃参与，他们或独自撰著一书，或与北外同仁合作。大系还邀请了驻外使领馆的同志和对象国的学者参加撰写或审稿，他们运用一手资料，开展实地调研，力图提升大系的准确性。

四、结语

"一带一路"倡议植根历史，更面向未来；源于中国，更属于世界。"一带一路"作为文明互鉴的桥梁，从亚欧大陆延伸到非洲、美洲、大洋洲，与世界各国发展战略及众多国际和地区组织的发展实现对接联通，在通路、通航的基础上更好地通商，进而开展文化教育交流与沟通，加强商品、资金、技术、文化、教育流通，达成互学互鉴的文明愿景。"一带一路"倡议的目标是中国与"一带一路"国家在互联互通基础上分享优质产能，共商项目投资，共建基础设施，共享合作成果，内容包括政策沟通、设施联通、贸易畅通、资金融通、民心相通"五通"。"一带一路"倡议肩负重大使命，它要探寻经济增长之道，将中国自身的产能优势、技术与资金优势、经验与模式优势转化为市场与合作优势，实行全方位开放，共享中国改革发展红利；它要实现全球化再平衡，鼓励向西开放，带动西部开发以及中亚、蒙古等内陆国家和地区的开发，在国际社会推行全球化的包容性发展理念，主动向西推广中国优质产能和比较优势产业，惠及沿途、沿岸国家，避免西方国家所开创的全球化造成的贫富差距和地区发展不平衡情况，推动建立持久和平、普遍安全、共同繁荣的和谐世界；它要开创地区新型合作，强调共商、共建、共享原则，超越了马歇尔计划和传统的对外援助活动，给 21 世纪的国际合作带来了新的理念。所以，新时代中国的教育学者应当将"一带一路"国家文化教育研究作为比较教育新的增长点，全面深入开展研究，以自己的聪明才智丰富学术，为国出力，服务国家重大发展战略；在加强与"一带一路"国家的交流合作中，推动"一带一路"建设高质量发展，努力建设高质量的中国教育体系，并积极参与后疫情时代全球教育治理体系改革，加快构建以国内大循环为主体、国际国内双循环相互促进的新发展格局。

2023 年春
于北京外国语大学

（王定华，北京外国语大学党委书记、博士、教授、博士生导师，国家督学。历任河南大学教师、中国驻纽约总领事馆教育领事、教育部基础教育一司司长、教育部教师工作司司长等。）

本书前言

韩国位于亚洲大陆东北部朝鲜半岛南半部。国土面积10.329万平方千米。首都首尔是全国的政治、经济、科技、教育和文化中心。人口5 167.24万（截至2021年6月）。[1] 韩国语为其官方语言。

韩国的传统文化和教育在推动国家经济和社会发展方面发挥了重要作用。近年来，韩国文化教育改革持续推进：幼儿入园率持续提高；高中入学率从2005年开始一直维持在90%以上（2020年数据）；教师学历层次不断提升，硕士以上学历的教师小学占比为30.1%，初中占比为35.7%，高中占比为37.7%（2020年数据）；[2] 残疾学生受教育机会不断扩大；评价标准和评价体系得以重建；教育投入逐年增加，教育国际化体系持续完善，教育质量不断提升。

本书综合运用文献研究、比较研究、案例分析研究等方法，坚持学术性和可读性相结合的原则，将理论研究与实证分析相结合，全方位介绍韩国文化教育的历史和现状，总结韩国教育的特点和经验，分析韩国文化教育面临的挑战和对策。

首先，本书从自然地理、国家制度和社会生活三个维度勾勒韩国的国情概貌，展示韩国文化教育所处的自然环境、政治制度和社会背景。通过梳理和介绍韩国文化传统的历史沿革、风土人情和文化名人，分析韩国不

---

[1] 资料来源于韩国统计厅官网。
[2] 资料来源于韩国统计厅官网。

同文化历史阶段对韩国文化发展的贡献，呈现韩国文化底蕴，勾勒韩国文化生态。其次，本书结合重大教育事件及政治、经济和文化对教育发展的影响，对韩国教育发展阶段进行划分，针对不同发展阶段的特点进行有针对性的分析总结，介绍韩国文化名人特别是著名教育家的核心教育思想、重大贡献及重要影响。再次，本书按照学前教育、基础教育、高等教育、职业教育、成人教育、教师教育的顺序，从发展历史和现状、特点、挑战和对策三个维度分别对韩国各级各类教育进行了系统介绍，并立足韩国教育的现实情况和教育国际化大背景，介绍韩国教育政策、教育行政的基本情况。最后，本书叙述了中韩两国教育交流的历史、现状，概括了中韩教育的交流模式，结合中韩两国教育交流合作的典型案例，勾画出未来两国在"一带一路"框架下的教育合作交流愿景。

本书试图在以下两个方面有所突破。第一，内容有所拓展，宏大叙事与细微刻画相互映衬，全景式展现韩国历史文化传统。目前，我国出版的有关韩国教育研究的著作主要集中于某一专题的研究，或历史，或政策等。本书以韩国文化和教育为主线，系统介绍韩国文化教育的基本概貌，重点聚焦教育领域，呈现韩国教育的概况和特征，并对韩国教育领域遇到的困难和挑战及其应对策略进行较为详细的分析。第二，兼顾时代性和权威性，力求史料丰富、数据权威、年代较新。已有关于韩国教育的著作，出版年代集中在20世纪80—90年代，最近的著作绝大多数也是出版于21世纪初。本书查阅和使用了韩国教育部、韩国外交部、韩国统计厅、中国外交部、中国教育部等官方机构发布的最新权威一手数据，为准确全面了解韩国文化教育发展现状提供了数据支撑。

中国和韩国交流的历史源远流长，教育交流合作不断深化，各领域合作成果丰硕。当前，中韩教育交流正在经历深刻变革，开启中韩教育交流合作新阶段，延续中韩交流强劲势头，迎接共同繁荣，共同构建"一带一路"构想的开放包容、创新增长、互联互通、合作共赢的命运共同体，有利于提升中韩两国文化教育内生动力和国际竞争力。

本书是协同研究的结果，是集体智慧的结晶。中国教育科学研究院万作芳研究员负责全书整体指导、撰写与修改。参与撰写工作的还有：山西大学美术学院乔蓉蓉博士（第一章、第二章、第三章、第四章、第五章、第八章、第十章、第十二章）、韩国全州大学王凡博士（第一章、第二章）、山西农业大学软件学院崔晓博士（第三章）、中国教育科学研究院高正亮博士（第三章）、韩国全州大学闫林杨博士（第四章、第五章）、石家庄职业技术学院张博博士（第四章、第五章、第七章、第九章）、首都师范大学教育学院刘星博士（第六章、第十一章）。教育部课程教材研究所冯婉博士前期参与过部分组织工作。全书由万作芳、乔蓉蓉统稿。

本书系国家社会科学基金（教育学）重大项目"新时代提升中国参与全球教育治理的能力及策略研究"（VDA200004）阶段性研究成果。本书的撰写和出版得到了北京外国语大学党委书记、中国教育学会国际教育分会理事长、"一带一路"国家文化教育大系总主编王定华教授和大系编写委员会、大系编审委员会的悉心指导和帮助，谨致谢意。本书在写作过程中大量参考和借鉴了国内外从事韩国研究的学者出版的重要专著、译著和发表的学术论文，得到了外语教学与研究出版社刘捷编审、孙凤兰编审、巢小倩副编审、杜晓沫副编审的大力支持和热心鼓励，在此一并致谢。

万作芳

2022 年 7 月于中国教育科学研究院

目 录

第一章 国情概览 ... 1
第一节 自然地理 ... 1
　　一、地理位置 ... 1
　　二、地形地貌 ... 1
　　三、气候水文 ... 2
　　四、自然资源 ... 2
第二节 国家制度 ... 3
　　一、国家标志 ... 3
　　二、行政区划 ... 5
　　三、政治体制 ... 6
第三节 社会生活 ... 8
　　一、人口 ... 8
　　二、经济 ... 8
　　三、旅游 ... 9
　　四、社会 ... 10

第二章 文化传统 ... 12
第一节 历史沿革 ... 12
　　一、近代开化思想 ... 12
　　二、开化期文学 ... 13
第二节 风土人情 ... 14
　　一、饮食 ... 14
　　二、服饰 ... 15

三、民居 ································· 16
　　四、族制 ································· 17
　　五、音乐 ································· 18
　第三节 文化名人 ···························· 19
　　一、李裪 ································· 19
　　二、李滉 ································· 20
　　三、申师任堂 ····························· 21
　　四、李珥 ································· 22

第三章 教育历史 ···························· 23
　第一节 近代和美国军政府时期的教育 ········· 23
　　一、近代 ································· 24
　　二、美国军政府时期 ······················· 26
　第二节 韩国政府成立后的教育 ··············· 27
　　一、李承晚·张勉政府时期 ················· 27
　　二、朴正熙政府前半期 ····················· 29
　　三、朴正熙政府后半期 ····················· 30
　　四、全斗焕政府时期 ······················· 31
　　五、卢泰愚政府时期 ······················· 33
　　六、金泳三政府时期 ······················· 33
　　七、金大中政府时期 ······················· 35
　　八、卢武铉政府时期 ······················· 38

第四章 学前教育 ... 40
第一节 学前教育的发展和现状 ... 40
一、学前教育的发展历史 ... 40
二、学前教育的现状 ... 43
第二节 学前教育的特点 ... 62
一、积极推进 Nuri 课程 ... 63
二、教保一元化与二元化 ... 64
三、加强对幼儿特殊群体的保障 ... 65
四、加强对幼儿保育的援助 ... 66
第三节 学前教育的挑战和对策 ... 68
一、学前教育的挑战 ... 68
二、学前教育的对策 ... 69

第五章 基础教育 ... 73
第一节 基础教育的发展和现状 ... 74
一、基础教育的发展历史 ... 74
二、基础教育的现状 ... 81
第二节 基础教育的特点 ... 102
一、推行"自由学期制" ... 102
二、推进"创新·人性教育" ... 108
三、支持多元文化教育 ... 109
四、实施"高中学分制" ... 112
五、实施高中免费教育 ... 113
第三节 基础教育的挑战和对策 ... 113
一、基础教育的挑战 ... 114
二、基础教育的对策 ... 121

第六章 高等教育 ……………………………………128
第一节 高等教育的发展和现状 ……………………128
一、高等教育的发展历史 ……………………… 128
二、高等教育的现状 …………………………… 134
第二节 高等教育发展的逻辑和启示 ………………143
一、高等教育发展的逻辑 ……………………… 144
二、高等教育发展的启示 ……………………… 146
第三节 高等教育的挑战和对策 ……………………147
一、高等教育的挑战 …………………………… 147
二、高等教育的对策 …………………………… 148

第七章 职业教育 ……………………………………156
第一节 职业教育的发展和现状 ……………………156
一、职业教育的发展历史 ……………………… 156
二、职业教育的现状 …………………………… 162
第二节 职业教育的特点 ……………………………174
一、完善法律体系 ……………………………… 174
二、加大投入 …………………………………… 174
三、制定职业能力标准体系及资格框架 ……… 176
四、建立职业教育机构评估与认证制度 ……… 177
五、强化产教融合 ……………………………… 177
第三节 职业教育的挑战和对策 ……………………179
一、职业教育的挑战 …………………………… 179
二、职业教育的对策 …………………………… 180

第八章 成人教育 ... 182

第一节 成人教育的发展和现状 ... 182
一、成人教育的发展历史 ... 182
二、成人教育的现状 ... 186

第二节 成人教育的特点 ... 199
一、强调国家作用 ... 200
二、构建学分银行制 ... 201
三、实行自学学位制 ... 204
四、探索 K-MOOC 可持续发展 ... 205

第三节 成人教育的挑战和对策 ... 207
一、成人教育的挑战 ... 207
二、成人教育的对策 ... 209

第九章 教师教育 ... 215

第一节 教师教育的发展和现状 ... 215
一、教师教育的发展历史 ... 215
二、教师教育的现状 ... 217

第二节 教师教育的特点 ... 227
一、发展完善教师教育体系 ... 227
二、构建教师资格制度 ... 231
三、健全教师教育质量控制体系 ... 233

第三节 教师教育的挑战和对策 ... 235
一、教师教育的挑战 ... 235
二、教师教育的对策 ... 236

第十章 教育政策 242
第一节 政策与规划 242
一、教育法律法规 242
二、政策规划要点 248
第二节 实施与挑战 257
一、主要改革措施 257
二、挑战与对策 268

第十一章 教育行政 275
第一节 教育行政体系 275
一、教育行政体制 276
二、教育财政投入 288
三、教育公务员制度 292
第二节 教育行政改革与发展趋势 295
一、教育行政地方化 295
二、教育行政资格制度 302

第十二章 中韩教育交流 305
第一节 交流历史、现状与模式 305
一、交流历史 306
二、交流现状 307
三、交流模式 315
第二节 案例与思考 320
一、交流案例 320
二、交流思考 324

结　语 327

参考文献 331

第一章 国情概览

韩国全称大韩民国，英文名称为 Republic of Korea。本章从自然地理、国家制度、社会生活等多个视角，介绍韩国的基本情况和特点，展示其国情概貌及文化教育发展所依托的社会背景。

第一节 自然地理

一、地理位置

韩国地处世界上最大的大陆欧亚大陆的东部边缘，三面环海，西濒黄海，东南是朝鲜海峡，东边是日本海，北面与朝鲜相邻，国土面积10.329万平方千米。

二、地形地貌

韩国境内多山，主要分布在北部和东部。最长的山脉是太白山脉，位于朝鲜半岛东海岸，又称白头大干。平原主要分布于南部和西部，有汉江平原、湖南平原等。整体地势东边和北边高，西边和南边低。大关岭一带遍布海拔800米左右的丘陵。韩国的旅游胜地冠岳山就耸立在丘陵地带。

三、气候水文

韩国属于四季分明的大陆性气候，主要表现在年温差很大，夏季炎热，冬季寒冷。南方和北方的气温差异很大，东部和西部的气温差异也很大，东部海岸相较西部海岸，冬天更温暖，夏天更凉快。韩国从11月中旬开始到次年2月末会出现"三寒四温"现象。三寒四温是指三天冷四天热、天气周期性反复的现象。韩国多雨，且集中在夏季。韩国的河流流域面积狭小，汉江、洛东江、锦江等主要河流流入黄海和朝鲜海峡，河流下游形成了肥沃的冲积平原。

四、自然资源

（一）矿物资源

韩国矿产资源较少，已发现的矿物有280多种，其中有经济价值的50多种。有开采利用价值的矿物有铁、无烟煤、铅、锌、钨等，但储量不大。自然资源匮乏，主要工业原料均依赖进口。

（二）植物资源

韩国生长着许多种类的植物。植物分布存在明显的南北差异，南部海岸和济州岛的低纬度地带分布着常绿阔叶林（暖温带），其余则是落叶阔叶林。

第二节 国家制度

1910—1945 年，朝鲜半岛沦为日本殖民地。1945 年 8 月，日本投降，美苏军队分别进驻半岛南北部，朝鲜半岛分裂成南北两部分。1948 年 8 月 15 日，半岛南部建立了以李承晚为总统的大韩民国。

一、国家标志

（一）国旗

韩国的国旗是太极旗。底色为白底，象征韩国人民对和平的热爱。白底中间有太极图案，代表阴（蓝色）和阳（红色）的协调，象征宇宙万物根据阴阳的相互作用而生成发展。四角有乾坤坎离四卦图案，分别代表天、地、水、火，也意味着阴阳的互相变化及发展。

（二）国歌

韩国的国歌是《爱国歌》，即为"热爱国家的歌曲"。《爱国歌》的歌词是 1907 年前后当外敌侵略、国家陷入危机时，为了激发人民的爱国、忠诚和独立自主意识而创作的，但是起初歌曲的曲调采用的是苏格兰民谣《友谊地久天长》。作曲家安益泰为此感到惋惜，于 1935 年重新为《爱国歌》谱曲。1948 年，韩国政府成立后，安益泰曲调的《爱国歌》被用于政府的正式活动中，开始在全国范围内传唱并被确立为韩国的国歌。

（三）国徽

韩国的国徽也被称为国家纹章，其设计以太极图和木槿花为主题，中间为太极图案，由五瓣木槿花花朵环绕，一条写着"大韩民国"字样的绶带环绕着花朵。根据韩国 1963 年 12 月制定的《国家纹章规定》，国徽在向外国机构发送的重要文件、勋章及总统表彰章、驻外大使馆建筑物等上作为韩国的国家象征使用。

（四）国玺

目前韩国使用的国玺为第五代国玺。第五代国玺的长宽高各为 10.4 厘米，呈正方形。第五代国玺比以往的国玺更大，采用一次性铸造技术制作而成。[1]

（五）货币

韩币的基本单位是韩元。目前使用的韩币有硬币和纸币。韩币上印有韩国代表性的人或物。现流通的硬币有 10 韩元（图案为佛国寺多宝塔）、

---

[1] 资料来源于韩国行政安全部官网。

50韩元（图案为稻穗）、100韩元（图案为李舜臣）、500韩元（图案为鹤）。现流通的纸币有1 000韩元（图案为李滉），5 000韩元（图案为李珥），10 000韩元（图案为李祹），50 000韩元（图案为申师任堂）。

（六）国庆节

根据韩国相关法律，8月15日的光复节被定为国庆节。1945年8月15日日本宣布无条件投降，1948年8月15日大韩民国政府成立。光复节的意思是"光荣恢复的节日"，是为纪念朝鲜半岛从日本手中独立、恢复国家主权及政府成立而设立的纪念日。[1]

（七）国花

无穷花，即木槿花，是韩国的国花，有"永远绽放不凋谢"的花语。"木槿花三千里华丽江山"的歌词被写入《爱国歌》后，木槿花更加受到韩国国民的喜爱。

二、行政区划

韩国的首都首尔（Seoul，旧译汉城、汉阳），位于朝鲜半岛中央，是韩国最大的城市，韩国政治、教育、文化和经济中心，也是一座历史悠久的古都。

韩国的行政区域根据国家的行政情况，以一般行政区域为基础，根据

---

[1] 资料来源于韩国民族文化大百科词典官网。

人口比例划分为 1 个特别市、6 个广域市、8 个道、1 个特别自治市以及 1 个特别自治道。此外也有以选举区等特殊目的划分的行政区域。

韩国的首尔是特别市，釜山、大邱、仁川、光州、大田、蔚山被称为广域市。八个道是京畿道、江原道、忠清北道、忠清南道、全罗北道、全罗南道、庆尚北道、庆尚南道。特别自治市是世宗特别自治市。济州岛是特别自治道。

三、政治体制

韩国的政治体制是总统制共和国。1948 年 8 月 15 日朝鲜半岛南半部建立大韩民国，李承晚出任首届总统。1960 年李承晚下台，同年 8 月尹潽善任总统。1961 年朴正熙发动军事政变，此后长期执政。1979 年朴正熙遇刺身亡，崔圭夏任总统，同年全斗焕发动政变，于 1980 年出任总统。1987 年韩国修改宪法，实行总统直选，同年卢泰愚当选第 13 届总统。此后金泳三、金大中、卢武铉、李明博、朴槿惠、文在寅和尹锡悦先后当选第 14 届至 20 届总统。

（一）宪法

1987 年 10 月韩国全民投票通过现行宪法，1988 年 2 月 25 日生效。宪法规定，总统是国家元首、政府首脑和武装力量总司令，任期 5 年，不得连任。

（二）主要政党

国民力量党：前身为1990年成立的民主自由党，1995年改名为新韩国党，1997年新韩国党和韩国民主党合并，改称大国家党。2012年2月改名为新国家党，2016年12月该党部分议员退党，2017年2月更名为自由韩国党，2020年2月更名为未来统合党，同年9月更名为国民力量党。

共同民主党：前身为金大中领导的新政治国民会议。1997年金大中当选总统，该党成为执政党。2003年分裂为开放国民党和民主党，2008年2月合并为统合民主党，7月更名为民主党。2011年12月，民主党与市民统合党、韩国劳动组合总联盟合并为民主统合党。2013年5月更名为民主党。2014年3月与以安哲秀为代表的政治力量联合组成新政治民主联合党。2015年12月更名为共同民主党。

（三）选举

韩国有总统、国会议员、地方自治团体首长及地方议会议员等选举。总统每5年选举一次。国会共300个议席，议员每4年选举一次。地方自治团体首长及地方议会议员每4年选举一次。为了处理选举等相关事务，韩国设立了选举管理委员会，制定和颁布了《选举管理委员会法》。

（四）军队

韩国实行义务兵役制，陆军和海军陆战队服役期为21个月，空军为24个月，海军为23个月。总统为三军最高统帅。国防部负责韩国的所有国防业务和军事业务，主要负责制定国防政策。

第三节 社会生活

一、人口

据 2021 年 6 月韩国行政安全部居民登记人口统计数据，韩国人口总数 51 672 400 名。[1] 韩国已出现严重的低出生率、老龄化现象和老龄社会问题。预计韩国青少年人口的减少和高龄人口的增加速度还将加快。[2]

为应对低生育、高龄化社会，韩国注重对青少年进行人口教育、婚姻教育和家庭价值观教育，使青少年树立对婚姻、家庭和生育有利的价值观。因为价值观不是单纯在理论学习中形成的，而是在生活中形成的，所以韩国学校的人口教育进行了全科目的渗透，尤其在语文、艺术、科学等科目上，将对人口的关心自然地融入进去，以帮助青少年形成亲家庭和亲社会的价值观，塑造青少年的婚姻和家庭价值观，达到平衡人口年龄构成的目的。

二、经济

20 世纪 60 年代，韩国经济开始起步，在短期内实现了举世瞩目的经济增长。人均 GDP 从 1962 年的 87 美元增至 1996 年的 10 548 美元，创造了"汉江奇迹"。1996 年韩国加入经济合作与发展组织（OECD），同年成为世界贸易组织（WTO）初始成员。1997 年亚洲金融危机后，韩国经济进入中速增长期。

---

[1] 资料来源于韩国行政安全部官网。
[2] 资料来源于韩国行政安全部官网。

2021年7月,联合国贸易和发展会议在日内瓦召开的第68届贸易和发展理事会会议中通过韩国地位变更案,正式将韩国认定为发达国家。自联合国贸发会议1964年创立以来,韩国是首个国际地位变更的国家。

因缺少天然资源,韩国的经济依赖于海外输出与输入,主要贸易对象有中国、美国、日本、德国、英国、印度尼西亚、马来西亚等。韩国最大企业集团为三星集团,此外还有现代汽车、SK、LG等企业集团,全球500强企业中16家企业是韩国企业。

韩国的经济产业以制造业和服务业为主,造船、汽车、电子、钢铁、纺织等产业产量均进入世界前10名。韩国的工矿业产值占GDP的27%,半导体销售额居世界第1位,粗钢产量居世界第6位。

2008年,受国际金融危机影响,韩国经济明显下滑。韩国政府迅速采取包括大规模财政刺激等一系列政策,使金融市场全面回暖,实体经济企稳回升,企业和消费者信心不断增强,成为经济合作与发展组织成员中率先走出谷底的国家。

三、旅游

韩国以优美的自然风貌与独特的"韩流"文化吸引了众多外国游客。据韩国2019年旅游知识信息系统统计,2010—2019年,访问韩国的外国游客人数整体呈上升趋势,2017年一度回落,2019年访问韩国的外国游客人数达到1 750万人次,再创历史新高。

韩国政府在具有自然或文化旅游资源的适宜旅游休闲的地区划定旅游地,开发公共便利设施、住宿商业设施、体育娱乐设施、休闲文化设施、绿地等。根据韩国《观光振兴法》,以2019年12月末为基准,全国指定的观光园区共有45处。

韩国旅游业不仅是其经济的主要来源，也是其文化发展的推动力之一。虽然韩国国内旅游市场不断发展，但也面临着诸如外来游客对首都圈旅游的过度偏好等问题。

四、社会

（一）医疗

韩国有综合医院、大学附属医院、韩医院、私人医院、保健所等多种类型的医疗机构，并且大部分医院和诊所都配有先进的医疗设备，向患者提供高水平的医疗服务。韩国具有卓越的医疗技术和优秀的医疗基础设施。据2020年韩国国家癌症信息中心统计的韩国医疗癌症5年生存率显示，主要癌症的死亡率减少，生存率增加。

（二）新闻出版

韩国新闻出版业发达，共有新闻机构230多家，从业人员4万多人，报社120多家，杂志种类繁多。《朝鲜日报》（1920年3月创刊）、《中央日报》（1965年9月创刊）、《东亚日报》（1920年4月创刊）是韩国三大全国性日报。

主要通讯社：联合通讯社，1980年由合同通讯社和东洋通讯社合并而成，1999年兼并内外通讯社。该通讯社在北京、华盛顿、纽约、洛杉矶、东京、巴黎、伦敦、曼谷、莫斯科等地设有分社，同40多家外国通讯社签有新闻交换协定或合作协议。

主要广播公司：1927年开始试播的韩国广播公司（KBS），自1953年开始对外广播，是政府控股的广播公司，拥有全国性广播网，目前用韩、英、汉、法、日等11种语言播音，其电视台成立于1961年12月，自1996年7月起开通多频道卫星电视节目，主要以数字信号播放。1961年12月开办的文化广播公司（MBC），拥有全国性广播网，其电视台成立于1969年8月，在各大城市有卫星转播站。首尔广播公司（SBS），1991年12月开播。

（三）娱乐休闲

在韩国，游戏正成为大多数人业余时间选择的娱乐休闲方式。从2012年的《韩国游戏白皮书》可以看出，占据韩国人闲暇时间最大比重的是看电视和游戏。尤其是进入智能手机时代后，游戏已经深入韩国各个年龄段的人群，经常可以在地铁里看到男女老少都在玩游戏。

（四）体育运动

1986年的亚运会和1988年的夏季奥运会在韩国汉城（现名首尔）举行。2002年，韩国与日本共同主办了韩日世界杯。2014年，第十七届亚运会在仁川举办。2015年，世界大学生夏季运动会在光州举办。2018年，第二十三届冬季奥运会在平昌举办。韩国成为继美国、德国、法国、意大利、俄罗斯、日本之后，第七个举办夏季奥运会、冬季奥运会、世界杯三大赛事的国家。

第二章 文化传统

本章将从历史沿革、风土人情、文化名人三个方面,梳理部分朝鲜半岛的文化生态和文化传统,研究影响韩国教育发展轨迹和实践活动的文化因素和价值取向,展现韩国的民族核心价值观、民族精神和人文意蕴。

第一节 历史沿革

本节将介绍近代时期包括 1876 年开始的朝鲜王朝的动荡期至 1910 年被日本吞并之前朝鲜半岛具有重大历史意义的文化事件及文化运动。

一、近代开化思想

19 世纪下半期,开化派的资产阶级改革思想陆续产生。开化思想由吴庆锡、刘大致和朴珪寿等人于 19 世纪 60 年代以实学思想为母体,通过中国,受到西方文化的影响而确立。初期的开化思想是厚生论、通商开化论以及洋务开化论结合的产物。

此后,洋务开化论思想在金允植等稳健开化派支持下不断传播。受日本明治维新的影响，金玉均、朴泳孝等人在开放港口后，开始主张更为激进的开化论。稳健开化论是承认与中国清朝的隶属关系，模仿洋务运动，维持君主专制政体，并谋求渐进式的改革；激进开化论是想脱离清朝独立自主，以日本明治维新为范本，追求君主立宪制的激进性变革。两者的立场差异主要在于政治体制的变革与否，在社会、经济方面的改革上，双方的立场没有太大的差异。

开化派主张废除门阀、确立人民平等权、根据能力录用人才、改革地租法、处罚贪官污吏、国家财政一元化等。另外，在土地问题上，主张不废除地主制，在维持现状的情况下，通过减租等方式来平息农民的抗议。

二、开化期文学

开化期文学是古典文学和新文学之间出现的过渡期文学，主要包括1900年前后以开化期为背景出现的新小说、歌曲等。

当时的歌曲有1896年在《独立新闻》刊登的《爱国歌》，1908年崔南善创作的《京釜线铁路之歌》等。

新小说的代表性作品有李海朝的《自由钟》及安国善的作品，新体诗的代表作有1908年崔南善在杂志《少年》上发表的《海上致少年》，新话剧以圆觉社为代表，上演全面反映开化思潮的话剧。

开化期文学的主题可以简单概括为自主独立、自由民权、新教育、破除迷信和普及科学知识、自由恋爱和自由结婚，以及平等思想等。虽然这段时期的文学作品没能完全冲破古典文学的框架，却为新文学初期的发展做出了不可磨灭的贡献。

第二节 风土人情

韩国四季分明,三面环海,山区多于平原,在这种自然环境下生活的韩国人形成了独具特色的风俗文化。本节通过介绍韩国的饮食、服饰、民居、族制和音乐,展现韩国社会的风土人情。

一、饮食

韩国饮食强调主食与副食搭配,结构分明。韩国人餐桌上的"食"结构是"饭+汤+菜",其中米饭是主食,汤和菜是副食。韩国人喜欢用砂锅炖汤,大酱汤、海带汤、泡菜豆腐汤、牛肉汤、参鸡汤等都是韩国汤类的代表。泡菜是韩国副食中的重要组成部分,种类繁多,其中白菜泡菜、萝卜泡菜、苏子叶泡菜是韩国家庭的必备品。韩国人用盐腌制出的各种酱也在饮食文化中占据重要地位。韩国人认为酱做得好坏直接关系到家运的兴衰,因此特别重视做酱。大酱、辣椒酱、鱼酱、虾酱等都是酱文化的重要组成部分。

韩国人喜欢招待客人,他们会用最正式的韩定食来招待贵宾,以尽地主之谊。[1] 韩定食又被称为韩式套餐饭,是一种由开胃菜、传统主菜套餐以及餐后水果等组成的传统美食。韩定食有严格的上菜顺序,首先要给客人上开胃菜类食物,这类食物包括白菜泡菜、萝卜泡菜、小葱泡菜、苏子叶泡菜、酸辣黄瓜、凉拌菠菜、凉拌粉条等。开胃菜后,要给客人上主菜,主菜是韩定食的核心,主菜可以是一道菜,也可以由多道菜组成。韩定食的主菜通常由价位比较高的肉类或海鲜类原料制作而成,并且在味道、颜

---

[1] 周曼,张涛. 多元文化视阈下的韩国社会与文化[M]. 太原:北岳文艺出版社,2020:241.

色、制作方法、造型等方面比较讲究。主菜之后是水果类食物，通常是韩国本地产的苹果、橘子、草莓、西瓜等的水果拼盘。韩定食菜品种类丰富，色彩优美，味道鲜香。在韩国，根据不同的标准和价位可以制作不同级别的韩定食，但无论在哪一个级别，米饭、汤、开胃菜都是必备之物，主菜则会根据价位和标准的不同从煎烤类、烹蒸类、炖焖类美食中选择。[1]

韩国饮食强调简约之美、主食与副食的搭配，给人一种清新自然、时尚简约的感觉。

二、服饰

韩国传统服装被称为韩服。为了适应寒冷的冬季和炎热的夏季，冬季服装用棉布及绸缎制作，并在绸缎或棉布里絮棉花，夏季服装则用麻布和苎麻来制作。韩服给人端庄的感觉，有着优雅柔美的线条，是继承了数千年的传统民族服装，现在主要在庆典或特别纪念日穿。韩服延续了朝鲜时代（1392—1910年）的服装样式，但其风格根据时代的发展在不断地变化。

韩服具有重视结构美和色彩美等特点。韩服因穿着者的性别而呈现出明显的差异。女性韩服整体结构由上身的赤古里、下身的裙组成。赤古里主要包括衣、襟、半襟、衿和筒袖。飘带是赤古里的另一个重要组成部分。女性韩服的下身是长裙，长裙上窄下宽的结构深受韩国女性的喜爱。男性韩服上身服饰同样为赤古里，下身服饰则为长裤。男性韩服的长裤整体上呈现出宽大的特点，这主要是与韩国人喜欢盘腿席地而坐的习惯有关。韩服特别重视色彩的使用与搭配。韩国人在选择韩服的颜色时首先会考虑白色、黄色、蓝色、红色和黑色这五种颜色。这五种颜色在韩国也被称为五

---

[1] 周曼，张涛. 多元文化视阈下的韩国社会与文化 [M]. 太原：北岳文艺出版社，2020：254-255.

方色，是以金木水火土的五行思想为基础，同时融入"东西南北中"的五方思想。以五方色为基础，相互融合后形成了五种中间色，称为五间色，即绿色、淡蓝色、粉色、紫色、褐色。五方色与五间色一起共同构建了韩服的颜色体系。韩服特别注重装饰物带来的美感。在韩服的构成体系中，配饰起着重要的装饰作用。韩服的领口部位通常会绣上飞禽走兽、四季花鸟甚至一些更为抽象、夸张的图案，这些丰富多彩的图案蕴含着各种不同的文化内涵和象征意义。穿着韩服时，通常还会在腰间挂一些玉坠、珊瑚、香囊等配饰，这些配饰小巧玲珑、寓意丰富，给韩服带来了物质美感的同时又带来了精神上的美感。[1]

韩服优雅的形态与美丽的色彩给现代服装产业带来了极大的影响。今天，人们将韩服与现代服装相结合，设计制作出多种多样的服装。韩服更新换代虽没有时装那么快，但也根据时代变化和大众需求，将色彩、布料与特点等重新组合，在众多韩服设计师手中不断变化。

三、民居

韩国的传统住宅是韩屋。韩屋的最大特点是，同时具备供暖的火炕和隔热的地板，是二者的巧妙结合。这是为了解决大陆性气候和海洋性气候同时影响带来的寒冷和酷热而采取的独具特色的居住形式。

韩屋的形态主要有两种：一种是有利于通风的一排房间结构的单排房，另一种是防止外部冷气进入、维持内部热气最有效的两排房间结构的双排房。

单排房由里间、外间、前廊和厨房组成。每个房间都有向外开的门，

---

[1] 周曼，张涛. 多元文化视阈下的韩国社会与文化 [M]. 太原：北岳文艺出版社，2020：269-272.

房间之间还有相通的小门。里间和外间都铺满地板，地板下面为火炕，中间用拉门或间壁隔开。单排房前院有篱笆院墙，正面有大门，院的一侧有小棚子或小仓房。

双排房由正房和门房组成，门房在前，正房在后，中间两侧以篱笆连接，构成庭院。正房由里间、外间、前廊和厨房组成，门房中间有门洞，右侧是客房，左侧是客房与畜舍。门房的右侧客房门向正房方向开，左侧客房门向门洞方向开。庭院有正门和侧门，来客从正门进入。

火炕是韩国传统住宅的取暖设施。住房的整面地板下面是一个火炕。灶口烧火，火苗和烟气经过炕洞，将炕烤热，温暖全屋。[1]

韩屋讲究"背山临水"，建在后面有山（挡风）、前面有水的地方的韩屋被视为最佳韩屋。韩屋蕴含着人与自然和谐相处的思想，但是很多年轻一代的韩国人更喜欢现代公寓。就首尔而言，公寓楼房的居住比率达60%以上，但取暖方式仍然采用韩式暖炕，只不过把传统韩屋地板下面的烟道改为热水管道而已。

四、族制

姓氏。韩国人的姓名一般都借用汉字，也有用音读的韩国语书写姓名的。姓氏多为单姓，如金、李、朴、崔等，复姓较少。通常韩国人姓名第一个字是姓，第二和第三个字是名，名中有一个字表示宗代，一般都在男人的名字中，每一代的字都不同，可任意放在第二个字或第三个字的位置上。1987年韩国人口国情调查统计，姓氏约有300个，其中以金、李、朴三姓最多，这三姓占全国人口的45%左右。

---

[1] 周曼，张涛. 多元文化视阈下的韩国社会与文化 [M]. 太原：北岳文艺出版社，2020：363-364.

本。韩国人的"本",即该姓氏的始祖源于何地,如虽都姓金,但本不同,有广州金氏、安东金氏、义城金氏、庆州金氏等。同姓同本的即为同一宗氏。有的姓氏只有一个本,有的姓氏有多个本。韩国人的本绝大多数在朝鲜半岛境内,但也有一些在中国,系古代中国人移居韩国所致。如延安李氏的本在中国陕西,苏州贾氏的本在中国江苏等。按照韩国的习俗,同姓同本的人同属一个血统,彼此不能通婚,但同姓异本或异姓同本则可以通婚。

族谱。韩国族谱历史悠久。族谱记录本家族始祖的起源,本血统中各派系的出处,各代人的官职,本族男人娶何地、何氏女子为妻,本族女子嫁入何地、何氏男子为夫等有关资料。韩国人非常重视族谱,每隔几十年就修订一次。各个家族都妥善保存族谱,即使远走海外,也要世代相传。

亲属关系。韩国人的亲属关系,运用一种特殊的计算方法——"寸数"法来确定,即用距离计算亲戚之间的亲疏远近关系。因夫妻结合为一体,无远近之分,故夫妻间的"寸数"为零。父子之间关系最近,是为一寸。亲兄弟姐妹之间情同手足,相亲相近,故为二寸。叔伯子侄之间是三寸,堂兄弟之间是四寸。同一曾祖父的远房堂兄弟之间称六寸。在韩国,过去六寸之内不分家,都是一家人。一般认为八寸以外就不算亲戚了。八寸以外虽不是至亲关系,但仍有宗亲关系,即共同祭祀五代以上祖宗的宗亲。

五、音乐

韩国音乐主要有两部分,一是传统音乐,二是流行音乐。

传统音乐又称国乐。主要是唱剧、盘索里和民俗音乐。韩国剧场设有唱剧团,演出的曲目有《春香传》《沈清传》等。盘索里是韩国的一种主要的歌唱形式,在乐器鼓的伴奏下,由演唱者独自完成唱、念、做等各种表演，唱词内容或采自古典小说或采自民间传说。一般来说，一出盘索里需4个小时，若是《春香传》这样的大曲目，则需要8个小时。

韩国的音乐除唱剧、盘索里等传统音乐和交响乐、歌剧等西方音乐外，更多的是流行音乐。流行音乐又称通俗音乐，深受韩国民众尤其是年轻人的欢迎。韩国人以能歌善舞著称于世界。

第三节 文化名人

韩国是一个崇尚文化的国家，本节选取了影响韩国文化发展的几位历史文化名人代表，通过介绍他们的生平和经历，展现其对韩国文化领域做出的卓越贡献。

一、李祹

李祹（1397—1450）是朝鲜王朝的第四代国王，即朝鲜世宗。字元正，谥号英文睿武仁圣明孝大王，庙号世宗。1408年封忠宁君，1412年封忠宁大君，1418年其长兄被废为让宁大君后，李祹被册封为王世子，同年其父朝鲜太宗禅位，李祹在景福宫勤政殿登基。

1420年，李祹扩建集贤殿，在宫中培养学者，研究学问、政治和文武制度，确立行政体制；组织编著了有关历史、地理、政治、经济、天文、道德、礼仪、文字、音韵学、文学、宗教、军事、农事、医药、音乐等方面的书籍，为人们文化生活提供了重要指南。此外，新的活字被创制，提高了印刷效率。新铸造的活字有庚子字、甲寅字和丙辰字。

李祹组织编纂并颁布《农事直说》，对农业发展做出贡献。在制定税收制度时，为了了解民意，他首先对全国的官民进行贡法的可行性调查，随后设立田制，对历来矛盾较多的税收制度进行改革。他还组织编纂《乡药集成方》《医方类聚》等医书，改善监狱设施，禁止滥刑和严刑拷问等，并规定除杀人罪或强盗罪以外不得关押未满15岁的儿童和超过70岁的老人。

1443年，李祹亲自创制《训民正音》，并让集贤殿学士等研究与完善，于1446年颁布。他要求编写并颁布《龙飞御天歌》《释谱详节》《东国正韵》等作品，并自编了《月印千江之曲》。

李祹作为一位开创太平盛世的圣君，在当时被誉为"海东尧舜"，当代韩国一般尊称他为"世宗大王"。

二、李滉

李滉（1501—1570）是朝鲜王朝文臣、学者。祖籍真宝，出生于庆尚道礼安县温溪里，是朝鲜王朝朱子学的主要代表人物。

1527年，李滉考中科举，从此涉足官场，担任过正言、户曹佐郎等官职，其间李滉用各种方式展现他的民本思想，后辞去所有官职。白云洞书院1550年更名为绍修书院，是李滉进一步发展了绍修书院，使其成为朝鲜公认的最早的书院。1560年，陶山书院建成，李滉在此寄居7年，专心读书、修身养性、著书立说，同时也影响了很多弟子。

朝鲜宣祖即位后，李滉重返朝政，将倾注毕生心血著述的《圣学十图》献给宣祖。

《朱子书节要》《论四端七情书》《圣学十图》等为李滉代表作。他潜心研究朱子学，致力于儒学教育，培育了许多名儒。李滉为朝鲜王朝朱子学集大成者，不仅继承了朱子学思想，还建立了具有自己特色的理学思想体系，从而进一步发展了韩国朱子学，使韩国朱子学发展至顶峰。他的学术思想给韩国文化以深刻影响，被誉为"海东朱子"，在韩国儒学史上，乃至亚洲哲学史上占据光辉而重要的地位。[1]

三、申师任堂

申师任堂（1504—1551）是韩国女性和文化艺术家的杰出代表，也是韩国历史上第一位成为货币上人物的女性。

1504年，申师任堂在江原道江家出生。虽然朝鲜时代男尊女卑十分严重，但父系家庭观真正扎根是在进入17世纪之后，而在朝鲜王朝中期以前，仍然有很多家庭是由女儿来赡养父母的。申师任堂就是出生在这样的社会环境之下，她七岁时，她的外祖母见她喜欢自己画画，就给她买画纸供她画画。也正是在外祖母的大力支持下，她才可能在纸上尽情地发挥才能，用细腻的线条和各种颜色将昆虫、葡萄、梅花、兰草表现得惟妙惟肖。继承安坚画风的她被视为韩国绘画水平最高的女性画家。此外，申师任堂自小就通读了儒家典籍与名人文集，因而十分擅长写书作诗，被认为是朝鲜王朝的女性文化艺术家代表。

1522年，19岁的申师任堂与德水李氏家族的李元秀结为夫妇。结婚以后，她把全部精力都用在对子女的教育上，把4个儿子和3个女儿都培养成为十分优秀的人才。特别是三儿子李珥，13岁就考中进士并因在9次的科举考试中均中头名而被称为"九度状元公"，后来成长为朝鲜著名的大学者。长女梅窗和四子李瑀也成长为擅长吟诗作画的著名艺术家。

1551年，在丈夫赴任平安道水运判官之时，申师任堂离开了人世，享

---

[1] 杨昭全. 韩国文化史[M]. 济南：山东大学出版社，2009：121.

年48岁。在申师任堂死后，她的名声越来越大。今天，她还成为女性积极参与社会活动的象征性人物，成为韩国女性的杰出代表。

四、李珥

李珥（1536—1584）是韩国18大名贤之一，字叔献，号栗谷、石潭、愚斋，是李元秀和申师任堂的第三个儿子，1536年出生于江原道江陵。曾任朝鲜王朝高等文职。作为朝鲜王朝的儒学学者和政治家，李珥留下了《东湖问答》《圣学辑要》等著作。他提出了强调实功、实效的哲学思想，并通过《万言封事》《时务六条启》等著作主张朝鲜社会进行制度改革。

李珥曾为朝鲜宣祖进献其撰写的《圣学辑要》《时务六条启》，还为教育儿童编撰了《击蒙要诀》。他的著述被收录在1611年发行的《栗谷集》及在此基础上编纂的《栗谷全书》中。

李珥在朱子学的发展上也有重大贡献，在理论和实践方面均有颇多建树，但其与李滉在观点上有很多不同之处。其核心是他的批判和自主精神。他反对"不思义理而只信师说"的读经主义学风，提倡独立思考的"自得其味"的自主学风，从而形成自己的朱子学思想。

第三章 教育历史

本章按时间顺序，围绕重大教育事件，及政治、经济和文化对教育发展的影响，结合不同时期教育制度改革的特点和经验，简述韩国教育历史。

第一节 近代和美国军政府时期的教育

随着汉字传入朝鲜半岛，经验和文化开始被大量整理和积累，教育活动也随之展开。政府设立教育机构，以儒学经典和历史书籍为媒介培养学生读写汉字的能力和儒学思想观念，制度教育开始形成。高丽王朝时期，随着科举制度的实施，国家通过国子监和乡校提供教育，同时设立了私塾。朝鲜王朝时期，教育仍以儒学经典为主，官学教育机构有成均馆、乡校等，私学有私塾、书堂、书院等。19世纪下半期，西方文化涌入，教育也发生了很大的变化，教育的内容从儒学经典扩展到科学技术、医学等领域。日占时期，日本帝国主义为了让日本文化融入殖民地，彻底控制了制度教育，只培养学生的基础实务能力。美军政时期，开始出现近代韩国教育结构。

本节着重介绍近代（1876—1945年）和美军政阶段（1945年9月—1948年8月）的教育发展历史，在分析各阶段教育发展特点的基础上，分析不同阶段的政治、经济和文化对各时期教育发展的影响，对教育发展的不同阶段进行总结概括。

一、近代

韩国近代教育一般是指 1876—1945 年期间的教育。

随着西方文化的涌入，19 世纪下半期，教育的内容不再局限于儒学经典，而是扩展到科学技术、医学等领域，语言学习也由汉字扩展到多国语言。

新教育思潮兴起于 19 世纪 80 年代，此时外国入侵频繁、国家政权被严重侵蚀，先知先觉者严肃批判了传统的社会教育、哲学思想和教育内容，主张建立适应新世界的新教育体制，论述了义务教育的必要性，以及民族教育的必要性，民众更加切身感受到教育开放的必要性。

"依靠教育的国家近代化""立足于近代教育思潮开展新教育"，[1] 成为举国共识。出于应对新变化和执政的需要，政府采取了增加海外留学生和增设新机构的方式来应对。如 1886 年设立的育英公院向在任官员和高官子弟教授数学、自然科学、历史、政治学。1895 年，《教育立国诏书》颁布，建立了各种官办机构负责学校教育。

为传播基督教和普及西方文化，传教士们带头成立了学校。这类学校主要有培材学堂、梨花学堂等。此外，近代教育还包括私立学校。1907—1911 年，朝鲜半岛共成立了 2 000 多所私立学校。这些学校以西方的学问和思想、本国的历史和地理为中心进行教学。1908 年，政府下达《私立学校令》，要求私立学校需经过政府许可方可设立，并需使用经过审定的教科

---

[1] 김종철. 한국고등교육연구 [M]. 서울：배영사，1979：15.

书。与传统的以四书五经为中心的教学内容不同，新设立的私立学校教学内容发生了巨大变化，学校允许和鼓励师生举办各种各样的运动会，学生的自治活动也更加多样化。私立学校的设立，不仅扩大了男生的学习机会，还使女生获得了学习的机会。

以 1894 年为起点，国家教育进行了全盘革新。近代教育思想、方式及教育内容逐渐被大众接受。

1910 年 8 月 22 日，大韩帝国（1897—1910 年）与日本签订《日韩合并条约》，朝鲜半岛沦为日本的一个"地区"，日本开始了长达 35 年的殖民统治。殖民地的核心教育目的是"国民养成"。通过教育让殖民地人民拥有"帝国新民"的素质和品德是这个时期的教育目的，所以实际教学中也只培养学生的基础实务能力。日本帝国主义为禁止殖民地人民的民族教育，制定并多次修订《朝鲜教育令》《私立学校令》《书堂规则》等，控制学校的设置和教育内容以契合殖民统治的需要，实现"国民养成"的核心目标。1919 年左右私立学校减少到 690 多所。部分大城市设立了极少数的高等普通学校和师范学校，但这些学校只提供必要的实务教育。1919 年"三一运动"以后，日本对朝鲜半岛的统治方针改为"内地延长主义"，宣扬为日本人和殖民地人民提供相同的学校教育制度，实施"共学"原则。"共学"主要在实业学校、专门学校及大学教育中实施，但在教育机会上，殖民地人民和日本人仍存在巨大差别。以始建于 1924 年殖民地时期朝鲜半岛唯一的大学——京城帝国大学为例，从建校之初直到殖民统治末期，在校生中日本学生一直占大多数。[1] 殖民地本地学生仅占三分之一。[2] 概括地说，日占时期初等教育略有加强，接受高等教育的机会受到限制，制度教育被彻底控制。

---

[1] 姜万吉. 韩国现代史 [M]. 陈文寿，等译. 北京：社会科学文献出版社，1997：160.

[2] 姜万吉. 韩国现代史 [M]. 陈文寿，等译. 北京：社会科学文献出版社，1997：161.

二、美国军政府时期

美国军政府管理时期虽然只有3年,但却奠定了了现代韩国教育的基本框架,是韩国教育史上的重要时期。当时驻朝鲜半岛南部的美国军政府的基本政策是将朝鲜半岛南部建设成为与美国具有相同社会制度的国家。[1][2]为此,美军政府委托了曾在美国留学的教育人士担任主管教育的职员或委员。

为实现教育机会均等,美国军政府首先加强和充实教育行政机构,制定新的教育方针,实施义务教育,扩充中等和高等教育,扩充成人教育。同时取消学校之间的入学差别,实行男女共校制,改革入学考试制度。1948年制定的《宪法》规定"所有国民都有平等接受教育的权利,全体国民都有义务使其所监护之子女接受基本的初等教育或法律规定的教育"。

美国军政府将人文学校和实业学校完全分离的双轨型学制改为单线型学制,以消除过去人文教育和实业教育分离导致的贫富差距。[3]另外,引入美国式学制,将小学到大学的授课年限改成6-3-3-4制。该学制将以前4—6年制的国民小学固定为6年制;将4年制的中学延长为6年制,其中,初级中学3年,高级中学3年;废除大学的3年制预科,将原本3年制的本科延长为4年制。虽然引进美国式学制遭遇很多反对意见,但在美国军政府的压力下,最终仍确定并成功引进。

美国军政府当局推行大规模的教师培训和再教育,对日本殖民时期的教科书进行改编,为错失入学时间的人进行成人教育。美国军政府当局还颁布了包含实施教育自治计划的军政法令。同时,学校和民间均主张开展"新教育运动"[4]。新教育运动受美国进步主义教育的影响,把学生本位的教

---

[1] 한국사특강 편찬위원회. 한국사특강 [M]. 서울: 서울대학교 출판부, 1990: 293-295.
[2] 한국교육개발원. 한국 근대 학교교육 100 년사 연구 3[M]. 충청북도: 한국교육개발원, 1998: 4-7.
[3] 서울대학교 60 년사 편찬위원회. 서울대학교 60 년사 [M]. 서울: 서울대학교, 2006: 358-366.
[4] 정영근, 정혜영, 이원재, 등. 교육의 철학과 역사 [M]. 서울: 문음사, 2015: 224-229.

育放在首位，在实施学生本位新教学法的旗帜下，促使一线学校摒弃以前以教师为中心的授课式教学，鼓励学生通过小组进行学习。

由于国民的教育需求日益强烈，带来许多教育问题。日本投降时，朝鲜半岛国民学校 1 个班为 50—60 人，入学率为 43% 左右。美国军政府进驻半岛南部后，之前日本对朝鲜半岛实行的以全体入学率 60% 为目标的大规模学校增设计划因财政原因被取消。美国军政府当局在没有对学校的硬件设施进行投资和扩展的情况下扩大教育机会，导致班级学生人数达到 80—110 人，出现了班额过大和复式教学，一定程度上降低了教育质量。同时，突然增加的毕业生和有限的就业市场职位数之间的过度不均衡导致了严重的就业难的困境。没能就业的毕业生们盲目地想要升入高一级学校的"学历高需求现象"随之出现，导致出现"学历膨胀"。由此引发激烈的入学考试竞争，成为今天韩国高质量教育问题的开端。

第二节 韩国政府成立后的教育

大韩民国成立后，历届政府实行多种教育制度改革，最终形成韩国现有的教育体制形貌。本节着重介绍韩国政府成立后韩国教育的发展历史。

一、李承晚·张勉政府时期

这个时期是指 1948—1961 年。

1948 年 8 月 15 日成立的大韩民国脱离了美国军政府的统治，成为名副其实的主权国家。这意味着教育主权的恢复，在韩国教育史上具有非常重要的意义。政府于 1949 年末制定并颁布《教育法》，其主要内容包括教育机会均等、实施 6 年免费义务教育、尊重学生人格和个性、教育中立性、教师身份保障等。

1950 年 6 月 25 日朝鲜战争爆发后，韩国教育陷入一片混乱。政府采取一些措施，坚持战争期间的教育，包括设立避难学校，发行临时教材，设立战时联合大学，改编初、高中学校，设置国立、公立大学，促进教育课程改革，实施小学常用汉字教育等。

1955 年初、中、高等学校教育课程被公布。这是第一次教育课程改革，也是韩国自行制定的第一个系统教育课程。这一时期的教育课程反映了重视学生生活经验的美国进步主义教育哲学，但在实际中，仍是以教学为中心的教育方式为主导。其原因是教师不熟悉学生本位的进步主义教育理念和教育方法，社会风气和能够支持这种教育理念的意识还不成熟。同时，进步主义教育的最大障碍还是入学考试。当时中学以上的各级学校都通过入学考试的方式选拔学生，因此，对入学考试有利的灌输式教育成为首选。

朝鲜战争停战后，政府努力使教育秩序正常化，进行"战后教育再建"，如扩大战时中断的义务教育，加强职业技术教育和教育自治制，继续讨论教育目标，改善教育内容和方法等以促进和扩大基础教育。1954 年开始实施"义务教育六年计划"，到 1959 年完成，使 96% 的学龄儿童可以在小学就学。同时，在 1952—1958 年对职业教育的教师进行再教育，制定了振兴职业教育的"职业技术教育五年计划"，并从 1958 年开始实施。[1]

1960 年张勉当选国务总理后，在教育领域强化教育自治的方针。但政府因第二年发生的"5·16"军事政变，以短期的执政结束，教育政策在没有实行的情况下就落下了帷幕。

---

[1] 김동환. 한국의 공업교육정책연구 [M]. 서울：문음사，2001：125-129.

二、朴正熙政府前半期

这个时期是指 1961—1972 年。

20 世纪 60 年代，韩国教育最显著的特点是教育规模在数量上的扩大。1961 年通过军事政变上台的军政府以"祖国的近代化"为口号，展开了"通过教育改造人类运动"。1961 年以提供优质教育的名义颁布了《关于学校的临时特例法》，主要内容如下：赋予文教部[1]长官重新调整学校的权力，允许其进行学科合并，并调整班级及学生名额；设立教育监及国立、公立大学总校长任命制及教授资格审查制；禁止教师从事校外兼职；组织实施大学入学考试。[2] 1961 年废除教育自治机构、学区及市教育委员会，1962 年修改《教育法》，将教育行政隶属内部行政，彻底废除教育自治制度。1963 年军政统治结束。

朴正熙政府时期最令人刮目相看的教育措施是 1968 年的小升初免试升学制度和大学入学预备考试制度等入学考试制度的改革。通过免试升学制度，此前的小升初入学考试竞争产生的弊端大部分被消除。当时文教部提出的改革宗旨包括：促进儿童的正常身体发育，国民学校教育的正常化，减轻课外教育费负担，消除中学间的成绩差距。

20 世纪 60 年代，韩国小升初的考试竞争日趋激烈，不仅影响了正处在发育阶段的儿童的身心健康，而且还增加了学生家长的负担，成为比较突出的社会问题，引起全社会对学校教育的不满情绪，受到社会各界有识之士的严厉批评。为规范初中教育，解决升学竞争激烈和课外升学补习过热等问题，促进儿童身心健康发展，减轻家长的压力和负担，使初中教育正常化，韩国政府自 1968 年起，在全国全面实行"初中免试升学制度"。

---

[1] 1948 年韩国建国后，政府成立文教部，作为最高教育行政机关，即如今的教育部。文教部、教育人力资源部、教育科学技术部都是韩国教育部的曾用名。本书在论述时为突显相关内容颁布实施时的年代，会使用所查资料中的原名；为保持上下文阅读连贯，会就近统一；无特殊情况，使用教育部。

[2] 한국사특강 편찬위원회. 한국사특강 [M]. 서울：서울대학교 출판부，1990：303.

为使高中教育正常化,实行"大学入学预备考试制度"。大学入学预备考试制度是指,国家统一组织大学入学考试,选拔出来合格者,合格者再进行不同等级院校考试,之后进入各院校。对于该制度,反对声音非常强烈,认为该项操作侵犯了学生自主选择院校的权利。院校及学生家长均反对这种双重考试制度。但该制度一直延续至今,只进行了部分改变,大的框架没有改变。为进一步彰显教育的重要性,1968年12月制定并公布了《国民教育宪章》。

这一时期另一个教育措施是尝试制定包含教育自治制度的教育法。但是,在实施地方自治制度之前,《教育法》附则规定,教育局局长和教育委员由总统任命,因此实际上并没有恢复教育自治制度。

三、朴正熙政府后半期

这个时期是指1972—1979年。

这一时期韩国教育的主要特征是:整顿教育体制,以"培养具有主体意识的韩国人"为着眼点改革教育内容。

这一时期是以维新宪法为基础的强压统治时期。[1][2] 在这期间实施的教育政策中,值得关注的是高中标准化政策、"实验大学"改革、大学教授再聘用制的实施等。

1973年的高中标准化政策规定:首先,汉城(现名首尔)和釜山的高中不实行自主招生考试,而是用国家出题、管理的"联合考试"选拔合格者。然后,按照学区分类通过电脑抽签分配给各高中名额。文教部解释这次改革的理由是过重的学习负担阻碍了学生的身体发育,激烈的竞争引发

---

[1] 한국사특강 편찬위원회. 한국사특강 [M]. 서울: 서울대학교 출판부, 1990: 311.

[2] 최병택. 한국의 민주주의 전개과정과 경제 발전의 상관성 [M]. 서울: 서울대학교 출판부, 2009: 44-61.

了学生的心理疾病，中学教育的异化使学生家庭不得不负担过重的课外教育费用，而高中校际间的成绩差距也在不断加大。这与朴正熙政府前半期的小升初考试制度改革的背景并没有太大区别。虽然这种高中入学考试制度改革一定程度上缓解了高考带来的副作用，但是中学教育最终不能与高考无关，因此不能期待其取得具有划时代意义的成果。

进入20世纪70年代，为改革高等教育，在"汉城大学综合改革方案"的基础上，进行了"实验大学"改革。"实验大学"改革要点包括：减少毕业学分，建立双专业制，成绩优秀者提前毕业等。学校按照文教部规定的《实验大学标准》（包括毕业学分的调整、各系列学生选拔、副专业制度、提前毕业制度、季节学期制度等）进行改革。随着时间的推移，标准化的"实验大学"数量不断增加。

为加强成人教育和终身教育，政府分别于1972年和1974年开办了韩国广播函授大学和广播函授高中。为加强教育发展战略研究和计划，又于1972年8月成立了"韩国教育开发院"，负责韩国教育的综合研究与开发。

维新政权在1975年修改了《教育法》，实施了大学教授再聘用制度。这是一种国立、公立大学教师根据级别规定合同期限后聘用的制度，以及私立大学根据董事会规定，限期聘用，聘用期满后，再决定是否续聘的制度。

四、全斗焕政府时期

这个时期是指1980—1988年。

通过"12·12"军事叛乱上台的全斗焕政府为了压制国民的不满，于1980年7月30日出台了《教育正常化及消除过热课外补习的方案》，即"7·30教育改革"。当时，高中学生人数急剧增加，导致大学入学竞争激烈，许多父母为了自己的孩子在大学入学考试中考出好成绩，不惜花巨款让孩子接受课外补习，导致课外补习市场火爆，由此引发了许多社会问题。

"7·30教育改革"的基本宗旨是实现学校教育的正常化及消除过热课外补习，使学校教育从以升学考试为中心的教育中解脱出来，走上正常的轨道，缓和社会各阶层间的矛盾，安定社会局势。其具体内容如下：禁止课外补习（私教育）；从1981年起废止大学入学统一考试；根据高中期间内审成绩及大学入学预备考试成绩（也叫"国家学力考查成绩"）选拔大学新生；扩大大学招生规模，广开大学入学门户，逐年大幅度增加大学入学人数及实施大学毕业定员制[1]（毕业定员制后来被废除）；缩减、调整高中教育课程。教育当局认为，过热的课外补习不仅严重阻碍了学校教育的正常化，还给家庭带来沉重的负担，拉大了阶层间的差距，加剧了社会不平等，因此必须对课外补习等课外教育行为采取全面禁止措施。如果发现有进行私人课外补习的情况，学生家长会被剥夺公务职权，进行税务稽查，在课外补习班兼职的国立或公立学校在职教师会受到"教职罢免"的法律制裁。

"7·30教育改革"虽然取得减缓过热的课外补习、减少复读生等部分效果，但同时也带来了大学生人数激增、大学教育质量下降、大学毕业生就业难、高中生课业负担因自主学习代替课外补习而加重等诸多后果。特别是禁止课外补习的措施没有取得根本性的效果而只是转变了课外补习的方式，如秘密课外补习盛行等。"7·30教育改革"之所以落空，是因为该措施在短短90天内结束，而且在实施过程中被舆论牵着鼻子走，未能保持一贯性。

"7·30教育改革"失败后，全斗焕政府于1985年成立总统直属机构"教育改革审议会"，试图对教育措施实施改革。该机构此后通过3年的活动制定了多种改革方案，但随着1988年政权交替，所有方案全部被废除了。

---

[1] 入学新生可以超过定员一定的比例，但毕业生只限于定员之内，实行中期淘汰制。

五、卢泰愚政府时期

这个时期是指 1988—1993 年。

卢泰愚于 1988 年当选为总统。卢泰愚政府教育部制定了旨在提高教师地位的特别法。

这一时期最值得关注的教育政策是地方教育自治制度的实施。韩国的教育自治制度自美军政末期首次引入以来，在教育法上有过明确规定，但直到卢泰愚就职总统前并未真正实施过。实施地方教育自治制度的最大阻碍是保留教育自治制度的前提条件——地方自治制度。社会各界要求实行地方自治的呼声一直不断。卢泰愚政府接受了这一要求，才实现了地方教育自治制度的实施。

六、金泳三政府时期

这个时期是指 1993—1998 年。

金泳三政府时期教育的主要成果有：加强学校管理，成立学校运营委员会。1997 年，国家教育改革委员会要求国立、公立、私立中小学都成立学校运营委员会，旨在适应当地特点和实际需要，自主办学，实现多样化、个性化和教育创新，使学校成为学生向往的学习场所，激励学生根据自身需求扩大选择和参与范围，鼓励合理、善意的合作与竞争，提高学校教育质量。学校运营委员会由 7—15 名成员组成，其中家长占 40%—50%，教师（必须含校长）占 30%—40%，家长和教师选出的当地各界人士 10%—30%。运营委员会的职能是：制定和修订学校章程和校规；制定教育课程，选定教材和辅助教材；制订假期活动计划；为学生指导；选定校服和运动服，限定家长的经济负担；进行社区教育；负责对学校的赞助费、教育费及特别财政进行预算和决算；策划和组织对家长和社会公民的终身教育；选定聘任校长和教师候选人；研究家长和当地居民的建议；研究运营委员会委员和校长提出的建议。

进行"5·31教育改革"。金泳三执政期间，还着手进行了比较系统的教育改革与创新。直属于总统领导的教育改革委员会于1995年5月31日发布《为建立主导全球化和信息化时代的新教育体制的教育改革方案》（即"5·31教育改革方案"）。其核心内容是：以学生为中心的教育，学校教育的自主和责任性，与自由、平等理念相协调的教育，教育的信息化，教育质量，人性化、创意化、个性化、特色化和多样化的教育，以及启发、发挥学习者的潜力和主观能动性。"5·31教育改革方案"，不仅包括初、中等教育，还包括大学和终身教育等涉及教育全局的改革内容。"5·31教育改革方案"是为适应韩国社会、经济的不断发展要求，扩大教育规模的应急措施，还未能顾及全面提高教育质量。

振兴私学创办私立高中，缓解私立大学财政困难。在高中教育实现标准化的框架下，主张创办私立高中，在招生、课程、注册金额等方面允许学校更加自主、灵活地掌握标准的呼声越来越高。"5·31教育改革方案"的一项内容就是，在没有政府财政支援的情况下，运用学生注册金和财团专项经费，创办"自立型"私立高中。在以自救办法来扩大私立大学财政的同时，逐渐扩大"国库补助"，为此出台短期计划（1990—1994年）和长期计划（1995年以后），以及采取扩充私学振兴财团的基金等措施来缓解私立大学的财政困难。[1]

实施学校评价制度。学校评价制度就是鼓励学校自主办学，发挥学校的最大创意，支持教育创新，客观评价学校办学质量，提高学校教育质量。1996年，教育改革委员会创建了教育课程评价院，全面负责对学校的评价，

---

[1] 孙启林. 战后韩国教育研究[M]. 南昌：江西教育出版社，1995：29.

以督促学校履行教育责任和义务，提高学校教育质量。建立学校评价制度的目的在于，通过教育行政、财政手段，引入竞争机制，但实施学校评价制度增加了学校和教师的负担，人为夸大了竞争效应，影响了学校的自主、正常办学。

加强实行教育自治制度。韩国为了实行教育自治制度，制定了以下几个努力方向。①加强教育自治意识。为了发展教育自治，社区公民都必须具有"我们地区的教育依靠我们的手来变化"的主人翁意识和责任心，同时还要有"用我们的手培养我们地区的人才"的观念，并进一步提高自治意识、参与意识来发展教育事业。②加强地方教育的财政能力。也就是加强地方教育财政的独立性，扩大地方教育财政的来源，合理地管理和使用教育财政，并力图使地区之间教育财政平衡发展。③扩大中央事务的地方转移，教育行政事务工作向地方放权。发展教育自治的行政能力。④加强市、道级教育委员会对地方教育结构的调整和管理，并进一步提高教育自治能力和创造教育自治的发展条件。[1]

七、金大中政府时期

这个时期是指 1998—2003 年。

1998 年 3 月金大中总统执政以后，在"5·31 教育改革方案"的基础上，对初中等教育、高等教育、职业教育、终身教育、教师培养与提高、教育设施与教育财政、人力资源开发、教育法律等制度进行了进一步的改革与创新。为适应 21 世纪知识经济的飞速发展要求，积极发展终身教育，促进人力资源开发。2000 年 1 月改革教育部，整合劳动部、妇女部、科技

---

[1] 孙启林. 战后韩国教育研究[M]. 南昌：江西教育出版社，1995：30-31.

部、信息通信部、产业资源部和文化观光部的教育培训及人力资源开发的业务职能，成立了教育人力资源开发部。

2000年韩国宪法裁判所宣布，20年前政府制定的《教育正常化及消除过热课外补习的方案》"违反宪法"，从即日起废除。宪法裁判所宣布该文件"违宪"的根据是"侵犯了国民的子女教育权、人格自由发展权、职业选择自由权等基本权利"。这一文件被废除以后，除公务员、在职教师等因涉及《国家公务员法》和《私立学校法》等法律规定仍然不得从事校外辅导外，其他各种校外辅导全面恢复。

总统直接领导的教育人力资源政策委员会于2001年6月提交了《21世纪知识强国政策报告》，教育人力资源开发部于2001年12月提交了《国家人力资源开发基本计划》，提出"人、知识、飞跃"的发展思路，并推广和实行；2001年8月，《人力资源开发基本法》颁布，为确立国家人力资源开发的综合体系、具体实施奠定了法律基础，提供了体制保障。这期间，政府加强了基础学科的研究，制定了教职工队伍建设与发展计划、职业教育发展规划及国家教育发展五年计划，修订了《英才教育法》，设立了学校工作调解委员会，实现了教师工会的合法化，维护了教师的合法权益，改善了办学与教学条件，实行了新的学校会计制度。

实施大学入学考试制度的改革与创新。韩国政府为推进基础教育从过去的应试教育向素质教育、创新教育发展，引进美国的SAT大学入学资格类考试制度，将大学统考改为"大学修学能力考试"（简称"大学修能考试"），注重学生的人格与能力培养。高考在韩国对基础教育的影响很大，因此，高考改革也是人们关注的焦点。高考制度改革与课程改革相辅相成，基础教育课程历经7次改革，具体措施包括：简化考试科目并压缩高考时间，从过去的6—7门缩减为4门，即数理领域、语言领域、外语领域、社会探究领域或科学探究领域4门。韩国政府力排众议，对应试教育动了大手术，一举减轻学生课业负担和升学压力，淡化了社会对高考的炒作，阻止了高考的日益升温。

上述这些改革是在高等教育持续发展的基础上完成的。高考制度的这种大胆改革，为素质教育和创新教育提供了广阔的发展空间与机会，这是一种制度创新和突破。韩国政府从法律上也限制各大学再进行正规的二次考试，只能采用小论文、面试等方式录取。高中综合成绩在大学录取中也发挥着重要作用。大约35%左右的特长生可以通过"特别选考"进入大学，大约5%左右的大学可以提前招生录取。因此，基础教育阶段的研究型课程及课外和校外活动十分活跃，为发展素质教育和创新教育提供了制度性保障，奠定了坚实基础。

2002年，韩国政府对大学修能考试进行比较分析后，又提出了从2005年起进一步增加学生选择机会的更加合理、完善的考试方案，即数理科目分成数理A和数理B两种，社会和科学探究附加职业探究，第二外语改为第二外语加汉语，社会和科学探究又分成若干增加所属某一课程比重的考试科目，供学生选择其中一门，同时增加了资格考试的多元化、选择性、科学性和合理性。虽然引起社会各界不同的反响，有的学生学习成绩下降，科学、外语高中等英才教育受到挑战，人才外流，一些家长不满，但是在大学升学率达到70%的情况下，拆除考试围墙和枷锁，摒弃唯分数主义，为更多的青少年提供更多的发展机会，积极发展终身教育，充分开发社会人力资源，才是教育与人力资源开发精髓的主张仍然占据主流。

促进教职工队伍建设与发展。1999年1月，韩国为减轻教育财政负担，加快教师的新老交替，将过去的教师65岁退休的制度改为62岁退休。教育人力资源政策委员会和社会科学院2002年8月的研究报告认为，这"一刀切"的改革，实际上导致教师队伍出现一时断层、教师心理受挫、教师威望（崇敬度）下降等负面效应。所幸后来采取了增加教师编制、改善办学条件等积极的教职工队伍建设与发展计划，逐步消除了此项改革带来的社会负面效应。

改善办学条件，改革学校财会制度，实现教育信息化。这方面的改革举措主要有三个方面。第一，积极改善办学条件。为实行新的教育课程体系，增加不同水平学习者的选择性，2001年7月韩国政府推行了改善办学条件的计划，将每班学生数减少到35名。为实现这一计划，2002—2003年增加23 600名教师，相当于全国教师的6.7%，可以说是划时代的创举。同时，以学生为中心改革教学方法，提供自由学习空间，也成为辅助改革手段被加以推广。第二，实行新的学校预算会计制度。自2001年，韩国政府施行了将预算总额直接拨给中小学，由学校自主支配的新会计制度，为根据学校实际制定灵活、多样的财政预算，公开透明学校财务奠定了基础，使听取更多的教职员工对学校财务管理的意见成为可能。第三，实现教育信息化。自20世纪80年代后期，韩国政府教育部门加快了对教师的信息教育和培训，同时，行政机构和低收入家庭的子女的信息教育得到加强。2001年4月，中小学每个年级都实现了计算机联网，2002年9月，建立了教育行政网，形成通过计算机网络统一管理的体系。

八、卢武铉政府时期

这个时期是指2003—2008年。

为推进教育改革，卢武铉政府设立了总统咨询机构教育革新委员会。卢武铉政府试图改革大学入学制度，以消除高考入学考试竞争和大学排名对学生的压力。

韩国大学入学考试首先需要内审，审核通过者参加国家统一考试，以考试成绩来确定最终入学名单。由于学校之间存在明显的差距，导致内审"不具有信赖性""高考被等级化""不具有辨别力"，遭到了社会的批评。作为自救之策，为了选拔优秀学生，一些大学试图实施有"变相高考"争议的论述考试及深层面试等。围绕"三不政策",政府和大学之间的对立和社会争议持续不断。卢武铉政府改革方案的初衷是为了给存在差距的学校提供同等机会,贯彻普通教育理念。

另外,卢武铉政府以减轻巨额私教费为目的,实施高考教育广播(EBS),让一线学校有能力的教师或大学的著名讲师举办与高考相关的讲座,讲座内容在高考试题中按一定比率反映出来。这种高考广播虽然为出身低收入家庭的高中生提供了课外辅导机会,但与以前相比,辅导所需要的费用差距并没有太大变化,没有从根本上改善课外辅导问题。当时高中生之间流传着"死亡三角"的说法,所谓"死亡三角"是指高考、内审、论述考试给学生带来了巨大的负担,学生不得不承受难以承受的痛苦。

卢武铉政府教育改革中备受争议的是《私立学校法》的修改,这也一直是卢武铉政府执政期间争论的焦点。以引进开放型理事制为核心的《私立学校法修正案》遭到了私学团体的强烈反对,2005年末该修改案通过后不久又重新修订,但私立学校法人提出宪法诉愿等矛盾始终没有平息。

第四章 学前教育

根据韩国《幼儿教育法》第二条规定，幼儿是指从 3 周岁到小学入学前的儿童。韩国不断加强对学前教育的支持，本章将梳理韩国学前教育的发展和现状、分析当前韩国学前教育的特点和经验，并对目前面临的挑战和对策做出评述。

第一节 学前教育的发展和现状

学前教育是韩国教育体系的重要组成部分。本节论述了韩国学前教育的发展情况和现状，包括学前教育的教育普及和发展程度、学校数量和类别、学制长短、教学活动、与初等教育的衔接方式等内容。

一、学前教育的发展历史

传统的学前教育主要以家庭和书院为中心进行。日本占领朝鲜半岛时期引入幼儿园，现代学前教育开始发展。幼儿园的发展可分为五个阶段，具体时期划分如表 4.1 所示。

表 4.1 韩国学前教育发展时期划分

幼儿园创建期	1897—1945 年
幼儿园制度基础确立期	1945—1978 年
幼儿园内部基础确立期	1969—1980 年
幼儿园扩张期	1981—2004 年
幼儿园公共化推进期	2004 年至现在

最早的幼儿园釜山幼儿园于 1897 年由日本人创办。庆城幼儿园和梨花幼儿园分别于 1913 年和 1914 年成立。梨花幼儿园植根于"进步的幼儿园运动"和"以儿童为中心"的理念，在教育理念、教材、教学方法等方面与传统的幼儿教育有着天壤之别。[1] 1915 年，最早的幼儿园教师培养机构——梨花学堂幼儿师范（现梨花女子大学师范学院幼儿教育系）设立，当时的课程包括手工、游戏、教育学、儿童心理学、圣经、汉文等。

根据 1949 年的《教育法》，韩国政府制定了幼儿园政策。1950 年，韩国文教部公布了国立幼儿园设置计划，但因紧接着爆发的朝鲜战争而终止。战争期间，政府于 1952 年颁布了《教育法实施令》，制定了设立许可幼儿园、废止幼儿园、管理幼儿数量、教育科目及教育天数等有关幼儿园教育的各种详细标准。1962 年颁布了《幼儿园设施基准令》，规定了幼儿园教育所需的最低限度的设施标准，为改善幼儿园的教育环境提供了重要的法律依据。

1969 年，韩国政府首次制定并公布了《国家幼儿园教育课程标准》，为

---

[1] PARK E, LEE J, JUN H. Making use of old and new: Korean early childhood education in the global context[J]. Global studies of childhood, 2013, 3(1): 40-52.

幼儿园课程建设奠定了基础。20世纪70年代，由于受到国内外经济、政治、社会发展趋势的影响，由韩国总理领导的长期综合教育审议委员会制定的《长期综合教育规划（1972—1986年）》[1]纳入了幼儿教育发展的试行方案。1976年以前，私立幼儿园在韩国幼儿教育的发展进程中发挥了关键作用。1976年以后，第一批小学附属幼儿园改变了这一趋势，公办幼儿园被放在优先发展的位置。可以说，自1976年小学附属幼儿园开办以来，韩国一直将公共幼儿教育放在首位。1982年，制定《幼儿园教育促进法》。1992年，政府对《教育法》和《幼儿教育促进法》进行了修订，允许幼儿园接收3岁的儿童。《幼儿教育法》于2004年颁布，尝试普及幼儿教育，其执行法令于2005年颁布。

随着产业革命的推进和女性作为劳动力参加工作的需求增加，为这部分人群代为保护和照料子女的托儿所应运而生。1961年韩国制定《儿童福利法》后，托儿所的成立有了法律依据。1968年，"托儿所"更名为"儿童之家"，1981年，《儿童福利法》更名为《儿童福祉法》。

进入20世纪80年代后，韩国对幼儿教育越来越关注，政府出台了《幼儿教育振兴法》。幼儿园再次改为"儿童之家"（由保社部管理）和"新村幼儿园"（由内务部管辖），其性质由保育改为侧重教育。1991年保健司颁布了《婴幼儿保育法》，将所有的托儿所（包括新村幼儿园）统一称为"儿童之家"，并以保育机构的名称统称。自此，保育机构具备了运营的整体法律依据，本书将"儿童之家"统称为"托儿所"。20世纪90年代末，韩国1 919个保育机构共接收了4.8万名儿童。2005年6月，2.8万个保育机构接纳吸收了总计97.24万名适龄儿童。

2013年韩国修订了《婴幼儿保育法》，主要内容包括有效防止虐待儿童，加强保育设施的安全管理，支持多元文化家庭的保育以及增加国家保

---

[1] 该规划的具体内容以社会各界的发展趋势和前景为前提，在分析当前教育现状和问题的基础上，提出了教育长远发展和创新的方向。

育费。保育机构的种类可以分为7种，分别是国立/公立保育机构、法人团体保育机构、社会福利法人保育机构、民间保育机构、单位附属保育机构、父母协同保育机构和家庭保育机构。保育对象原则上为6岁以下的学前儿童，特殊情况下也可以接受12岁以下的儿童。[1]《婴幼儿保育法》作为保育的基本原则，对教育、营养、健康、安全、为父母的服务、与地区社会的交流等做出了相关规定。保育机构除公休日外全年提供保育服务，以每天运营12小时以上为原则，可根据监护人的需要进行调整。截至2020年，韩国的保育机构数量为3.53万处。其中，国立/公立保育机构4 958处、法人团体保育机构671处、社会福利法人保育机构1 316处、民间保育机构1.15万处、单位附属保育机构1 216处、父母协同保育机构152处、家庭保育机构1.55万处。[2]

韩国早期托儿所接收的对象为0—7岁的幼儿，而幼儿园则是5—7岁的儿童。因为学习的内容不同，当孩子5岁时，可以从托儿所转到幼儿园。

自1969年韩国第一次制定、实施幼儿园国家课程以来，政府已经对幼儿园课程进行了11次改革。2012年，课程有了新名称"Nuri"[3]。课程针对幼儿园和日托所的5岁儿童。2013年，Nuri课程扩大到涵盖3—4岁儿童。

二、学前教育的现状

截至2021年，韩国共有8 659所幼儿园：3所国家级幼儿园，5 058所公立幼儿园和3 598所私立幼儿园，为全国582 572名儿童提供服务。[4]

---

[1] 照顾双收入夫妇的孩子等非婴儿但需要保护的小学低年级儿童的课后班也包括在保育机构的广义范围内。
[2] 资料来源于韩国统计厅官网。
[3] "Nuri"原文为"누리"，是"세상（世上）"的古语，"Nuri课程"目前没有对应的专业中文翻译，但也有媒体将"Nuri课程"翻译为"世道课程"或"努里课程"，本书采用目前国内学术界通用叫法"Nuri课程"。
[4] 资料来源于韩国教育部官网。

（一）教育目的

韩国《幼儿教育振兴法》指出，振兴幼儿教育和保育旨在为幼儿提供良好的教育环境，促进其身心发展，开发其未来潜能，让幼儿成长为人格健全的国民，获得个人幸福，为国家发展做出贡献。

为实现上述目的，韩国从以下几方面做出了努力：帮助幼儿养成健康、安全、快乐的日常生活习惯，促进幼儿身体机能的协调发展，让幼儿体验集体生活，培养幼儿快乐参与的态度，培养幼儿合作和自律的精神，培养幼儿对社会生活和环境的正确认识和态度，引导幼儿正确使用语言，培养幼儿对童话、绘本等的兴趣，通过音乐、游戏、绘画、手记和其他方法培养幼儿对创作的兴趣。

韩国学前教育的目的是促进儿童整体协调发展，培养其民主的意识和民主生活态度，使儿童有效适应民主社会，也就是说，培养幼儿尊重人权，履行责任，具有守法、服务和合作精神等公民素质。具体来看，韩国学前教育目的围绕着幼儿教育的有效性、幼儿身心发展的适应性、幼儿生活文化的协调性、幼儿生活环境的适应性以及与民主社会思想的协调性等设定。

（二）托儿所与幼儿园现状

韩国幼儿教育和保育系统分属两个不同的主管部门。保健福祉部负责0—5岁儿童的托儿所保育工作，而教育部负责3—5岁儿童的幼儿园教育工作。

1. 托儿所现状

托儿所是受监护人委托，照看和教育 0—5 岁儿童的机构。学前教育的功能中，以保障型功能为主要目的，可以将托儿所理解为保育机构。保育机构接受保健福祉部和保育政策局的指导和监督，相对于教育机构，更注重社会福利，因此保健福祉部也对其给予一定的财政资助。韩国大部分托儿所营业时间为上午 7:30 到下午 7:30，除全日制营业之外，也有半日制和混合制。

经市、郡、区政府批准，国立/公立保育机构、私立保育机构、单位附属保育机构使用"托儿所"的名称，而父母协同保育机构和家庭保育机构则使用"家庭托儿所"的名称。

根据韩国《婴幼儿保育法》，国立/公立保育机构是由国家和地方政府成立、运营（包括委托运营）的机构，优先建立在低收入人群密集地区、农村地区等经济薄弱地区。法人团体保育机构是指非社会福利法人、非营利团体或个人成立、运营的保育机构。社会福利法人保育机构是指社会福利法人根据《社会福利事业法》成立、运营的机构。单位附属保育机构是为事业单位的劳动者（包括国家或地方自治团体的公务员或签订非公务员劳动合同者）设置、运营的保育机构。父母协同保育机构是监护人或监护人与保育教职员共同组成（仅限于不以营利为目的）、设置、运营的保育机构。家庭保育机构是个人在家庭或指定的地方设置、运营的机构，照护 5—20 名婴幼儿。民间保育机构指不属于上面几种保育机构的其他保育机构。得到国家资助的公立保育机构比私立保育机构在软硬件设施上更有优势，教育项目及内容丰富，教育费用低。相反，私立保育机构的硬件设施以及教育环境相比公立保育机构有着明显的不足，且教育费用高。

大部分私立保育机构目前得到的财政支持只有一年一次的教材教具费

补助（61人以上为每年120万韩元，40—60人为每年100万韩元，21—39人为每年90万韩元，10—20人为每年80万韩元，3—9人为每年50万韩元）。国家每年都对以低收入家庭儿童为主的保育机构给予资助。

表4.2数据显示，韩国新生儿的出生率近几年持续降低。受此影响，韩国的民间保育机构和家庭保育机构数量在2013年前持续升高，随后开始逐年下降，见图4.1。如今，这已成为一种普遍现象，不论是在中小城市还是像首尔这样的经济中心，绝大部分地区的保育机构数量都在不断减少。[1]

表4.2 2017—2020年韩国各年龄保育儿童数量变化情况

单位：万名

年份 年龄	2017	2018	2019	2020
0岁	13.965 4	12.679 3	12.621 6	11.646 8
1岁	33.086 8	31.901 6	29.424 2	26.312 8
2岁	39.171 5	39.795 5	37.604 1	32.129 4
3岁	23.666 5	23.327 4	24.042 9	21.485 3
4岁	18.854 0	16.932 8	17.371 5	17.439 4
5岁	15.609 3	16.331 4	14.883 2	14.920 1
6岁及以上	0.670 8	0.606 2	0.561	0.505 8
合计	145.024 3	141.574 2	136.508 5	124.439 6

[1] 资料来源于韩国统计厅官网。

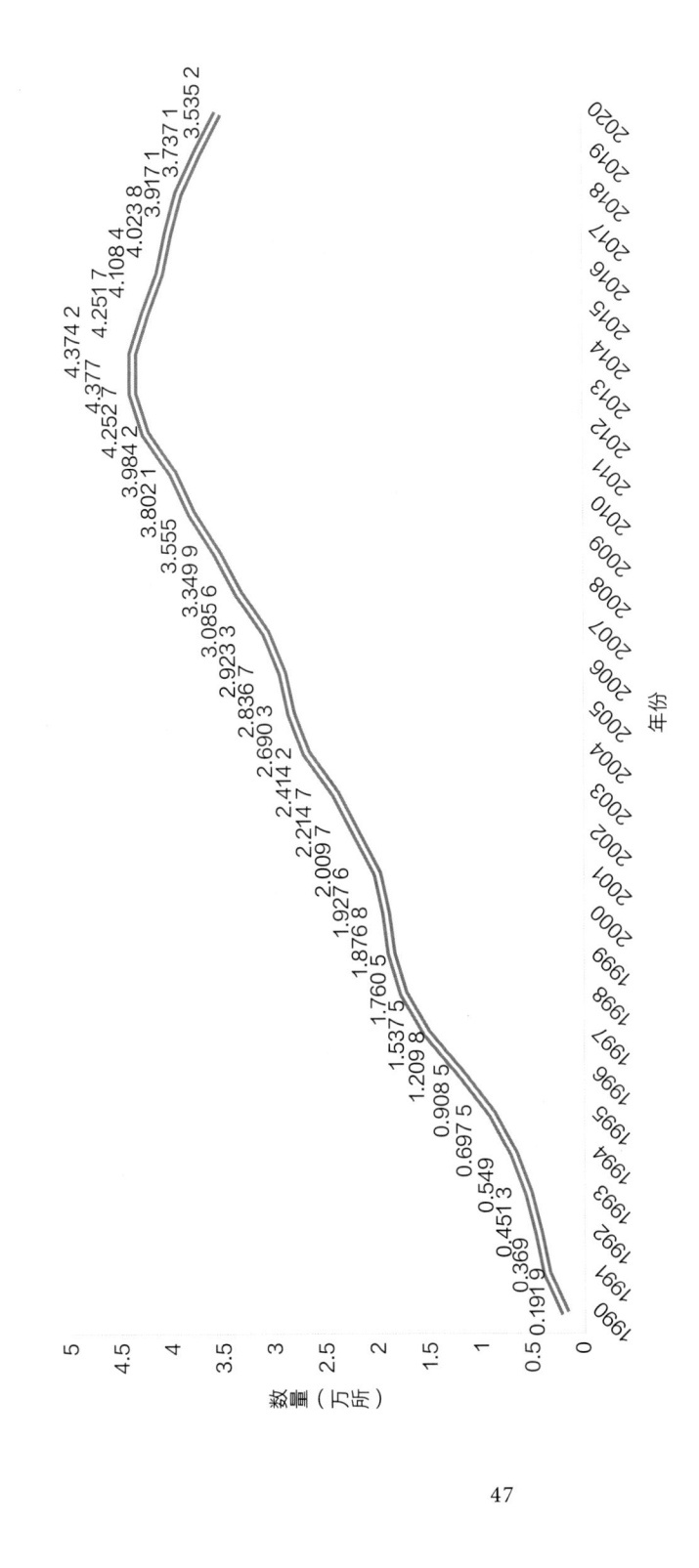

图 4.1 1990—2020 年韩国保育机构总数变化情况

2. 幼儿园现状

韩国幼儿园是根据韩国《教育法》设立、由教育部管理的教育机构，主要以 3 岁到小学入学前的幼儿为保育教育对象。韩国的幼儿园可以根据不同的标准分为多种类型，例如根据财政来源，可以分为国立/公立和私立两种，国立/公立幼儿园又分为国立/公立小学附属幼儿园和独立幼儿园。私立幼儿园则根据经营主体的不同，有个人所有、法人所有、社会团体所有等多种类型。

韩国 1980—2020 年幼儿园数量教育统计分析资料显示（见图 4.2），幼儿园的数量从 1980 年的 901 所增加到 1995 年的 8 960 所，之后到 2005 年小幅下降，再到 2017 年一直保持缓慢增长，达到 2017 年的 9 029 所后又继续减少。截至 2020 年，全国共有幼儿园 8 705 所，其中国立/公立幼儿园 4 976 所，私立幼儿园 3 729 所。

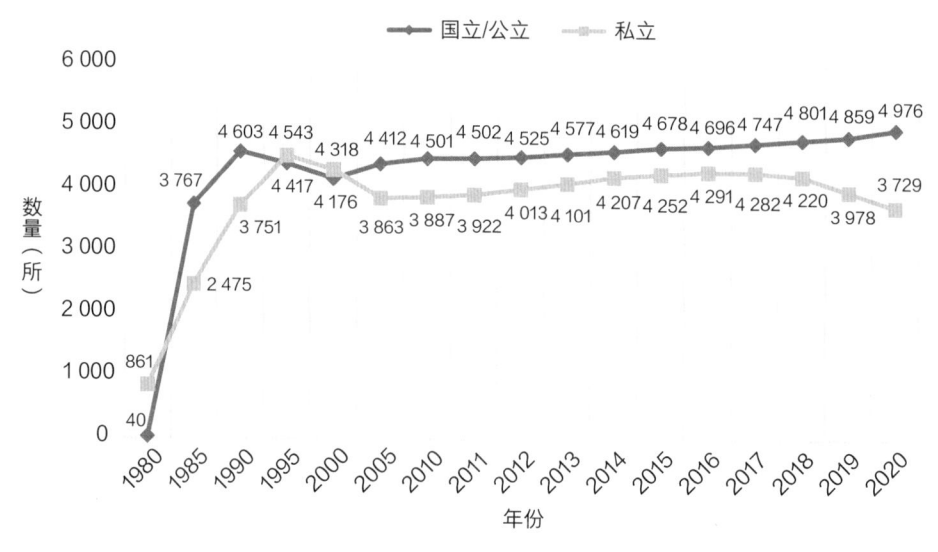

图 4.2 1980—2020 年韩国幼儿园数变化情况

从 1980—2020 年韩国幼儿园学生数的变化来看（见图 4.3），幼儿数从 1980 年的 6.64 万名增至 2020 年的 61.25 万名，约增加了 8.2 倍。其中国立/公立幼儿园的幼儿数为 17.89 万名，私立幼儿园的幼儿数为 43.36 万名，私立幼儿园的幼儿占比（70.8%）远远高于国立/公立幼儿园的幼儿占比（29.2%）。但是，如果从地区规模来看，在岛屿及偏僻地区，国立/公立幼儿园的学生人数远远多于私立幼儿园的学生数，可见公共教育在弥补相对落后地区的教育水平差距方面发挥了积极作用。

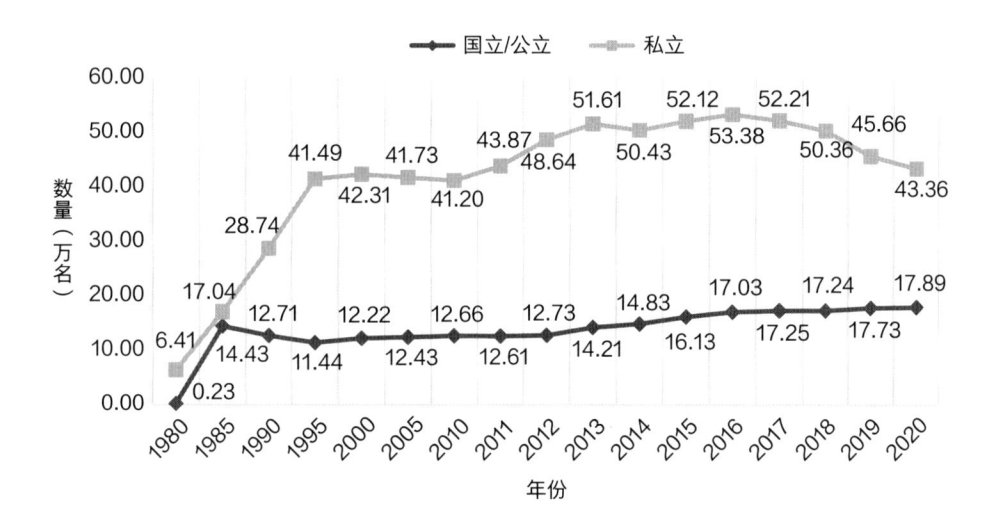

图 4.3 1980—2020 年韩国幼儿园学生数变化情况

图 4.4 是 1980—2020 年的幼儿园教师数，1980 年为 3 339 名，此后持续增加，到 2020 年增至 53 651 名，约为 1980 年 16 倍。可以看出韩国越来越重视学前教育的师资建设。[1]

---

[1] 资料来源于韩国 2020 年教育统计分析资料集幼小中学教育统计篇。

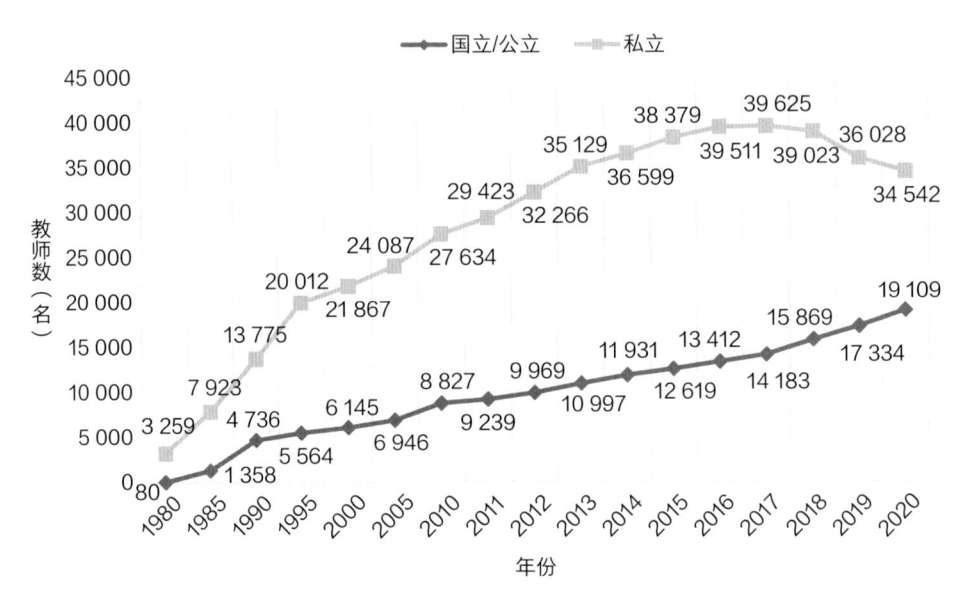

图 4.4 1980—2020 年韩国幼儿园教师数变化情况

自 20 世纪 80 年代韩国幼儿入园率剧增以来，幼儿入园率几乎每年都在持续增加。2020 年，韩国幼儿入园率为 49.0%，比 1980 年上升了约 46.2%，见图 4.5。

（三）内部阶段划分与学制

韩国幼儿园每年的运营天数须满足法定的 180 天，剩余时间可以由园长酌情决定。园长可以调整幼儿园的放假天数，追加放假天数或设置"三明治假期"[1]。托儿所由于具有社会福利性质，因此除星期日和公共假期外全年无休。运营时间也有所不同，幼儿园主要是半日制，每天上课 3—5 个小时，而托儿所则是从上午 7:30 到下午 7:30 的全日制（在不给托付家庭带来麻烦

---

[1] 三明治假期：隐喻性的说法，指工作日介于假日和假日之间。

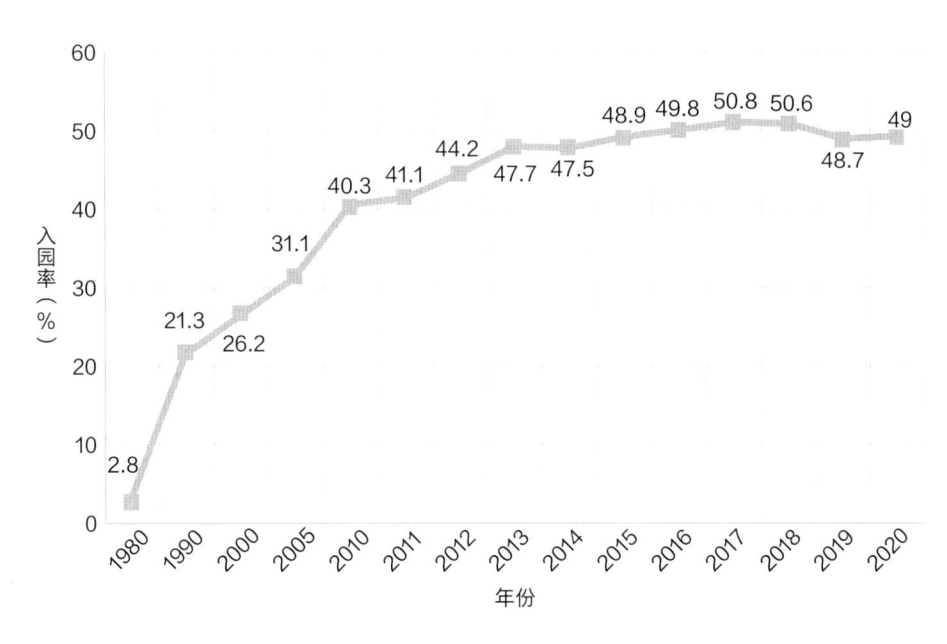

图 4.5 1980—2020 年韩国幼儿园学生入园率变化情况

的前提下可以进行调整）。此外，一些托儿所提供夜班服务至晚上 10 点。随着双职工家庭的增加，以半日制为基础，延长运营时间制（5—8 小时）和全日制（8 小时以上）的幼儿园数量也在增加。表 4.3 显示了韩国托儿所和幼儿园各方面的差异。

表 4.3 2019 年韩国托儿所和幼儿园比较

机构	年龄	课程	每年上课天数	上课时间制度
托儿所	0—5 岁	0—1 岁保育课程 / 2 岁保育课程 / 3—5 岁保育课程 （Nuri 课程）	全年运营 （星期日和公共假期除外）	上午 7:30—下午 7:30（可调整） 半日制 / 混合制

续表

机构	年龄	课程	每年上课天数	上课时间制度
幼儿园	3—5岁	Nuri课程	180天以上	半日制（3—5个小时）/ 延长运营时间制（5—8小时）/ 全日制（8小时以上）

（四）课程设置

韩国学前教育的课程以直接体验、活动和游戏为中心。下面着重介绍标准保育课程和Nuri课程。

1. 标准保育课程

托儿所标准保育课程（以下简称"标准保育课程"）是为0—5岁婴幼儿制定的国家保育课程，由0—1岁保育课程、2岁保育课程、3—5岁保育课程（Nuri课程）组成（Nuri课程将在后文详细介绍）。

0—1岁保育课程和2岁保育课程由基本生活、身体运动、思想沟通、社会交往、艺术经验、自然探索六方面内容组成，具体课程内容见表4.4。[1]

标准保育课程强调国家水平的共同性和地区、机关及个人水平的多样性，追求婴幼儿的全面发展和幸福，以婴幼儿为中心、以游戏为中心，培养自律性和创意性，以实现婴幼儿、教师、家长及社会的共同责任。制定标准保育课程的目的是让婴幼儿通过游戏实现身心健康和协调发展，形成正确的人格和道德基础。

---

[1] 资料来源于韩国保健福祉部官网。

表 4.4 韩国 0—1 岁保育课程和 2 岁保育课程 [1]

内容	目的	0—1 岁保育课程	2 岁保育课程
基本生活	健康地生活	接受帮助清洁身体	试着自己清洁身体
		愉快地饮食	关心食物并愉快地饮食
		愉快地体验一天的日程	舒适地体验一天的日程
		表达排便意愿	养成健康的大小便习惯
	安全地生活	安全地玩耍和生活	日常中安全地玩耍和生活
		在安全的情况下使用交通工具	安全地使用交通工具
		理解注意安全的话语	体验应对危险情况的方法
身体运动	感知身体和认识身体	对感觉刺激有反应	灵活感知的能力
		用感觉去探索周围	认识身体并移动身体
		探索身体	
	享受身体活动	认识肌肉和调节大小肌肉	调节大小肌肉
		尝试基本运动	愉快地享受基本运动
		进行室内外身体活动	进行室内外身体活动
思想沟通	听与说	关注表情和动作，并倾听语言和周围的声音	关注表情和动作，并倾听
		一边听着对方的话，一边发出声音	听完对方的话，并说话
		用表情、动作、声音表达意识	用表情、动作、单词表达意识
			说出自己的需求和感觉
	关注读写	关心周围的图片和标志	对周围的图画、标志和文字感兴趣
		对涂鸦感兴趣	享受用涂鸦的方式去表现

---

[1] 资料来源于韩国保健福祉部第 4 次幼儿园标准保育课程解说书及告示。

续表

内容	目的	0—1岁保育课程	2岁保育课程
思想沟通	享受书与故事	对书感兴趣	对书感兴趣并想象
		对语言游戏和故事感兴趣	对故事感兴趣
社会交往	了解并尊重自己	认识自我	区分我和别人
		表示自我的欲望和感情	表达我的感情
		知道和自己熟悉的事物	做自己喜欢的事情
	与周围人友好地交往	形成稳定的爱好	关心家人
		关心同龄人	和同龄人一起玩
		关心别人的感情和行动	对别人的感情和行动做出反应
		在班里与同学相处融洽	遵守班级的规矩和承诺
艺术体验	寻找美	在自然和生活中感受美	在自然和生活中感受并享受美
		关心美	关心并寻找美
	有创意地表达	用声音、节奏、歌曲来表现	表达熟悉的歌声和节奏
		通过感觉体验美术	用动作和舞蹈自由表现
		喜欢模仿	用美术材料和工具来表现
			将日常生活经验用想象游戏来表现
自然探索	享受探究过程	对周边世界和自然怀有好奇心	对周边世界和自然怀有好奇心
		喜欢探索事物和自然	喜欢反复探索事物和自然
	探索生活	用感觉探索熟悉的物体	用感觉去探索熟悉的物体的特点及其变化
		关注物体的数量	关注物体的数量
		探寻周围空间和形状	探寻周围空间和形状
		体验规律性	对规律感兴趣

续表

内容	目的	0—1岁保育课程	2岁保育课程
自然探索	探索生活	—	按相同或不同来区分周边的事物
			关心生活工具
	与自然共存	对周围的动植物感兴趣	对周围的动植物感兴趣
		感受天气的变化	感受天气和季节的变化

2．Nuri 课程

继 2011 年 5 岁 Nuri 课程、2012 年 3—5 岁 Nuri 课程公布之后，2019 年，韩国公布了最新的 Nuri 课程。Nuri 课程以总统令的形式颁布，并不断修订。韩国政府在 2011 年 5 月发布了引进"满 5 岁共同课程"制度的公告。"满 5 岁共同课程"制度的实施过程，将目前二元化的幼儿园和托儿所的幼儿教育、保育课程综合起来，使满 5 周岁的幼儿都能学习共同课程。2011 年 7 月，韩国政府将当时幼儿园和托儿所的教育课程及标准保育课程统一成"5 岁 Nuri 课程"，而后扩展至涵盖所有 3—4 岁儿童。目前的 Nuri 课程适用于托儿所和幼儿园的 3—5 岁儿童。

2019 年 7 月 24 日韩国教育部发布的修订后的 Nuri 课程强调课程的多样性和自主性，强调幼儿中心、游戏中心，摒弃教师主导的活动，强调通过充分的游戏体验，在快乐中增强幼儿的自律性及创意性，追求幼儿全方位的成长和幸福。另外，Nuri 课程被明确规定为国家水平共同教育课程。内容构成方面，维持 Nuri 课程的五个领域不变，将各年龄段的 369 个细节内容进行整合，简化为 59 个内容并进行大纲化，整合多种教育方法，扩大教学课堂的自主性。另外，Nuri 课程减轻了教师过多地制订每日教育计划，以及实施过多教学主题和过多幼儿游戏的负担，帮助教师恢复自信，并强调自律性和责任性，以保证 Nuri 课程的执行力。

韩国的幼儿园教育课程以幼儿和游戏为中心，根据相应的历史背景、教育问题，为教育课程赋予不同意义，反映国家未来的教育计划，保障共同性、平衡性及自律性，为学习者的成长和教师的教育活动提供方针。[1]

Nuri 课程的目标是幼儿通过游戏实现身心健康和协调发展，形成正直的人格，以期未来成为民主公民。Nuri 课程不仅涉及 3—5 岁幼儿需要经历的内容，还涉及 0—2 岁保育过程及与小学教育课程的关联性。Nuri 课程的内容设置见表 4.5 所示。

表 4.5 韩国 Nuri 课程内容 [2]

领域	内容
Nuri 课程	
身体运动与健康	身体认知
	身体调节及基本运动能力
	参与体育活动
	健康的生活习惯（正确饮食、适当休息、预防疾病等）
	安全的生活习惯（交通安全、事故应对）
思想沟通	倾听和表达
	阅读和书写
	发现兴趣
	发现爱好

---

[1] 김영옥. 국가수준 유아교육과정 변천과 개정 누리과정의 과제 탐색 [J]. 열린유아교육연구，2020，25（2）：75-103.

[2] 资料来源于韩国保健福祉部第 4 次幼儿园标准保育课程解说书及告示。

续表

Nuri 课程	
领域	内容
社会交往	了解并尊重自己
	一起生活
	关注社会
艺术体验	寻找美
	创意表现
	欣赏艺术
自然探索	享受探究过程
	生活中探索
	与自然共同生活

由表 4.5 可见，Nuri 课程内容可以划分为五个领域：身体运动与健康、思想沟通、社会交往、艺术体验和自然探索。具体目标分别如下。①培养基本运动能力和健康安全的生活习惯；培养感觉能力，积极认识自己的身体；调节身体，培养基本运动能力；愉快地参与身体活动；养成健康和安全的生活习惯。②培养日常生活所需的沟通能力和正确使用语言的习惯；培养注意听别人说话的态度和理解能力；培养说出自己的想法和感觉的能力；通过熟悉文字和书本，对认识和阅读文字感兴趣；了解语言和文章的关系，关注用文字表达自己的想法、感觉和经验。③尊重自己，培养和别人共同生活的能力和态度；珍惜自己，培养自律性；了解自己和他人的感情，适当地表达和调节自己的感情；和朋友、共同体成员互相帮助，了解并遵守礼仪及社会规则；关注所在区域、国家和其他国家。④培养富有创意的表现能力；关注并探索自然和周边环境下发现美和艺术的能力；喜欢通过音乐、动作和舞蹈、美术、戏剧游戏等创意性地表达自己的想法和感觉；欣赏自然和多样的艺术作品，培养丰富的感性与审美态度。⑤带着好

奇心探索周边世界、日常生活中的数学，培养科学思考的能力和态度；培养对周边事物和自然世界的好奇心和探索态度；培养发现生活中各种情况和问题的能力；培养理解和解决数学问题的基础能力；培养探究周围关心的事物和生命体及自然现象的基础能力。

Nuri 课程有助于创造有利于早期学习的环境。通过实施 Nuri 课程，韩国致力于缩小幼儿园之间的服务差距，从而提高父母的满意度。

（五）学前教育与基础教育的衔接方式

幼儿是在整体、综合的体验下成长起来的，幼儿的成长因年龄和发育阶段的不同而相互联系。幼儿和小学低年级儿童在身体、社会、情绪、语言、认知等方面具有相似的特征。韩国教育科学技术部、保健福祉部于 2012 年公布了 3—5 岁年龄段的 Nuri 课程，其中提到了幼儿教育的重要性，以及 3—5 岁幼儿和小学低年级（指小学一年级和二年级）教育的系统性联系的重要性，并表示幼儿在教育机构所接受教育的质量直接影响其进入小学之后的成绩，接受高质量学前教育的幼儿，小学成绩通常更优秀。适用于幼儿的教育过程和教育内容应与幼儿成长联系起来，并充分考虑其连贯性和系统性（体系化）。

3—5 岁年龄段的 Nuri 课程内容与小学低年级课程中相关科目有着紧密的联系。以下主要从身体运动与健康、思想沟通、社会交往、艺术体验以及自然探索等 5 个方面进行介绍。

身体运动与健康领域和小学低年级课程的综合科目（正确的生活、智慧的生活、愉快的生活）相关联。在 33 个细节内容中，和小学低年级课程连接的有 19 个。

思想沟通领域与小学低年级课程国语相关联。在 25 个细节内容中，有 19 个内容与小学低年级课程国语完成标准有关。其中，与国语和听力、口语联系的内容有6个，与阅读联系的内容有1个，与写作联系的内容有1个，与文学联系的内容有3个。

社会交往领域的29个细节内容全部与小学低年级课程的相关细节内容相关联，其中一个细节内容与小学低年级课程完成标准相同。

艺术体验领域与小学低年级课程的综合科目（愉快的生活）相关联。艺术体验领域由寻找美、艺术表现、艺术欣赏3个内容范畴、共20个细节内容构成。20个细节内容有17个与综合科目（愉快的生活）有联系，其中有13个细节内容与综合科目（愉快的生活）的25个表现部分有关。

自然探索领域与小学低年级课程的综合科目（正确的生活、智慧的生活）以及数学相关联。从持续性的角度来看，自然探索领域的细分内容中，30个细分内容有23个与小学课程的完成标准相联系。[1]

图4.6可更直观地观察韩国学前教育与初等教育的衔接方式。

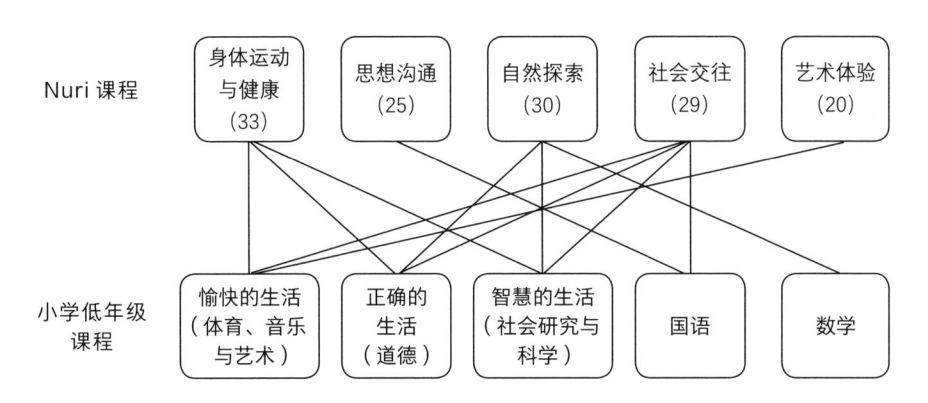

图4.6 韩国Nuri课程和小学低年级课程的关联性 [2]

---

[1] 양승희. 3-5세 연령별 누리과정과 초등학교교육과정 교육내용의 연계성 분석 [J]. 한국보육학회지, 2014, 14（4），261-294.

[2] 说明：Nuri课程各领域下方括号内的数字表示其细分内容的个数。

（六）学前教育机构的评价体系

1．托儿所评价体系

根据韩国《婴幼儿保育法》第 30 条的规定，韩国保育振兴院负责实施对托儿所机构的评价认定工作。托儿所评价制度是为了实现强化保育和养育的社会责任及建立放心的保育环境，从国家层面对所有托儿所进行定期评价，从而确保常规的保育服务质量。评价指标主要从四个领域设定，分别是保育课程及相互作用、保育环境及运营管理、健康与安全、教职员工。[1]

托儿所的评价运营体系见图 4.7 所示。

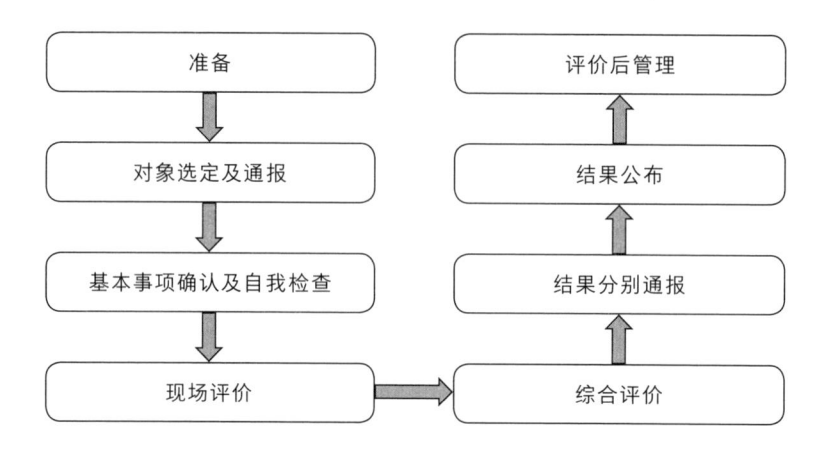

图 4.7　韩国托儿所的评价运营体系

2．幼儿园评价体系

韩国《幼儿教育法》第 19 条第 1 款规定，教育主管部门必要时可以对

---

[1] 资料来源于韩国保育振兴院官网。

幼儿园的管理等状况进行评价，以开展高质量的早期儿童教育。韩国教育部每三年制订一次幼儿园评价计划。幼儿园评价的目的在于通过构建能够充实运营教育课程的幼儿园运营体系，强化幼儿的健康与安全管理，深入推进 Nuri 课程教育，全面系统地检查幼儿园运营情况，提高幼儿园教育服务的质量水平，保障幼儿家长的知情权和选择权，提高家长对幼儿园教育的满意度。2020—2022 年韩国对全国幼儿园实施了第 5 轮评价，见表 4.6。

表 4.6 韩国幼儿园评价的程序、方式和反馈[1]

区分	第 4 轮评价（2017—2019 年）	第 5 轮评价（2020—2022 年）
评价程序	自我评价→书面评价→现场评价	自我评价→通过书面评价简化阶段
评价方式	• 通过客观化、定型化的现场访问，以外部评价者为中心进行评价 • 一刀切的评价指标，提出评价问题	• 通过个体幼儿园成员之间的合作、沟通，提高幼儿园自身评价能力 • 评价问题自主构成，尊重幼儿园的自主性
结果反馈	评价结果的实际应用不足	加强有组织、系统的后续咨询

幼儿园评价的主要内容和过程如图 4.8、图 4.9 所示。

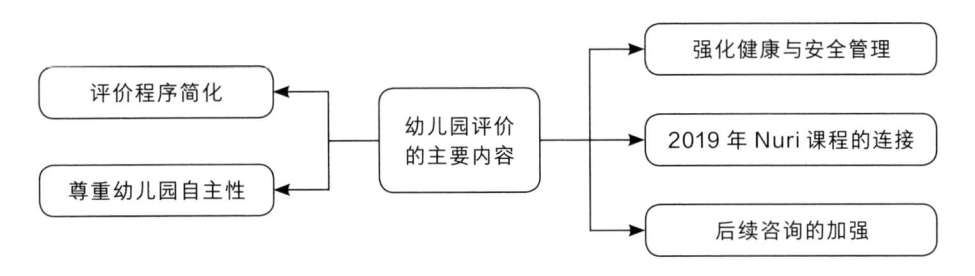

图 4.8 韩国幼儿园评价的主要内容[2]

---

[1] 资料来源于韩国教育部幼儿教育政策科第 5 轮（2020—2022 年）幼儿园评价支援计划。
[2] 资料来源于韩国教育部幼儿教育政策科第 5 轮（2020—2022 年）幼儿园评价支援计划。

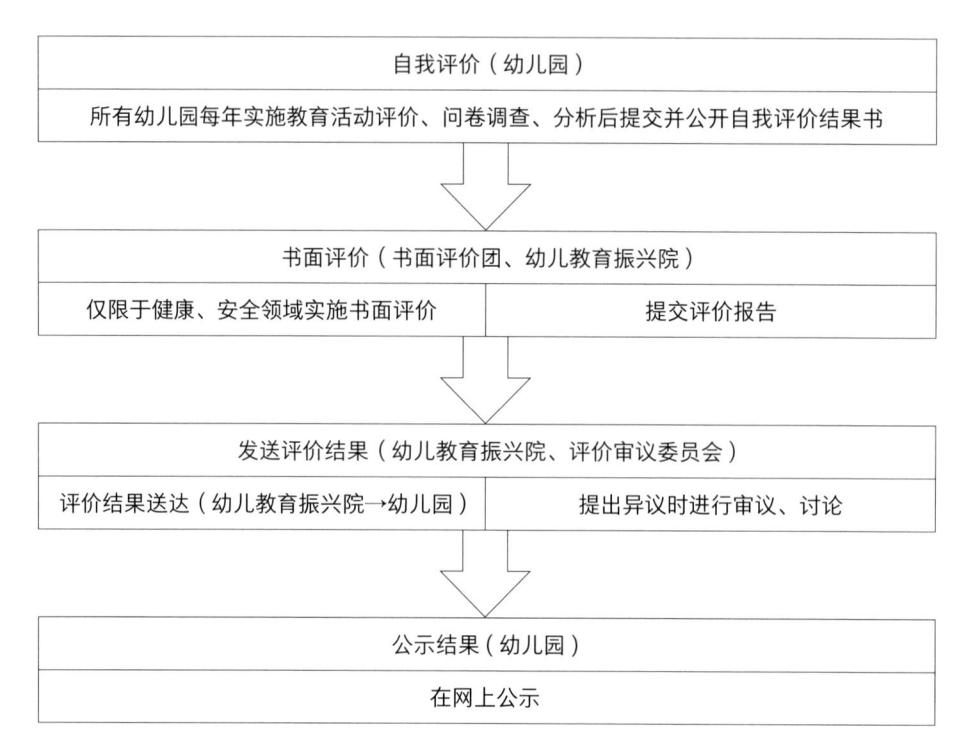

```
┌─────────────────────────────────────────────────────────┐
│                 自我评价（幼儿园）                        │
│ 所有幼儿园每年实施教育活动评价、问卷调查、分析后提交并公开自我评价结果书 │
└─────────────────────────────────────────────────────────┘
                            ↓
┌─────────────────────────────────────────────────────────┐
│         书面评价（书面评价团、幼儿教育振兴院）              │
│ 仅限于健康、安全领域实施书面评价    │    提交评价报告       │
└─────────────────────────────────────────────────────────┘
                            ↓
┌─────────────────────────────────────────────────────────┐
│       发送评价结果（幼儿教育振兴院、评价审议委员会）        │
│ 评价结果送达（幼儿教育振兴院→幼儿园） │ 提出异议时进行审议、讨论 │
└─────────────────────────────────────────────────────────┘
                            ↓
┌─────────────────────────────────────────────────────────┐
│                   公示结果（幼儿园）                      │
│                      在网上公示                           │
└─────────────────────────────────────────────────────────┘
```

图 4.9 韩国幼儿园评价过程 [1]

第二节 学前教育的特点

本节在上节学前教育的发展和现状的基础上，对韩国学前教育的特点进行总结和提炼。

---

[1] 资料来源于韩国教育部幼儿教育政策科第 5 轮（2020—2022 年）幼儿园评价支援计划。

一、积极推进 Nuri 课程

Nuri 课程是 2011 年政府为了强化学前教育的国家责任而引入的课程，同时也是适用于托儿所和幼儿园 3—5 岁的幼儿保育课程和教育课程。2011 年 5 月，韩国政府引入"满 5 岁共同课程"制度，同年 7 月公布将"满 5 岁共同课程"修改为"5 岁 Nuri 课程"。2012 年 Nuri 课程对象扩大到 3—4 岁儿童，2012 年 7 月"3—5 岁各年龄段 Nuri 课程"公布。从 2013 年 3 月至今，Nuri 课程一直作为幼儿园教育课程，在托儿所 3—5 岁保育课程中也发挥着重要作用。

首先，明确 Nuri 课程为国家级通用课程，明确 Nuri 课程的法律性质，强化 Nuri 课程实施的责任，强调国家行政和财政支持的责任。其次，将课程的目标改为以幼儿为中心，强调"自由游戏"，充分安排孩子的游戏时间，强调以孩子为主导的游戏式教育。再次，教育内容较以往课程更加简化，强调儿童的实际体验。最后，强调教师的自主性。幼儿教育计划的形式、方法和数量、兴趣领域的组成和运作、评价都是自主的，五个领域的整合方法在现有主题之外能够更加多样化。

Nuri 课程保障了人生初期的公平起跑，进一步提高了 3—5 岁的幼儿教育和保育质量，并减轻了家长的学费负担。此外，Nuri 课程还使托儿所和幼儿园的使用率增加，Nuri 课程运营者和家长的满意度提高，教师待遇得到改善。但随着托儿所和幼儿园 Nuri 课程的实行，Nuri 课程出现了一些问题。例如，Nuri 课程各年龄段教育内容过多，给课堂实施带来了负担；教师不是以公示文件为基础重新编制教育课程，而是直接使用教师指导用书，课堂的多样性消失。

在此背景下，教育部于 2018 年推进了"Nuri 课程修订政策研究"，并于 2019 年 5 月举行了"2019 年 Nuri 课程（案）"听证会，经过教育课程审议会和行政预告，于 2019 年 7 月发布了"2019 年修订 Nuri 课程"，该课程是根据政府的国政方向和国政课题修改的第一个教育课程，意义重大。

二、教保一元化与二元化

大多数国家将婴幼儿教育中的保育和教育混在一起，呈现出教育与保育一元化和系统管理幼儿教育的趋势，导致婴幼儿的教育和保育很难分离。韩国教育部和保健福祉部的学前教育二元化体制虽然导致了财政、行政效率低下，政府预算浪费等问题，却能够让家长在婴幼儿保育服务上进行多样化选择。然而，韩国政府的Nuri课程实施一元化体制，只针对3—5岁的儿童，并将其引入幼儿园和托儿所。如果不相应地实现负责部门及幼儿机构的一元化，从培养和管理幼儿园教师和托儿所教师的行政业务二分化、幼儿教育机关政策二分化到政府支持金额二分化等二元化导致的弊端将会持续下去。可以说，引入Nuri课程反而间接地承认了教育、保育机构统合的必要性。因此，迫切需要将0—2岁学前教育交由保健福祉部负责，3—5岁学前教育交由教育部负责，或者将所有政策上的决断权移交给同一个部门。

同时，政府的法规和控制使学前教育的发展更加困难。韩国政府试图通过法律修订，以保护儿童的名义对私立教育进行控制，这与当前正在实施的幼儿园和托儿所的幼儿教育服务背道而驰，导致家长的不满。家长需要形式多样的早期儿童教育，并愿意为此付出相应的代价，但目前的幼儿园教育计划无法满足家长的需求。值得注意的是，引入的Nuri课程有可能因为统一课程表而破坏幼儿教育的多样性。因此，除了对教育进行监管之外，有必要创建一个可以根据时代发展变化、能满足家长需求的多样化的幼儿教育环境。

三、加强对幼儿特殊群体的保障

韩国的幼儿特殊教育起源于 1994 年修订的《特殊教育振兴法》，可以说其历史非常短暂。以振兴特殊教育为目的，于 1977 年制定，1979 年开始实行的《特殊教育振兴法》包括提供公立免费的特殊教育机构的小学、初中课程和私立特殊教育机构的小学课程教育等内容。此前的《特殊教育振兴法》对经济负担重、有特殊教育需求的残疾儿童提供免费教育，具有重大意义。但是与普通小学义务教育相比，并没有包括对学前儿童的教育援助。直到 1994 年修订的《特殊教育振兴法》，幼儿园的特殊教育对象才纳入免费教育条款。1997 年设立幼儿特殊教育机构的设施/设备基准令发布，明确了设立早期教育机构的基准。根据《特殊教育振兴法》的适用性，教育部免费援助的早期教育部门有特殊学校申办部、幼儿特殊学校、普通幼儿园的特殊班级，针对的是从 3—5 周岁的残疾幼儿和有残疾风险的幼儿。根据 2003 年教育人力资源部资料显示，作为特殊教育对象接受免费教育的儿童总数为 1 932 人。随着 2007 年特殊教育相关法律《特殊教育振兴法》被修改为《针对残疾人的特殊教育法》，国家政策对残疾婴幼儿教育的影响也随之发生变化。特别是规定了幼儿免费教育及义务教育，并建立了早期发现残疾幼儿的制度，为所有身体有残疾的婴幼儿在初期就能够得到帮助奠定了基础。同时，在残疾幼儿的教育中，教育重点由原来的强调特殊教育普及率转变为融合教育[1]，重新完善了相关制度。

2015 年之前，一般教育课程修订和特殊教育课程修订各自分开进行。一般教育课程被修订后，特殊教育课程会参考修订，所以其通常比一般教育课程晚 1 年实施。

---

[1] 融合教育是国家和地方自治团体对于需要特殊教育的人想在小学、初中、高中以及与之相匹配的各种学校接受教育的情况，制定单独入学程序、教育课程等综合教育的施策，即残疾儿童在普通学校与非残疾儿童一起接受培训教育而不是在特殊学校接受隔离的教育。

从 2015 年开始，两者同时进行修订，但教科书开发、教育课程相关研修等使用不同的资金和流程。

韩国全体特殊教育对象中有 70% 以上被安排到普通学校，韩国的特殊教育是从学习者被选为特殊教育对象开始的。也就是说，能否受到特殊教育服务完全取决于相关学习者是否是特殊教育对象。要想被选为特殊教育对象，必须符合《残疾人特殊教育法》中列举的 10 种残疾类型（视觉障碍、听力障碍、智力障碍、肢体障碍、情绪与行动障碍、自闭症、沟通障碍、学习障碍、健康障碍、发育迟滞），并经过教育厅的诊断和判别程序。一般情况下，如果受学校或家长委托，教育厅的特殊教育运营委员会会在 1 个月内进行诊断和判别。因此，在诊断、判别某个学生是否为特殊教育对象之前，必须同时满足受学校或家长委托、家长同意、经过运营委员会鉴别这些前提条件。如果其中任何一个条件不符合，就不能被判定为特殊教育对象，也不能接受特殊教育服务。

现在一般学校内的特殊教育班级运营几乎完全委托给 1 名特殊教师，在教育课程方面，以普通教育课程为基础，同时教授特殊教育课程；融合教育方面，需要与多数普通班级的普通教师合作或与附近特殊班级联合开展。

韩国不断修订相关政策，寻找发展幼儿特殊教育的最佳方法，将融合教育作为特殊教育的基本内容，以配合幼儿特殊教育领域的变化。

四、加强对幼儿保育的援助

1995 年，韩国提出了一项免费提供早期教育的法案，并于 1998 年获得通过。2012 年，《幼儿园教育法》修订并降低了 3 岁儿童免费教育的年龄限制，随着 Nuri 课程的首次实施，2012 年，政府负担所有 5 岁儿童的教育费用。2013 年，随着 Nuri 课程扩展到 3—4 岁的儿童，3—5 岁的儿童成为受益者。

韩国政府以减轻父母养育子女负担为目的，提供婴幼儿保育费津贴、幼儿学费及家庭养育津贴。0—2岁婴儿可以选择提供保育服务的托儿所，3—5岁幼儿可以根据喜好选择提供保育服务的托儿所或者提供幼儿教育服务的幼儿园。选择托儿所的婴幼儿可以获得保育费津贴，选择幼儿园的幼儿可以获得幼儿学费津贴，没有享受托儿所、幼儿园等保育机构的家庭可以享受家庭养育津贴。

以2017年为例，在运营12小时的全日制托儿所，如果家长选择从上午7:30到下午7:30由托儿所照看，那么有1周岁以下婴儿的家庭每月可获得43万韩元、1—2岁的每月可获得37.8万韩元、2岁以上的每月可获得31.3万韩元的保育费津贴。除此之外，如果选择上午9点到下午3点的6小时制托儿所，有1周岁以下婴儿的家庭每月可获得34.4万韩元、1—2岁的每月可获得30.2万韩元、2岁以上的每月可获得25万韩元的保育费津贴。此外，考虑到婴幼儿家长在其他时间还有需要使用托儿所的情况，托儿所每月将提供15小时的额外紧急保育服务。另外，婴幼儿家庭如果将婴幼儿托付给托儿所或幼儿园照看，每月可获得22万韩元的保育费津贴或幼儿学费津贴。家庭养育津贴是以月龄为标准发放的，有未满12个月婴儿的家庭每月可获得20万韩元、未满24个月每月15万韩元、24个月到入学前每月10万韩元。

随着免费保育政策的实施，托儿所及幼儿园的利用率整体呈上升趋势。特别是2012年对双职工家庭的婴儿给予保育费补助之后，婴儿的托儿所利用率比前一年提高了6.5个百分点，也是2010—2015年托儿所利用率同比上升幅度最大的一年。据统计，到2015年，适龄的婴幼儿托儿所利用率为34.2%，幼儿托儿所及幼儿园利用率为89.3%。[1]

韩国还通过教育部"资助体系"资助社会低收入群体和私立幼儿园入

---

[1] 보건복지부. 전국보육실태조사 보고서 [R]. 서울: 보건복지부, 2015.

学有负担的家庭。为因资金困难而难以进入国立/公立幼儿园的城市地区低收入家庭的幼儿提供均等的受教育机会，低收入家庭的幼儿在私立幼儿园入学时实行学费减免政策。

第三节 学前教育的挑战和对策

过去，韩国的学前教育只有幼儿园等机构教育，近年来，非正规家庭教育和社会教育的重要性逐步显现。随着时代和观念的变迁，韩国学前教育遇到了诸多困难和挑战。本节立足韩国学前教育的现实情况和教育国际化大背景，对困难和挑战进行分析，并描述其应对策略。

一、学前教育的挑战

（一）私立幼儿园的垄断导致腐败

学前教育是韩国教育的第一级，在整个教育体系中的地位日益重要。大部分家长为了孩子能够进入更好的托育机构，接受高质量的教育，不惜花费高昂的费用把孩子送到私立幼儿园，导致韩国私立幼儿园对学前教育的相对垄断。私立幼儿园虽然通过学费和公共资金运营，但长期以来，一直是教育机构审核的盲点，也发生过各种腐败事件，如给孩子发放的正餐和零食不足等。

（二）低出生率对学前教育的挑战

能源及资源的枯竭、技术的融合、知识社会的到来、低出生率和老龄化导致的人口结构的变化、价值观和生活方式的变化等是未来社会要面对的主要问题。低出生率问题在韩国尤其突出。据韩国统计厅统计，2020年全国生育率为0.84，是经济合作与发展组织成员中最低的国家，也是唯一一个出生率低于1的国家。同一时期，新生儿数为27.2万名，而死亡人数为30.5万名，首次出现了死亡人数超过新生儿数的"人口负增长"现象，低出生率和人口危机正在加剧。低生育时代到来之际，幼儿教育机构的重要性日益凸显，学前教育质量的提高成为克服低生育现象的对策之一。

二、学前教育的对策

（一）引进EduFine[1]制度，恢复教育信赖

文在寅政府在有关教育的六大国政课题中指出，国家要不断加强公平性与透明度，恢复韩国民众对教育的信赖。EduFine是一种国家管理会计系统，目前已在国立和公立幼儿园以及私立小学、初中和高中使用。教育机构在EduFine中输入预算和结算的所有详细信息，这些信息可以由教育部门实时检查，从而防止发生腐败。

2019年，韩国有1 319所幼儿园实施EduFine制度。同年，政府要求所有私立幼儿园从2020年开始都要使用EduFine。私立幼儿园的会计透明度不断增强可以提高人们对学前教育的信赖度，而且家长有权知道他们所

---

[1] Edu代表教育，Fine代表财政。

支付的费用是否真正用在了孩子的教育上，如何使用，以及使用是否合理。但部分韩国私立幼儿园的园长认为 EduFine 制度过分干涉并侵害了他们的自主权。

EduFine 制度的优点在于以下几个方面：幼儿园的所有收入支出管理实现公开透明；可通过 EduFine 系统管理幼儿的缴费情况（如未缴费、超额缴费等）；在 EduFine 上仅可以和注册的企业进行交易；预防不正当支出；预防幼儿园会计舞弊事件的发生。EduFine 系统账簿的透明性有利于建立幼儿园和父母之间的信任。

（二）国立／公立幼儿园扩建和服务提升

扩大幼儿教育国家责任，使国立／公立幼儿园占比达到 40%。2018 年 12 月，韩国教育部公布《国立／公立幼儿园扩建和服务提升计划》，正式推进扩充国立／公立幼儿园的工作。为强化幼儿教育的公共性，时任韩国副总理兼教育部长俞银惠宣布"2019 年内全国增设 1 000 个以上国立／公立幼儿园班级的实施计划细则"，并公布了反映家长需求的服务改善方案。该服务改善方案，通过合理配置园长、行政人员，将幼儿园班级规模化等方式，提高行政效率。与私立幼儿园相比，韩国家长更青睐国立／公立幼儿园，但其校车运营不足、双职工子女得不到充分照顾等问题也一直被家长诟病。此次服务改善计划，不仅提出扩充国立／公立幼儿园的数量，还要求改善和提升相关服务的质量，具体包括以下内容：

提供课后照顾，拓展课后课程，制定早间和晚间照料模式。为保障双职工子女的下午照顾需求，韩国幼儿园实行多样化全覆盖的课程照顾模式。基本课程班，时间是 9—13 点或 9—14 点。这个时间段，是幼儿园正常的照顾时间。13 点或 14 点课程结束后，针对双职工家庭、低收入家庭、单亲家庭等必须被继续照顾的幼儿，学校应当提供课后照顾工作，时间是

13 或 14 点至 17 点。各市、道结合实际情况，拓展课后课程。同时，各市、道也针对早间照料（7—9 点）和晚间照料（17—22 点）制定了最佳运营模式。

提供假期保育服务。为防止假期出现照顾空白期，提升计划要求，从 2019 年暑假开始，保障必需照顾的幼儿的保育服务。为解决放假期间部分地区家长的盒饭负担，从 2019 年暑假开始，根据幼儿园的条件和家长的意见，各市、道最大限度地以直营或委托的形式提供餐食。

逐步扩大国立/公立幼儿园的校车班次。最大程度为幼儿上学提供便利，计划以农、渔村地区为中心，优先支援校车。各市、道在制订并确定支援计划后，及时加大校车运用班次。

积极协助幼儿家长，确保幼儿分配到国立/公立或私立幼儿园。为保障幼儿的学习权，各地方教育厅规定，如果家长通过"第一次上学路"[1]的网上招生活动，未能找到幼儿园，或幼儿园即将倒闭，教育厅应积极协助家长，以确保幼儿分配到国立/公立或私立幼儿园。

（三）强化学前教育的国家责任和公共性

近年，韩国继续强化学前教育的公共性和加强社会责任，扩大财政投入，将家庭的教育支出降到最低，扩大国立/公立幼儿园数量，提高幼儿教育的质量，对学前教育领域的支持不断扩大。

虽然韩国婴幼儿数量逐渐减少，新生儿低出生率挑战学前教育发展，但对具备专业能力的幼儿园教师的需求仍在增加。随着教师数量的增长，教育质量和服务水平在提高，教师的待遇和劳动条件也在持续改善。

培养幼儿教师的大学应具备迅速应对社会需求的灵活性，加强教师的

---

[1] "第一次上学路"是指家长可以不受时间和场所限制，在网上搜索幼儿园相关信息并报名，幼儿园告知选拔结果，以消除家长的不便，减少教师负担的入学申请系统。

质量水平。为敏捷应对韩国低生育率的趋势和其他社会挑战，需要培养符合社会需求的，拥有正确的人生观和扎实的基础专业知识，有较强的教学实践能力，能引导地区社会幼儿教育发展，具有创意性、民主性素质的幼教人才。

韩国不断加大对幼儿教育机构和幼儿教师的投入，不遗余力地探索未来幼儿教育核心人才培养的实践方案，加快为地区社会发展做出贡献的步伐，以适应急剧变化的时代。

第五章 基础教育

韩国《中小学教育法》规定，实施中小学教育的学校有：小学或公民学校、初中或高等公民学校[1]、高中或高等技术学校、特殊学校[2]和其他各类学校[3]。根据设立主体不同，基础教育学校分为国立学校[4]、公立学校[5]和私立学校[6]。本章将梳理韩国基础教育的发展和现状，分析其特点和经验，以及当前面临的挑战及对策。

---

[1] 公民学校是对超龄失学人员实行初等教育的学校，旨在对未接受小学课程教育、超过规定的入学年龄的人或普通成人进行国民生活所需的初等教育和职业教育。授课年限为1—3年。高等公民学校是为小学或公民学校毕业但未进入中学的学生提供中等教育的学校，近年来由于基础教育的普及数量逐渐减少。

[2] 为有身心障碍的儿童和青少年提供特殊教育的学校。

[3] 其他各类学校，在构成当前教育体系的6-3-3-4制（依次为小学、初中、高中和大学的教育年限）系统之外，提供类似于学校教育的教育机构。这类学校原来具有很强的职业学校性质，教授普通学校无法教授的内容，如护理、美容、缝纫、速记、打字、编织等技能。根据韩国《教育法》第81条，学校分为8类：小学、初中、高中、大学，教育学院和师范学院，大专，技校和高等技校，公民学校和高等公民学校，特殊学校，幼儿园，以及其他各类学校。其他各类学校是除前7类学校以外的其他教育机构的总称。其他各类学校也有类似初中、高中、大学的三个层次，类似初中的有职业学校和艺术学校，类似高中的有职业学校、韩国传统音乐学校和艺术学校等，类似大学的有神学院、艺术学校和僧侣学校等。由于国民经济和生活水平的提高以及普通学校也在提供各种教育课程，其他各类学校的数量在逐年减少。

[4] 由国家设立和管理的学校，或者国立大学法人附属和经营的学校。

[5] 由当地政府设立和管理的学校。

[6] 由法人或个人设立和管理的学校，国立大学法人附属和经营的学校不包括在内。

第一节 基础教育的发展和现状

韩国的基础教育是以教授国语、数学、科学、环境等基础知识为目的，并为提高全民族的基本素质打基础的教育体系。本节以韩国中小学最新的教育发展统计数据为基础，展现韩国基础教育的发展历史和现状。

一、基础教育的发展历史

（一）小学教育的发展

朝鲜半岛近代小学是在19世纪90年代中期建立的。1894年，第一所公立小学——校洞小学（今首尔校洞小学前身）成立。1895年8月1日，《小学令》实施，当时小学的教育目的是根据儿童的身心发育情况，教授他们掌握生活所需的基本知识技能和国民教育的基本知识。小学为3年制普通科和2—3年制高等科，所以实际授课年限为5年或6年。1906年，《普通学校令》颁布，将以前的小学更名为普通学校，授课年限从5—6年缩短为4年，将普通科和高等科合二为一。

1910年，朝鲜半岛被日本吞并。1911年，《朝鲜教育令》颁布。1922年，第二次《朝鲜教育令》颁布。根据地区的不同，普通学校学习年限为4—6年不等，并允许开设两年制高等科。1938年，第三次《朝鲜教育令》颁布，将普通学校更名为小学。改编后的小学包括6年制的普通小学和2年制的高等小学。1941年，第四次《朝鲜教育令》将小学更名为"国民学校"，学制统一为6年，该名称一直沿用到1996年。

1948年，韩国政府建立，《宪法》规定"所有国民都平等享有接受教育的权利和义务"。1949年12月，《教育法》颁布，规定从1950年6月开始小学教育将义务化。但由于《教育法》法令不完善等原因，一段时间内全国小学入学率只停留在70%左右。1951年教育法修改后，开始实行6年制的免费义务教育。[1] 1952年，《教育法实施令》颁布，在之前7个科目的基础上增加了应用科目。1954年颁布的《教育课程与课时分配标准令》为小学教育课程奠定了基础。这一系列法律法规的颁布，极大地激发了韩国国民接受教育的热情，也提高了小学入学率。《义务教育六年计划（1954—1959年）》也推动了小学入学率的提升，至1960年左右，全国小学入学率飙升至90%以上。1981年，韩国已经基本扫除了文盲，实现了全民免费义务教育的梦想。[2] 为了推动小学义务教育，政府将文教预算的75%—81%用于小学教育。朝鲜战争期间，小学的教育投入主要靠师亲会[3]的资助和国外援助。

1962年，韩国将师范学校改编为教育大学，以提高教师的质量。从第二次经济开发五年计划（1967—1971年）开始，经济开发特别账户[4]中专门划拨义务教育设施扩充费用。受20世纪60年代以来韩国推行的计划生育政策的影响，70年代初，小学适龄儿童数量逐渐减少。[5] 适龄儿童减少使政府基础教育学生费用的支出降低，可以专注于提升基础教育的质量，改善教育条件。

1977年，韩国政府颁布《特殊教育振兴法》，为1975年左右开始出现的特殊班级[6]和特殊学校[7]的发展注入了活力。

课程改革是教育改革的永恒主题，也是现代教育奠基的关键和基础。

---

[1] 张瑜. 韩国小学课程改革的历史演进与启示[J]. 教学与管理，2009（10）：61-63.
[2] 张瑜. 韩国小学课程改革的历史演进与启示[J]. 教学与管理，2009（10）：61-63.
[3] 一种为了提高学生的教育效果，由父母和教师合作举办的民间教育团体。
[4] 特别账户是将特殊目的收入支出从一般预算中分离出来，独立进行预算管理的账户。根据政府执行的事业性质，可以将预算划分为一般账户和特别账户。
[5] 韩国从20世纪60年代到90年代中期，以解决人口问题为目标，积极推进计划生育，导致出生率迅速下降。
[6] 特殊班级是指在普通学校开设的班级，对特殊教育对象进行综合教育。
[7] 特殊学校是向因身体、心理或智力障碍需要特殊教育的人提供相当于小学、初中或高中的教育的学校，具体教育内容为现实生活所必需的知识、技能和社会适应教育。

韩国经济自20世纪60年代开始起飞，其后30年，其经济一直保持高速增长的势头。经济的快速发展对教育和人才提出了迫切需求。为顺应时代需求，韩国小学教育进行了7次课程改革，使小学教育走上了现代化快速发展道路。这7次课程改革分别是：

以学科为中心的课程改革（1954—1963年）。这一时期，韩国教育体系刚刚建立。1954年韩国政府颁布了自己制定的小学教学计划，称为"教育课程与课时分配标准"，到1963年，韩国基本建立起自己的以分科课程为特色的小学课程体系。

以生活为中心的课程改革（1963—1973年）。这一时期，韩国经济社会快速发展。1963年，韩国政府颁布了新的教学大纲，开始了第二次课程改革。这次课改注重基础知识和基本能力的培养，倡导以生活经验为中心来组织课程内容，特别注重各学科、各学段之间的衔接和拓展，体现了以生活和经验为中心的原则，满足了韩国经济上升时期对教育和人才知识结构的需要。

以学识为中心的课程改革（1973—1981年）。这一时期，韩国经济高速增长，对人力资源的需求更加迫切。1973年，政府颁布新的课程大纲，要求"培养主体的韩国人"，强调国民精神的培育和国民道德性的恢复，使学生树立振兴民族的理想。强调确立以学识为中心的课程体系，注重从知识结构的完整构建来培养拥有现代科技意识的韩国人。

以综合课程改革为特色（1981—1987年）。1981年，韩国政府启动"人文主义为导向的课程改革"，这标志着第四次课程改革的开始。这次课改，首次全盘考虑幼儿园、小学、初中和高中的课程，首次明确提出课程所要培养的人才标准是健康的人、有审美观的人、有能力的人、有道德的人、自主的人。这次课改，首次在小学一年级和二年级设置综合课程，将道德、国语和社会综合为一科，算术和自然也合二为一，对体育、音乐和实科实施单科教学。这次课改，是韩国小学课程改革的一次大胆尝试和突破，其确立的原则和倡导的改革理念为后续的改革提供了宝贵的借鉴。

着眼未来发展的课程改革（1987—1992年）。为应对日益信息化、开放化和国际化的社会发展趋势以及高新技术的挑战，培养具有主体精神、创造精神和有道德的韩国人，1987年，韩国进行了第五次课程改革。这次课程改革主要包括进一步加强基础知识和基本能力的培养，细化课程的整体结构和教科书的编排，新设计算机内容，在社会科中增加经济学知识，拓展教材种类，革新评估方法等。

面向21世纪的课程改革（1992—1997年）。20世纪90年代的韩国，在经济富裕的同时，开始更多关注未来的发展和个人生活品质的提高，国家对教育寄予厚望。1992年兴起的第六次课程改革，特别强调学校要为21世纪培养合格公民，设立学校自决实践，给予学校更多的课程自主权，发展个性化课程，大幅度减少学生的课业负担，充分兼顾学生的兴趣和爱好，体现出课程管理多极化、设置个性化、学科综合化的现代课改理念。[1]

以学习者为中心的课程改革（1997年至今）。1997年12月30日，韩国政府确定了第七次基础教育课程改革大纲，目标在于培养"共同生活的人、智慧的人、开放的人、实干的人"。这次课改，明确提出将英语课程提前至小学三年级，增加科学课程和信息技术课程，规定所有小学生必须接受每周一小时以上的电脑课程，进一步加强了道德教育课程，新设和扩大学生能力培养活动的时间。[2] 第七次课程改革具有高度的前瞻性和预见性，对进入21世纪后的韩国产生了深远影响。

到1997年，韩国的小学总数量达到了5 721所，班级超过10万个，在校学生超过378万人，教师数量超过13万人。教育课程的编制分为课程活动与特别活动，课程具体包括：道德、国语、社会、数学、自然、体育、音乐、美术、应用等9个科目，特别活动从三年级以上开始分配，分为儿童

---

[1] 张瑜. 韩国小学课程改革的历史演进与启示 [J]. 教学与管理，2009（10）：61-63.

[2] 冯增俊，等. 当代小学课程发展 [M]. 广州：广东高等教育出版社，2006：189-196.

会活动、俱乐部活动、学校活动等。

截至 2015 年,韩国小学入学率超过 98.5%,平均班额(每班学生人数)虽下降到 22.6 人以下,但仍高于其他经合组织成员。韩国小学教育阶段学生之间的竞争比较激烈,对民办教育的依赖程度大大增加。

(二)中等教育的发展

朝鲜半岛近代意义的中等教育机构始于 19 世纪 80 年代的新教育[1]。

1899 年 4 月公布的《中学官制》将中学定义为"向追求实业者教会正德、利用、厚生之道,图谋中等教育普及"的教育机构。将授课年限规定为普通科 4 年,高等科 3 年,共 7 年,实际上没有设置高等科。普通科课程包括伦理、读书、作文、历史、地理、算术、经济、博物、物理、化学、绘画、外语、体操等。1906 年《高等学校令》颁布,将以前的中学改编为高等学校,除原有的 4 年学制外,还开设 1 年预科及补习科。1908 年《高等女子学校令》公布,规定高等女子学校的目的是"实施女性必需的高等普通教育",为女性教育奠定了制度基础。1909 年颁布《实业学校令》。规定实业学校分为农业学校、商业学校、工业学校,授课年限为 3 年,可根据地方实际情况缩短或延长 1 年;为帮助实业者,规定应根据地方产业现状和未来发展方向适当开展实业教育。1910 年后日本强占时期,日本颁布《朝鲜教育令》,将以前的高等学校和高等女子学校分别改编为 4 年制高等学校和 3 年制女子高等学校。增设简易实业学校,高等普通学校和女子高等普通学校侧重于实业教育,如高等普通学校将农业或商业的业务科和手工科定为必修课,女子高等普通学校则把家务、缝纫及手工课定为必修课。

---

[1] 新教育指 19 世纪末以来,世界范围内发展的一种新型教育。

1919年"三一运动"后,日本殖民政策转向,开始标榜所谓的文化政治,对教育政策也采取了一定的缓和措施。1922年修订《朝鲜教育令》,将高等普通学校的授课年限延长至5年,女子高等普通学校延长至4年,实业学校延长至3—5年。1938年颁布第三次《朝鲜教育令》,高等普通学校和女子高等普通学校分别更名为中学和高等女子学校,1943年又颁布第四次《朝鲜教育令》,把所有教育改编成适应战时体制的教育。

韩国政府建立后,中等教育迅速发展。1949年12月制定的《教育法》及1951年修订的内容中,其学制实行了6-3-3-4制,初中和高中都是3年。此外,技术学校、高等技术学校、高等公民学校等成为中等教育的一部分。

1955年,韩国有初中949所,高中578所。1997年3月,韩国有初中2 720所,在校生218万多人;高中包括普通类和实业类共1 892所学校,在校生355万多人。截至1997年,韩国中等教育机构包括初中和高中(普通类和实业类)以及技术学校、高等技术学校、高等公民学校、广播通信高中、特殊学校和其他各类学校等。

从升学率看,1973年小学毕业生的初中升学率还只有70.3%,1979年为91%,延长义务教育后,到1986年达到99%以上,适龄儿童和青少年几乎全部接受初中教育。1997年初中毕业生的高中升学率达到了99.4%,面向所有青少年的中等教育的预期目标基本实现。加之面向劳动青少年的其他中等教育机构的种类多样化,几乎所有青少年都完全接受中等教育。[1]

1974年,韩国政府面向全国推行高中教育标准化政策,这也是韩国国内主张创办自立型私立高中最直接的原因。高中教育标准化政策的实施,在一定程度上缓解了区域和社会各阶层之间的矛盾,缩短了名校和薄弱学校之间的差距,有效抑制了课外补习热,解决了复读生的积累和中等教育的非正常化运营等问题。但是把公立学校与私立学校共同编入学校群,实

---

[1] 资料来源于韩国民族大百科词典"中等教育"词条。

行一刀切的政策，也带来了很大的负面影响，如剥夺了学生的择校权和教育机会，私立学校丧失独立性、自律性、多样性等。

为解决私立学校面临的问题，韩国自1995年起，积极探索，至2001年8月，政府公布了自立型私立高中示范管理方案。

韩国的私立教育是韩国教育体系的重要组成部分，私立学校及学生数量所占比重大大高于一些西方发达国家，并且高中阶段教育也在很大程度上依赖于私立学校。2010年底，韩国私立高中总数达到946所，公立高中1 307所，高中总学生数196万多名。[1]

韩国于2010年6月修订的《中小学教育法实施令》规定，之前的普通类高中（以下称普通高中）和职业类高中（以下称职业高中），在2011年后将被分为普通高中、特殊目的高中、特色化高中、自律高中。

高中阶段是学生分流的开始，一部分学生会选择职业高中受教育，一部分学生初中毕业即走进社会，而大多数学生会沿着普通升学道路接受普通高中教育。

发达国家的高中教育已经接近普及，高中阶段的供给类型也非常一致，普通高中和职业高中基本上是55∶45，但韩国的职业教育并不受学生的青睐，这与韩国教育传统有很大的关系。[2]

---

[1] 徐光宇，潘丽. 韩国自立型私立高中发展现状及启示 [J]. 教育发展研究，2005（22）：37-42.

[2] 曾晓东，等. 中国教育改革开放40年：关键数据与国际比较卷 [M]. 北京：北京师范大学出版社，2019：73.

二、基础教育的现状

（一）教育目标

在"弘益人间"理念的指导下，韩国基础教育努力塑造的人才目标为：以全面发展为基础，培养确立自我认同感、开拓自己前途和生活的自立者；在基本能力的基础上，培养通过各种想法和挑战创造新产品的有创意的人；以文化素养和多元价值的理解为基础，培养享受并发展人类文化的有教养的人，培养具有共同体意识、与世界沟通的民主公民，培养实践关怀和分享的共同生活的人。

为了实现这一目标，基础教育的课程追求人性化，通过包括学校教育在内的教育全过程，重点培养如下核心能力：拥有自我认同感和自信，具备自己生活和前途所需的基础能力和资质，能够自主生活的自我管理能力；为了合理地解决问题，可以处理和利用多个领域的知识和信息的知识信息处理能力；以广泛的基础知识为基础，综合利用多种专业领域的知识、技术、经验，进行创新的创意性思考能力；以对人类的共情理解和文化感性为基础，发现并享受生活的意义和价值的审美感性能力；在多种情况下有效表达自己的想法和感情，倾听并尊重他人意见的沟通能力；拥有地区、国家、世界共同体成员所需要的价值观和态度，及积极参与共同体发展的能力。在这些理念和目标的指导下，韩国的基础教育经过了长期复杂的发展过程。

韩国教育部提出基于儒家传统思想的"人性教育"，并分阶段进行。小学三年级及以下为礼貌、基础秩序、共同体意识等的教育；小学四年级至初中为民主公民教育（尊重他人、公共法律秩序等）；高中以上为世界公民的教育，如帮助学生正确理解多元化的国际关系、世界和平教育、国际礼仪和外国语教育等。

（二）内部划分和学制

韩国学校十分重视道德课程和人文科学课程。鲜明的民族性和浓厚的传统文化色彩是韩国学校道德教育最为突出的特征。韩国始终把国民精神教育作为德育工作的核心任务，把传统道德教育作为德育之根本。根据第七次课程改革的规定，公、私立学校的课程设定由教育部指定20%，市郡教育厅指定30%，学校自主指定50%。随着教育规模的不断扩大，学生的学习能力及倾向变得多样化，课程设置已不能满足多样化发展的需求。因此，政府允许自立型私立高中根据学校自身的理念，自行规定教授科目，进行差异化的教学，其选定课程的自由度也放宽到80%左右。[1]

韩国基础教育的内部阶段划分和学制长短见表5.1。韩国小学、初中和高中分别是6年制、3年制和3年制，但是小学阶段进行了学段[2]的划分，这样有利于课程的系统配置。

表5.1 韩国基础教育的内部阶段划分和学制长短

	小学	初中	高中
学段	一、二年级	七一九年级	十一十二年级
	三、四年级		
	五、六年级		
课时安排	每节课40分钟 每年34周	每节课45分钟 每年34周	每节课50分钟

---

[1] 徐光宇，潘丽. 韩国自立型私立高中发展现状及启示 [J]. 教育发展研究，2005（22）：37-42.

[2] 学段指的是将几个年级绑在一起。小学由一、二年级学段，三、四年级学段，五、六年级学段3个学段组成。初中七一九年级为一个学段，高中十一十二年级为一个学段。

韩国小学教育的重点是培养学生日常生活和学习的基本习惯及基础能力。教会学生了解个体生命的重要性，养成健康的生活习惯，通过丰富的学习树立自己的理想。培养学生在学习和生活中发现和解决问题的基础能力。培养学生在自然和生活中感受美丽和幸福的能力，享受多样的文化活动。培养学生遵守规则和秩序的态度，以合作精神为基础，互相帮助，互相照顾。

初中教育以小学教育为基础，重点培养学生日常生活和学习所需的基本能力，培养民主公民的良好素质。初中学生以身心协调发展为基础，培养自我尊重感，通过多种知识和经验积极探索人生方向和发展方向；以学习和生活所需的基本能力及解决问题的能力为基础，培养挑战精神和创新思维能力；以自己的经历为基础，了解韩国和世界其他国家的多元文化，培养共鸣的能力；以共同体意识为基础，培养尊重他人、相互沟通的民主公民的素质和态度。

高中教育以初中教育为基础，旨在促进学生的素质和才能开拓，培养其与世界沟通的民主公民的素质。高中学生应该具备成熟的自我意识和良好的品德，掌握适合自己前途的知识和技能，培养终身学习的基本能力；融合各领域的知识和经验，培养创新解决问题、主动应对新情况的能力；以人文、社会、科学技术素养和对多种文化的理解为基础，培养为创造新文化做出贡献的素质和态度；以对国家共同体的责任感为基础，实践关怀和分享，培养与世界沟通的民主公民的素质和态度。

（三）学校情况

教育统计数据显示，从学校层级来看（见图5.1），小学从1980年的6 487所减少到2000年的5 267所，之后缓慢增加，到2020年达到6 120所；初中和高中在1980年以后呈现出持续增加的趋势，2020年初中和高中分别约是1980年的1.5倍和1.7倍。

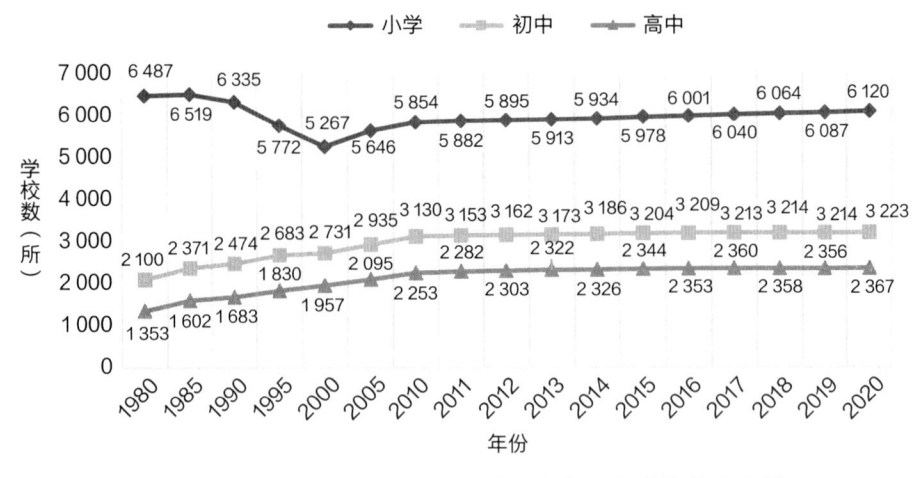

图 5.1 1980—2020 年韩国基础教育各阶段学校数变化情况

图 5.2 为 2011—2020 年韩国各类高中的数量变化趋势。2020 年，韩国普通高中 1 573 所（约占总数的 66.5%）、特殊目的高中 160 所（约占总数的 6.8%）、特性化高中 489 所（约占总数的 20.7%）、自律高中 145 所（约占总数的 6.1%）等，普通高中同比增加 18 所，自律高中同比减少 9 所。

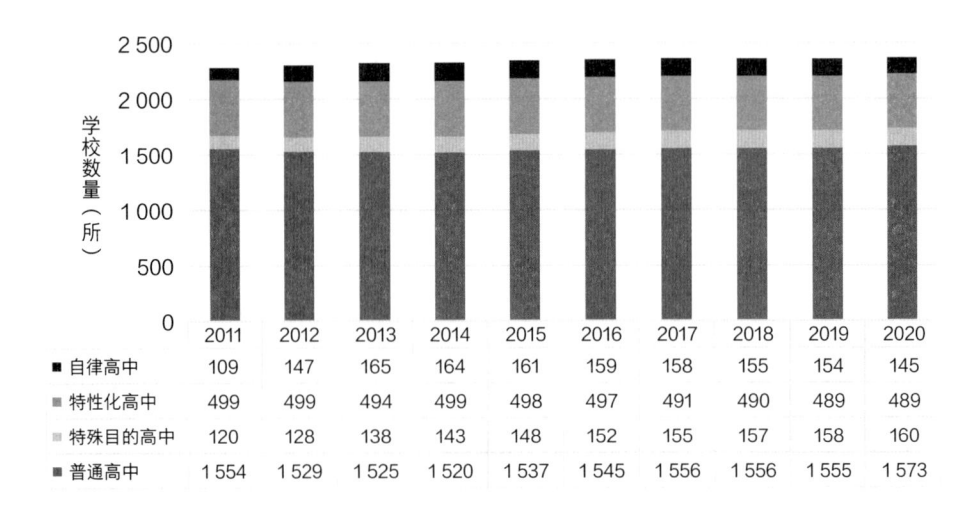

	2011	2012	2013	2014	2015	2016	2017	2018	2019	2020
自律高中	109	147	165	164	161	159	158	155	154	145
特性化高中	499	499	494	499	498	497	491	490	489	489
特殊目的高中	120	128	138	143	148	152	155	157	158	160
普通高中	1 554	1 529	1 525	1 520	1 537	1 545	1 556	1 556	1 555	1 573

图 5.2 2011—2020 年韩国各类高中数变化情况

图 5.3 是 1980 年以后的基础教育各阶段班级数量的变化。小学从 1980 年的 10.99 万个班级增加到 2020 年的 12.35 万个班级，增长了约 12%。班级数最多的学校也是小学。初中 1980—2010 年班级数增加了约 47%，此后逐渐下降，到 2020 年达到 5.22 万个班级。高中从 1980 年开始持续增加，但从 2016 年开始有所减少，到 2020 年达到 5.72 万个班级。

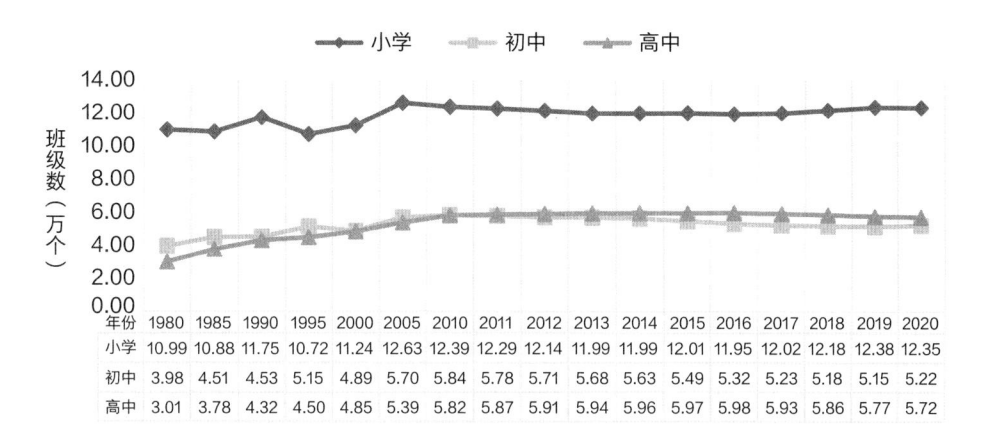

年份	1980	1985	1990	1995	2000	2005	2010	2011	2012	2013	2014	2015	2016	2017	2018	2019	2020
小学	10.99	10.88	11.75	10.72	11.24	12.63	12.39	12.29	12.14	11.99	11.99	12.01	11.95	12.02	12.18	12.38	12.35
初中	3.98	4.51	4.53	5.15	4.89	5.70	5.84	5.78	5.71	5.68	5.63	5.49	5.32	5.23	5.18	5.15	5.22
高中	3.01	3.78	4.32	4.50	4.85	5.39	5.82	5.87	5.91	5.94	5.96	5.97	5.98	5.93	5.86	5.77	5.72

图 5.3 1980—2020 年韩国基础教育各阶段班级数变化情况

另外，按年度来看特殊班级[1]所占总班级数的比率（见图 5.4）发现，2005 年以后整体呈现增加趋势，特别是初中和高中的特殊班级比率大幅增加。2005 年特殊班级比率是小学最高，但从 2015 年开始，初中特殊班级比率比小学更高。进入 2019 年后，小学的特殊班级比率再次增加，高于中学的特殊班级比率。

小学的特殊班级比率自 2005 年以后持续增加，2020 年为 5%。初中 2005 年特殊班级比率为 1.5%，2020 年为 4.7%，比 2005 年增加了 3.2 个百分点，增幅最大。高中特殊班级从 2005 年的 0.6% 增加到 2020 年的 3.4%，增

---

[1] 是指在普通学校开设的班级，对特殊教育对象进行综合教育。

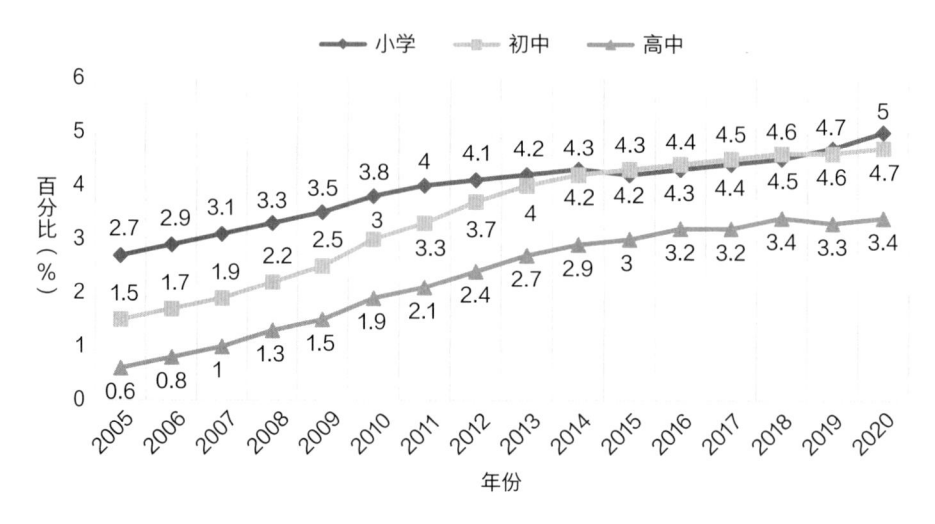

图 5.4 2005—2020 年韩国基础教育各阶段特殊班级
所占总班级数的百分比变化情况

加了约 2.8 个百分点。为扩大残疾学生的教育机会、均衡发展特殊教育，教育部 2003 年发布了以增设普通学校特殊班级及扩大特殊教育教师安排等为主要内容的《第二次特殊教育发展五年综合计划（2003—2007 年）》，以及李明博政府实施的 15 大核心课题之一的普通学校特殊班级政策，推动了特殊班级在 2009—2014 年大幅增加。

学校的平均班级数是衡量学校规模的指标，是按照总班级数与总学校数的比率来计算的。如果利用学校平均班级指标，对韩国全国学校规模按学校层级进行观察，就会发现 2020 年，高中每个学校的平均班级数为 24.1 个，规模最大；其次是小学，为 20.2 个班级；最后是初中，为 16.2 个班级。[1]

---

[1] 数据来源于韩国 2020 年教育统计分析资料集幼小中学教育统计篇。

（四）学生情况

从韩国基础教育各阶段学生人数的变化来看（见图5.5），1980年以后小学学生数呈现下降趋势。小学学生数1980年达到最高点565.8万名后逐渐减少，到2020年达到约269.4万名。初中学生数从1980年到2005年虽然出现了轻微的波动，但是大趋势上呈现出下降的特点，2020年达到了约131.6万名。高中学生数呈现出先升后降的变化趋势，从2005年的176.3万名后逐渐增加，到2010年又开始减少，到2020年达到133.7万名。

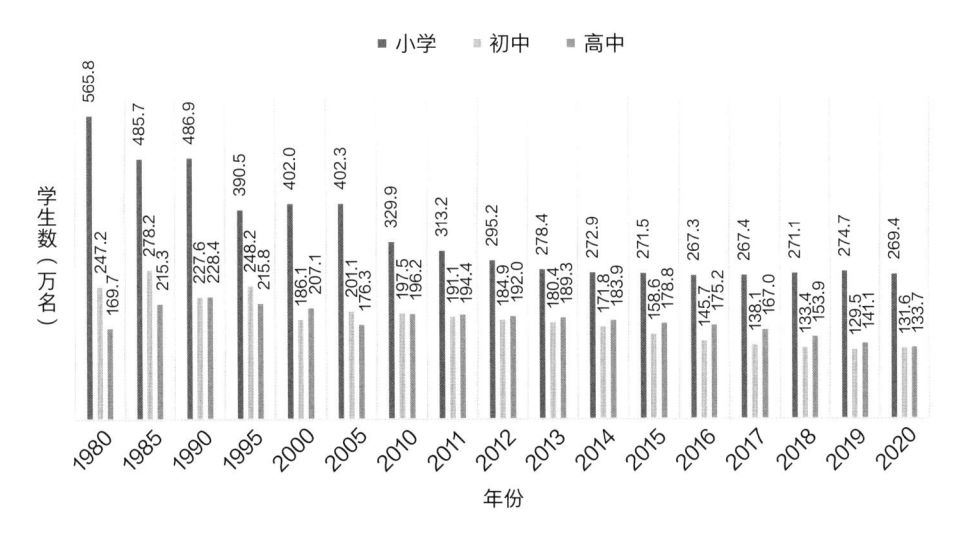

图5.5 1980—2020年韩国基础教育各阶段学生人数变化情况

2020年初中学生数比前一年增加1.6%，除初中外，小学、高中学生数均比前一年减少。据调查，在全体高中生中，普通高中学生数最多，占71.6%，然后是特性化高中15.9%、自律高中7.7%、特殊目的高中4.8%。

图5.6是1980—2020年韩国基础教育各阶段的女生所占百分比。1980年小学女生所占百分比为48.5%，在基础教育各阶段女生所占百分比中最高，

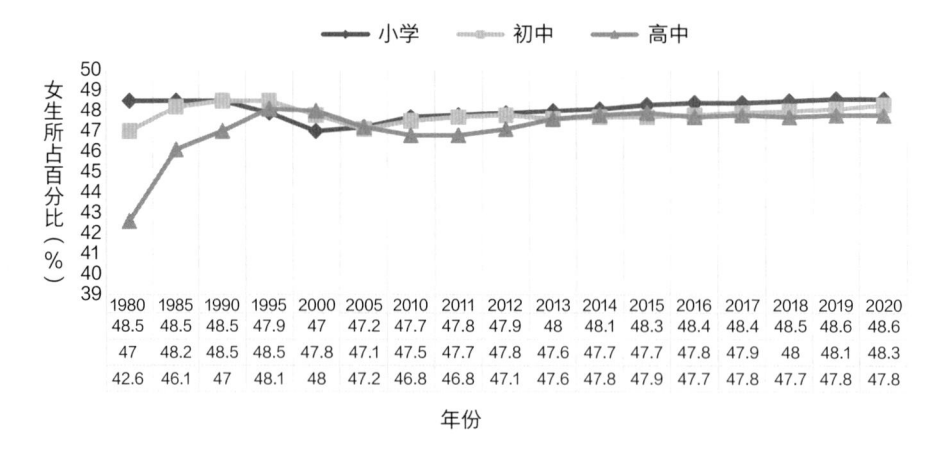

```
               ◆ 小学    初中    ▲ 高中
     50
  女  49 ◆━━━◆━━━━━━━━━━━━━━━━━━━━━━━━━━━━◆
  生  48
  所  47
  占  46
  百  45
  分  44
  比  43 ▲
 （％）42
     41
     40
     39
        1980 1985 1990 1995 2000 2005 2010 2011 2012 2013 2014 2015 2016 2017 2018 2019 2020
        48.5 48.5 48.5 47.9  47  47.2 47.7 47.8 47.9  48  48.1 48.3 48.4 48.4 48.5 48.6 48.6
         47  48.2 48.5 48.5 47.8 47.1 47.5 47.7 47.8 47.6 47.7 47.7 47.8 47.9  48  48.1 48.3
        42.6 46.1  47  48.1  48  47.2 46.8 46.8 47.1 47.6 47.8 47.9 47.8 47.7 47.8 47.8 47.8
                                    年份
```

图 5.6 1980—2020 年韩国基础教育各阶段女生所占百分比变化情况

2000 年为 47.0%，略有减少，之后呈逐渐增加的趋势，2020 年为 48.6%。初中女生所占百分比在 1995 年达到 48.5% 的最高点后，略有波动，2020 年为 48.3%。高中女生所占百分比，1980 年为 42.6%，在基础教育各阶段所占百分比中最低，1995 年为 48.1%，与其他阶段差距缩小，此后反复波动，2020 年为 47.8%。在已经消除性别教育机会不平等现象的今天，男女生数量上的差距可以看作是由出生性别比引起的。不同高中类型女生比例差异很大。以普通高中为例，女生所占百分比最高，为 49.8%，其后是特殊目的高中（49.4%）、特性化高中（43.8%）、自律高中（36.1%）。以特殊目的高中为例，从具体类型来看，艺术高中（78.3%）、国际高中（72.2%）、外国语高中（72.0%）中女生所占百分比非常高；体育高中（32.0%）、科学高中（19.8%）所占百分比较低；产业需求量身定做型高中（14.8%）中女生所占百分比最低。

入学率是指学龄学生数与学龄人口的比率，入学率越高，意味着适龄人口受教育者越多。从扩大教育机会的角度来看，入学率是一个国家教育水平的代表性指标。

图 5.7 是韩国 1980—2020 年基础教育各阶段入学率。由图可见，免费义务教育扩大到邑、面[1]地区的 20 世纪 90 年代，入学率大幅上升到 90% 以上，此后入学率一直维持在 94%—98%。高中入学率在 1980—1990 年也急剧上升，2005 年开始维持在 90% 以上。

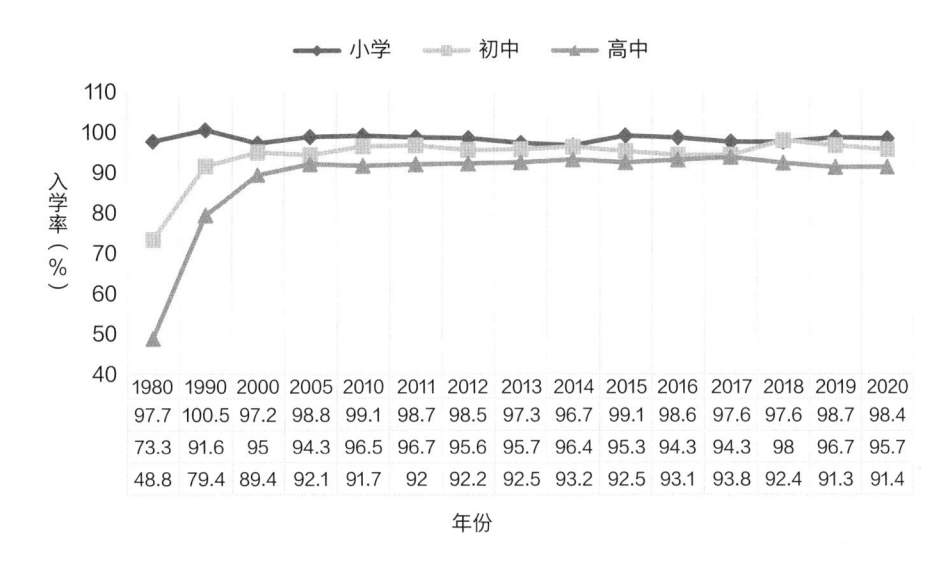

年份	1980	1990	2000	2005	2010	2011	2012	2013	2014	2015	2016	2017	2018	2019	2020
小学	97.7	100.5	97.2	98.8	99.1	98.7	98.5	97.3	96.7	99.1	98.6	97.6	97.6	98.7	98.4
初中	73.3	91.6	95	94.3	96.5	96.7	95.6	95.7	96.4	95.3	94.3	94.3	98	96.7	95.7
高中	48.8	79.4	89.4	92.1	91.7	92	92.2	92.5	93	92.5	93.1	93.8	92.4	91.3	91.4

图 5.7　1980—2020 年韩国基础教育各阶段入学率变化情况

在全体未就学小学生中，2005 年推迟入学者所占的比例最高，达 91.4%，但从 2009 年开始急剧减少，到 2020 年达到 23.6%。从推迟入学的原因来看，2009 年以后，因疾病、发育不良、残疾而推迟入学的学生数大幅减少，因出国原因推迟入学的学生数最多。就免入学者[2]而言，2005 年免入学者仅占全体未入学者的 1.3%，所占比例最低，随后逐渐增加，到 2020 年达到 59.1%，所占比例最高。2013 年以后海外移民急剧增加，到 2020 年全体免入学者中，96.7% 因海外移民的原因被免入学。

---

[1] 面是韩国行政区划之一，在郡之下，里之上。
[2] 因为疾病、残疾或移民的学生可以成为免入学者。

学生留学可以分为认证留学、未认证留学、移居海外、派遣同行、自费留学（初中以上学历的学生自费留学的情况）等。

按年度看，韩国基础教育每万名学生的留学学生数情况见图5.8。2006学年，各阶段每万名学生中留学生数比前一年大幅增加，但此后开始减少。2019学年，包括移居海外和派遣同行在内的每万名学生中的留学生数，小学、初中和高中分别有45.3人、34.5人和13.2人，与前一年相比，小学减少0.3人，初中增加0.4人，高中减少0.8人。从2019学年韩国出国留学的情况来看，小学、初中和高中留学生选择赴美留学的人最多，分别有29.3%的小学、28.2%的初中和36.7%的高中留学生在美国留学。

毕业率是指小学、初中、高中入学人数与毕业人数的比例。韩国的小学、初中教育除了特殊情况以外，大多数学生都是能毕业的，因此比起毕业率，升学率指标的重要性逐渐增强。

对各年度、各阶段升学率进行分析，发现2000年以后小升初和初升高的升学率几乎都维持在100%左右。但是高中入大学升学率在1980年为

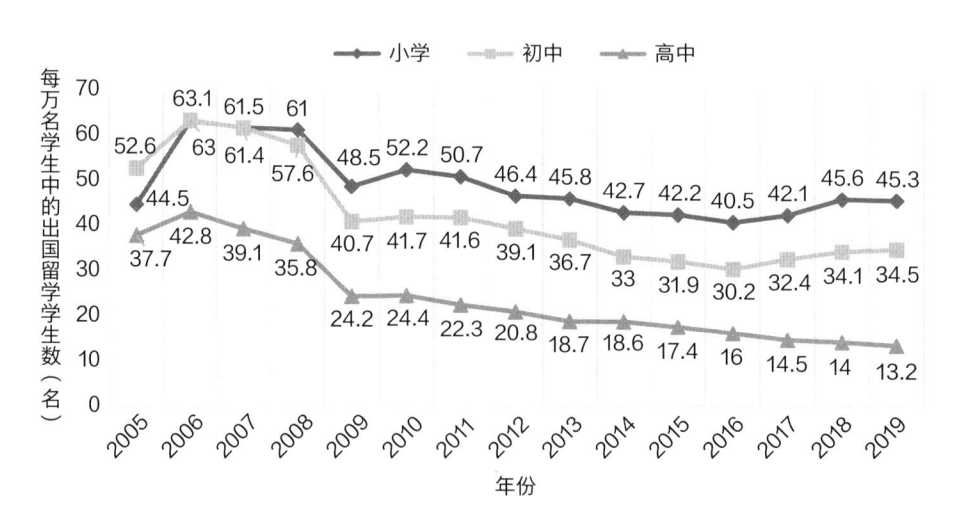

图 5.8 2005—2019年韩国基础教育各阶段每万名学生中
出国留学学生人数变化情况

23.7%，非常低，1990—2005年大幅上升近50个百分点，2005年达到最高值82.1%，2020年高中升学率达到72.5%（见图5.9）。

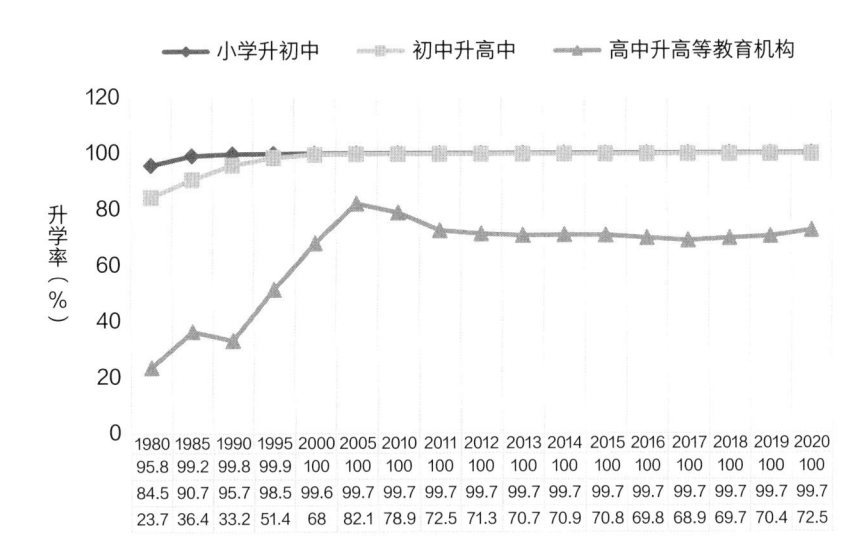

图5.9 1980—2020年韩国基础教育各阶段升学率变化情况

图5.10是按年度表现男女生高中入大学升学率的情况。1980年男生的升学率高于女生的升学率，但从2010年开始女生的升学率高于男生的升学率，2020年女生升学率高出男生6.8个百分点。另外从2020年各高中类型的升学率来看，从高到低依次为普通高中（79.4%）、自律高中（74.3%）、特殊目的高中（58.1%）和特性化高中（44.8%）。

根据韩国2015—2019年高中生毕业去向抽样调查结果显示，韩国高中生毕业去向的情况趋于稳定。每年约有超过70%的高中生希望升入大学，大学仍然是高中生毕业的首要选择。选择创业的学生不超过2%，选择就业的稳定在13%左右[1]。

---

[1] 数据来源于韩国2020年教育统计分析资料集幼小中学教育统计篇。

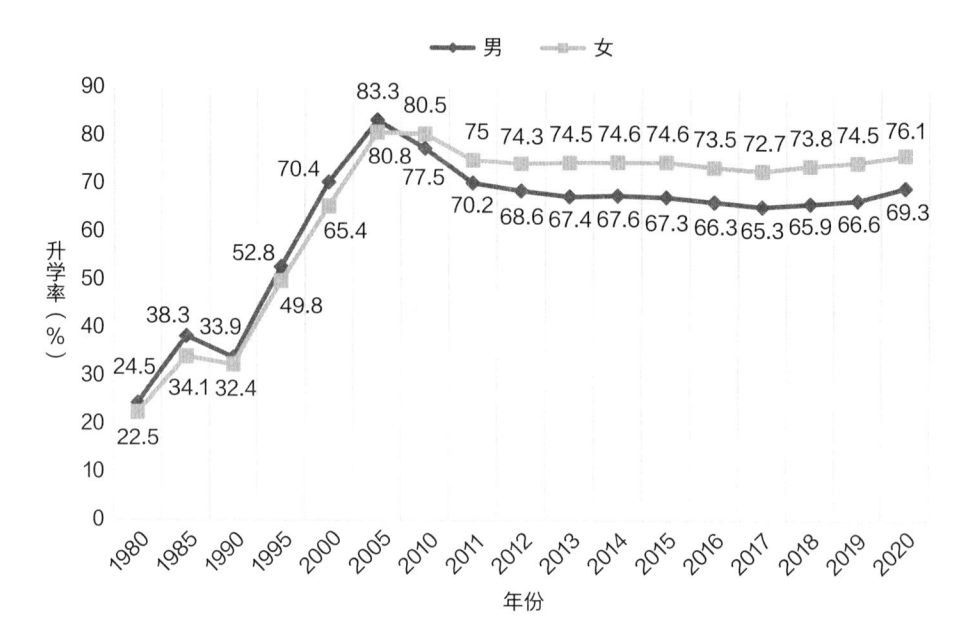

图 5.10 1980—2020 年韩国高中男生和女生升学率变化情况

（五）教师情况

韩国 1980—2020 年基础教育各阶段教师人数数据显示（见图 5.11）。小学教师数量自 1980 年后持续增加，到 1990 年代增长势头有所放缓，随着教育条件改善的全面推进，2000 年以后教师人数增长重新活跃起来。2015 年出现暂缓增长，2020 年再次增至 18.93 万人。初中教师数在 1995—2000 年暂时减少，其后增加趋势变得非常缓慢，增至 2014 年后出现减少趋势，2018 年后又开始缓慢增长，到 2020 年，比前一年增加 1 338 人，达到 11.19 万人。高中教师数量到 2011 年一直在增加，2011 年后增加趋势放缓，2017 年开始呈下降趋势，2020 年高中教师人数为 13.21 万名。

通过图 5.12 分析各年度的临时聘用教师比率可以看出，初中和高中整体上临时聘用教师的比率在增加，而小学变动较大。小学临时聘用教师

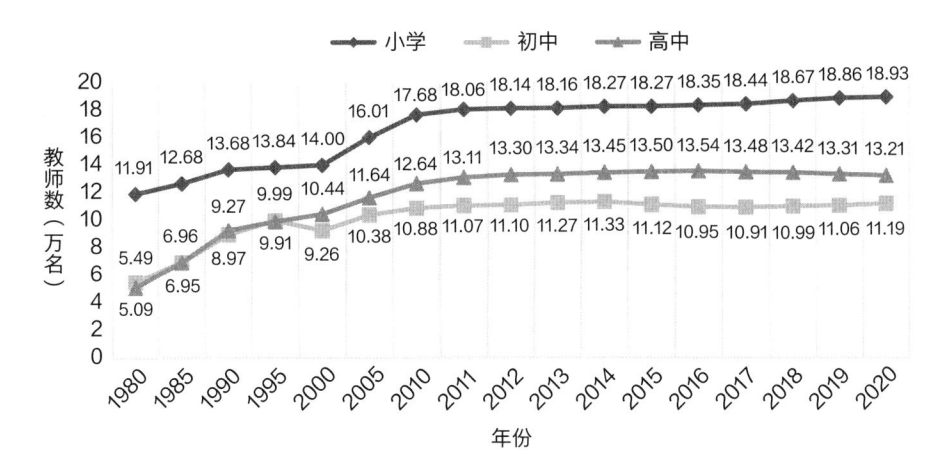

图 5.11 1980—2020 年韩国基础教育各阶段教师人数变化情况[1]

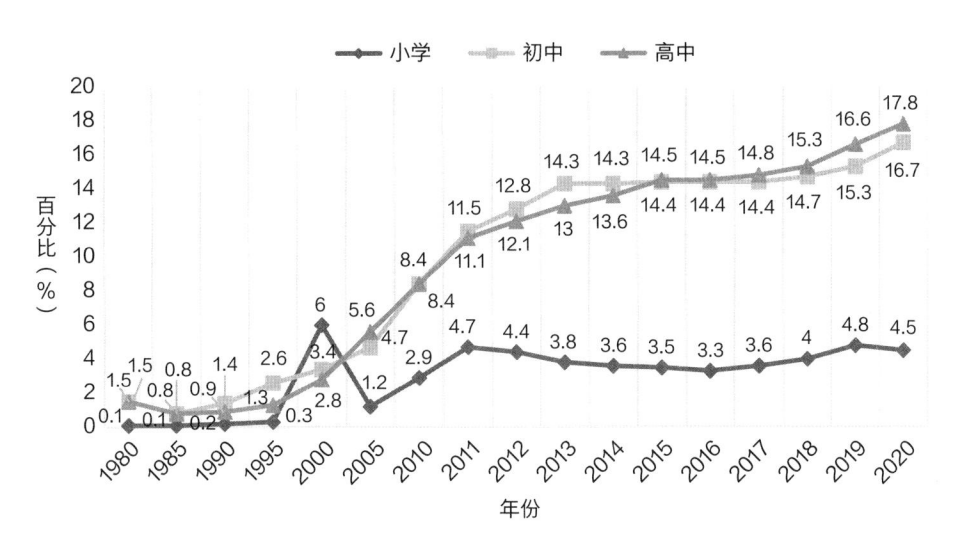

图 5.12 1980—2020 年韩国基础教育各阶段临时聘用教师
占教师总数的百分比变化情况

---

[1] 统计的教师包括正规教师（校长、教导主任、首席教师、任职教师、特殊教师、专业咨询教师、图书馆教师、实技教师、保健教师、营养教师）和临时聘用教师，讲师及退休教师除外（但包含挂职教师）。

比率在 2000 年为 6.0%，到 2005 年减少到 1.2%，2011 年重新增加到 4.7%，2016 年最低，此后逐年增加，2020 年比上一年减少 0.3 个百分点，为 4.5%。中间短暂的临时聘用教师大幅度增减，是受 20 世纪 90 年代后期和 21 世纪初教师退休年龄提前的影响。初中临时聘用教师比率从 2000 年的 3.4% 增加到 2020 年的 16.7%，增加了 13.3 个百分点，比 2019 年增加了 1.4 个百分点。高中临时聘用教师从 2000 年的 2.8% 增加到 2020 年的 17.8%，增加了 15.0 个百分点，2015 年以后高中临时聘用教师比率高于小学、初中。2020 年，初中、高中出现了几乎是小学 3—4 倍的临时聘用教师比率。

从韩国基础教育中硕士学历以上教师比率的变化趋势（见图 5.13）来看，小学硕士以上学历的教师比率从 2005 年的 17.4% 增加到 2020 年的

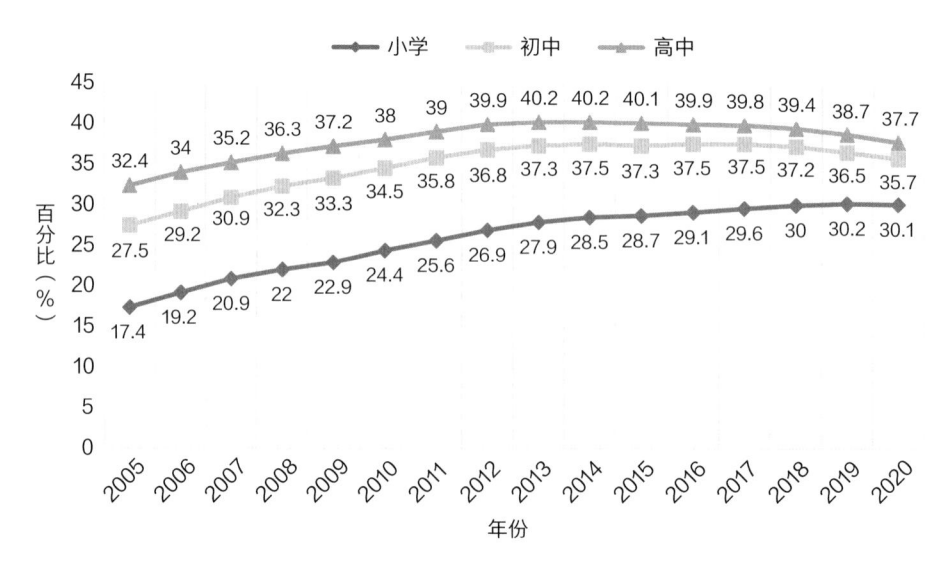

图 5.13 2005—2020 年韩国基础教育阶段学历为硕士以上的教师的百分比变化情况

30.1%，增加了 12.7 个百分点，与初高中相比是上升幅度最大的。初中硕士学历以上教师的比率 2020 年为 35.7%，比 2005 年的 27.5% 高出 8.2 个百分点。高中硕士学历以上教师的比率 2020 年为 37.7%，比 2005 年的 32.3% 高出 5.4 个百分点。从 2020 年硕士学历以上的教师比率来看，小学为 30.1%、初中为 35.7%、高中为 37.7%，可见学校层次越高，硕士学历以上的教师比重越大。教师的高学历化现象越来越明显。[1]

（六）课程设置

1. 小学课程设置

小学教育课程编制为科目（群）[2] 和创意体验活动。科目分为英语、国语（韩国语）、社会/道德、数学、科学/实用、体育、艺术（音乐/美术）。一、二年级的课程是国语、数学、正确的生活（道德）、智慧的生活（社会研究与科学）、愉快的生活（体育、音乐与艺术）。创意体验活动包括自主活动、社团活动、志愿活动、前途活动。

学校通过所有教育活动编制和运营教育课程，来培养学生的基本生活习惯、基础学习能力和正确的人性。学校课程按学年、学期编成，使学生能够系统地学习各学科的基础知识和能力。针对国语使用能力和数理能力基础不足的学生，还设置和讲授提高基础学习能力的特别课程。

---

[1] 数据来源于韩国 2020 年教育统计分析资料集幼小中学教育统计篇。
[2] 科目群就是将几个科目捆绑在一起，如社会/道德为一个科目群。

表 5.2 韩国小学课程时间配定标准

区分		一—二年级	三—四年级	五—六年级
科目（群）	国语	国语 448	408	408
	社会/道德	数学 256	272	272
	数学	正确的生活 128（道德）	272	272
	科学/应用		204	340
	体育	智慧的生活 192（社会研究与科学）	204	204
	艺术（音乐/美术）		272	272
	英语	愉快的生活 384（体育、音乐与艺术）	136	204
	小计	1 408	1 768	1 972
创意体验活动		336 安全的生活（64）（安全教育）	204	204
各学年群总的上课时间		1 744	1 972	2 176

注：1. 本表中 1 课时以 40 分钟为原则，可根据天气、季节、学生发展、学习内容的性质、学校实际情况等灵活调整。
2. 按年级和科目分配的时间显示的是 2 个学年的标准课时，每个学年有 34 周。
3. 各学年群的总授课时间数为最低授课时数，每学年的教学小时数代表最低授课时数。
4. 应用课的授课时间仅适用于五—六年级。

学校可根据自身的特点以及学生、教师和家长的需求，在 20% 的范围内增减各科目课时数。但是，体育、艺术（音乐/美术）课程不能缩减。学校为提高教育效果，必要时可按年级、学期实施集中授课。如果转入学生不能修完特定课程，教育厅和学校应通过补充学习等方式帮助其弥补，避免出现知识缺失。以不同年级的学生为对象编制和运营双年级班级时，可以调整教育内容的不同年级顺序或以共同主题为中心，重新调整教材并灵活运用。学校可以根据学生的发展水平和自身条件等，有选择地设置和开展创意体验活动。如开展针对一年级学生的入学初期适应教育，利用创意体验活动时间自主设置和开展入学初期适应项目等。信息通信应用教育、保健教育、汉字教育等可利用相关科目和创意体验活动时间，为学生提供系统性的指导。

2．初中课程设置

初中课程设置分为科目（群）和创意体验活动两大类，见表5.3。

科目包括国语、社会（含历史）/道德、数学、科学/技术、家庭/信息、体育、艺术（音乐/美术）、英语、选修等。

选修课程包括中文、环境、生活外语（德语、法语、西班牙语、汉语、日语、俄语、阿拉伯语、越南语）、保健、前途和职业等科目。

创意体验活动包括自主活动、社团活动、志愿活动、前途活动。

表5.3 韩国初中课程时间配定标准

区分		一—三年级
科目（群）	国语	442
	社会（含历史）/道德	510
	数学	374
	科学/技术、家庭/信息	680
	体育	272
	艺术（音乐/美术）	272
	英语	340
	选修	170
	小计	3 060

续表

区分	一——三年级
创意体验活动	306
总的上课时间	3 366

注：1．本表中 1 课时原则上为 45 分钟，可根据天气、季节、学生发展、学习内容的性质、学校实际情况等灵活调整。
2．按年级和科目分配的时间显示 3 个学年的标准课时，每个学年有 34 周。
3．每学年的教学小时数代表最低授课时数。
4．信息课提供 34 小时的教学。

学校将 3 年内必须修完的课程按年级、学期编成，并引导学生和家长配合完成。科目的进修时间和相应的授课时间可以由学校自主决定。授课时数增减的规则与小学相同。为了使学校合理化学习负担，并开展有意义的学习活动，每学期授课科目数控制在 8 个以内。但是，体育、艺术（音乐/美术）课程不受此限制。对学习困难的转学生，教育厅和学校应通过补充学习等方式及时提供帮助，避免出现知识缺失。学校开设选修课时，通过开设 2 门以上选修课程来保障学生的选择权。学校在必要时可以开设新的选修课，但也要根据教育厅制定的方针，经过必要的程序开设。学校根据学生的发展水平、学校条件等因素，自主编制和开展创意体验活动。

创意体验活动可以与学校体育俱乐部活动及自由学期的各种活动联系起来开展。中学课程中有一个学期是自由学期，设置并开展相应的课程及创意体验活动，让学生探索自己的能力与未来，体验学习的乐趣，培养自主学习的能力和态度，使其符合自由学期的宗旨。自由学期与地区社会联系，组织探索前途活动、主题选择活动、社团活动、艺术活动、体育活动等多种以体验为中心的活动。自由学期注重、强化合作学习、讨论学习、项目学习等学生参与型授课，以学生学习和成长的过程为中心进行评价，不实施期中、期末考试。自由学期还利用校内外的各种资源，支持探索及设计出路。学校也努力使自由学期的办学宗旨与其他学期的办学宗旨相结合。为了使学生的身心健康更好地发展，培养学生的情绪，设置和开展了"学校体育俱乐部活动"，开展创意体验活动的社团活动。"学校体育俱乐部活动"每个学期都要进行，按年级每年实施34—68小时（共计136小时）。"学校体育俱乐部活动"时间在各科目课时数20%的范围内缩减，或者增加创新体验活动时数，以确保活动时间，其项目和内容由学校决定，反映学生的愿望，通过开设多种项目来保障学生的选择权。

3．高中课程设置

高中教育课程由科目（群）和创意体验活动组成，见表5.4、表5.5。科目一般为普通科目和专业科目。创意体验活动包括自主活动、社团活动、志愿活动、前途活动。

普通科目由基础、探究、体育、艺术、生活、文化组成，教学科目为国语、数学、英语、韩国史、社会（包括历史/道德）、科学、体育、艺术、技术、家庭/第二外国语/汉文/文化等。

普通科目分为必修科目和选修科目。必修科目为国语、数学、英语、韩国史、综合社会、综合科学（包括科学探究实验），选修科目分为一般选修科目和职业生涯规划科目。

专业科目分为专业科目Ⅰ和专业科目Ⅱ。

专业科目Ⅰ为科学、体育、艺术、外语、国际系列相关科目。

专业科目Ⅱ按照国家职业能力标准，包括经营、金融、保健、福利、设计、文化产品、美容、旅游、休闲、饮食、烹饪、建设、机械、材料、化工、纺织、服装、电器、电子、信息、通信、食品加工、印刷、出版、工艺、环境、安全、农林、水产、海洋、船舶航行等科目。专业科目Ⅱ分为专业必修科目、基础科目、实务科目。

表 5.4 韩国高中课程时间分配标准 1

科目领域		科目（群）	必修课目（课时）	必修课时数	自由编排课时数
科目（群）	基础	国语	国语（8）	10	考虑学生的适合性和前途而编排课程
		数学	数学（8）	10	
		英语	英语（8）	10	
		韩国史	韩国史（6）	6	
	探究	社会（包括历史/道德）	综合社会（8）	10	
		科学	综合科学（8）科学探究实验（2）	12	
	体育、艺术	体育		10	
		艺术		10	
	生活、文化	技术、家庭/第二外国语/汉文/文化		16	
		小计		94	86
创意体验活动				24	
总修学课时数				204	

注：适用对象：普通高中（包括自主高中）和特殊目的高中（产业需求量身定制型高中除外）

1. 1课时原则上为50分钟。
2. 1课时原则上为50分钟，可根据天气及季节、学生发展、学习内容的性质、学校实际情况等灵活调整。
3. 基础科目可在2课时范围内调整。但是，韩国史要修满6课时以上，并安排2个学期以上。
4. 科学探究实验原则上不增减，科学、体育、艺术学校可根据学校实际情况灵活调整。
5. 必修课时数是相应科目的"最低授课时数课时"。以特殊目的高中和自律型私立高中为例，建议进修艺术科目5课时以上，生活、教养科目12课时以上。
6. 基础课程领域进修课时总和不得超过课程总进修课时的50%。
7. 创意体验活动的课时数是最低授课时数，括号内的数字是以授课时数换算出的授课时间。
8. 总修学课时数是指高中3年内必修的"最低授课时数"。

表 5.5 韩国高中课程时间配定标准 2

科目（群）		科目领域	科目（群）	必修课目（课时）	必修课时数	自由编排课时数
科目（群）	普通科目	基础	国语	国语（8）	24	对学生的适应性、前途和产业界的需求考虑后编排课程
			数学	数学（8）		
			英语	英语（8）		
			韩国史	韩国史（6）	6	
		探究	社会（包括历史道德）	综合社会（8）	12	
			科学	综合科学（8）		
		体育、艺术	体育		8	
			艺术		6	
		生活、文化	技术、家庭/第二外国语/汉文/文化		10	
	小计				66	28
专业科目Ⅱ	17个科目（群）等				86	
创意体验活动					24	
总修学课时数					204	

注：适用对象：特色化高中和产业需求量身定制型高中

1．1课时原则上为50分钟。
2．1课时原则上为50分钟，可根据天气及季节、学生发展、学习内容的性质、学校实际情况等灵活调整。
3．基础科目可在2课时范围内调整。但是，韩国史要修满6课时以上，并安排2个学期以上。
4．必修课时数是指相应科目的"最低授课时数"。
5．创意体验活动的课时数是最低授课时数，括号内的数字是以授课时数换算出的授课时间。
6．总修学课时数是指高中3年内必修的"最低授课时数"。

高中教育课程的总必修课时为 204 课时，分为 180 课时的科目（群）和 24 课时创意体验活动。学校按年级、学期指导学生修习 3 年课程。为了提高教育效果，学校将学生每学期修习科目限定在 8 门以内，但科学探究实验、体育、艺术、文化、前途选择科目不受课程数量限制。科目修习时间和课时可以由学校自主设置。基础科目原则上要在相关科目（群）选修之前开展。选修科目中具有等级性的科目，则编成系列学习。根据学校的实际情况及学生的要求、科目性质，课程可以灵活调整。在许多情况下，学校可根据市、道教育厅制定的政策灵活实施教育课程。如某选修课的学生达到一定规模时，学校必须开设相应科目。如果有学生希望学习学校没有开设的选修课，允许他们在其他学校必修该课程。在经过必要的程序后，学校可以根据需要，开设除已有科目外的新课。学校可以开设大学科目先修课程，也可以开设国际教育课程或科目。学校还可以增加课程的总课时，但特殊目的高中和特色高中仅限于增加专业科目。考虑到学生的发展水平、学校条件等，学校可以自主设计和开展创意体验活动，努力开展与学生前途相衔接的各种活动。

第二节 基础教育的特点

韩国的基础教育在教育公平、创新、人性化、多元化、公共化等方面做出了多种尝试。本节对韩国基础教育的特点和经验进行总结和提炼。

一、推行"自由学期制"

韩国在中等教育阶段推行自由学期制，这一制度的原型是爱尔兰的过渡年制度[1]。自由学期制是为了让初中学生摆脱定期的笔试负担，将教学课程转变为学生参与职业生涯体验、项目学习、实验实习和读书讨论等，赋予学生寻求梦想和才能的机会。

现在学校的课程基本上都是以授课方式进行的，虽然很多内容都适合集中高效地教学，但学生对很多授课没有表现出太大的兴趣，对学生未来发挥自身才能起到一定的妨碍作用。而在自由学期期间，课程之间将进行融合，在理想状态下，可以为学生提供发挥创意的机会，具有积极的作用。

从2017学年开始韩国京畿道教育厅以初中一年级学生为对象试行自由学期制，从2018年开始全国以初中一年级学生为对象运行自由学期制。在特殊学校方面，从2018年第二学期开始，全国164所学校实行自由学期制，48所学校实行自由学年制。

学校根据自身实际状况，从初一的第1学期、第2学期和初二的第1学期中，选定1学期为"自由学期"，并在该学期内开展有别于一般学期的教育课程、课堂教学模式及评价方法的改革。改革的主要内容是取消所有书面考试，原有的国语、数学、外语等主干课程采用学生参与型的授课方式进行教学，主干课程外的其他课程由"自由学期活动"代替。"自由学期"期间开展的教育活动与不实施"自由学期制"的普通学期主要有三点不同。首先，在教育课程上，改变普通学期中主要以大学入学考试为中心的课程设置，加入"自由课程"，即"自由学期活动"，使得课程设置更加开放、灵活、有趣。加强课程内容与学生生活、职业规划及社会发展的联系，在关注学生基础知识和技能的同时，更加注重学生

---

[1] 过渡年（Transition Year）制度是可选的一年制学校课程制度，爱尔兰于1974年9月把它作为试点项目推出，但直到1994年9月，该计划才被引入主流。过渡年没有考试只有评估，旨在提供广泛的教育经验，通过鼓励创造力和培养责任感来帮助学生从学校环境过渡到社会环境。这一制度的重点对象是许多非学术科目，如生活技能，包括急救、烹饪、自卫、驾驶和打字等。

兴趣的培养及职业规划能力的提升。其次，在课堂教学模式上，"自由学期"改变普通学期中教师主动讲授及学生被动听课的模式，由"填鸭式"的教学方式转变为教师引导学生自主学习的模式，充分体现和尊重学生的学习地位及自主选择权，全面发挥学生学习的积极性、主动性和创造性。最后，在学生评价方面，改变普通学期书面考试及"等级制"成绩评定方法，对学生在课堂参与活动及参与过程中的表现，通过述评的方式进行评价。[1]

"自由学期制"的运行模式主要是在"自由学期"的时间内，取消所有笔试，上午上"基础课程"，即国语、数学、英语等主干课程，但是授课方式改为学生参与型的授课方式，每周约20—22学时。下午的课程被称为"自由课程"，包括职业规划活动、社团活动、艺术体育活动和可选择主题活动，每周约12—14学时。

学校可根据自身情况适当调节"基础课程"及"自由课程"的时间分配，但自由学期期间内的"自由课程"时间不得少于170学时。教育部的方案为学校提供了四种"自由学期制"的示范运行模式，各学校可选其中之一，也可在这四种示范运营模式的基础上进行适当修改，形成有自身特色的运行模式。四种"自由学期制"示范运行模式见图5.14、图5.15、图5.16、图5.17。[2]

---

[1] 모가희. 자유학기제 영어과 평가 실태 및 교사와 학생 의 인식 연구 [D]. 서울：숙명여자대학교 교육대학원，2016：6.

[2] 资料来源于韩国教育部官网。

课时＼星期	一	二	三	四	五
1	基础课程（22学时）				
2	^^				
3	^^				
4	自由学期活动（12学时）				
5	职业规划活动	可选主题活动	社团活动	艺术体育活动	职业规划活动
6	^^	^^	^^	^^	^^
7	^^	^^	^^	^^	^^
放学后学校	自由学期活动联合运行				

图 5.14 韩国自由学期制运行方案一

课时＼星期	一	二	三	四	五
1	基础课程（20学时）				
2	^^				
3	^^				
4	自由学期活动（13学时）				
5	职业规划活动	可选主题活动	社团活动	可选主题活动	艺术体育活动
6	^^	^^	^^	^^	^^
7	^^	^^	^^	^^	^^
放学后学校	自由学期活动联合运行				

图 5.15 韩国自由学期制运行方案二

课时＼星期	一	二	三	四	五
1	基础课程（21学时）					
2	^					
3	^					
4	自由学期活动（12学时）				
5	可选主题活动	艺术体育活动	职业规划活动	社团活动	艺术体育活动
6	^	^	^	^	^
7	^	^	^	^	^
放学后学校	自由学期活动联合运行				

图 5.16 韩国自由学期制运行方案三

课时＼星期	一	二	三	四	五
1	基础课程（22学时）				
2	^					
3	^					
4	自由学期活动（11学时）				
5	艺术体育活动	社团活动	可选主题活动	职业规划活动	社团活动
6	^	^	^	^	^
7	^	^	^	^	^
放学后学校	自由学期活动联合运行				

图 5.17 韩国自由学期制运行方案四

现行的任何教育制度都存在着一定的弊端，自由学期制也是如此。虽然自由学期制在学生探寻自己的潜力和思考未来前途方面发挥了积极的作用，但也受到了某些方面的批评。

第一，在现有教育课程中，学生的学习能力没有太大变化。如果实行自由学期制，体验学习或社团活动等就会增加，各科目的授课时间必然会相应减少，但学生的学习能力无论是过去还是现在都没有太大变化，因此最终授课内容必然会减少。以上问题导致自由学期制的实施与引进宗旨存在差距，结果反而加剧了课外辅导现象。

第二，体验学习种类少。不符合通过多种体验学习寻找学生梦想和才能的宗旨，自由学期制实际提供的体验学习范围既不广也不深。这与自由学期制的原型"过渡年"制度以地区社会的协助为基础，提供急救、烹饪、自卫、驾驶等多种主题的广阔体验平台相比存在不小差距。

第三，对职业生涯探索项目实效性的疑问。前途教育大致可分为职业探索和前途咨询。在职业探索方面，自由学期制不能提供广泛的职业探索或体验，以体验熟悉的、简单的、能赚钱的职业的情况居多。而在前途咨询方面，一线学校教师对其他职业知之甚少，并不能给学生提供切实、有效的咨询和建议。为了克服这种局限，需要通过与当地社会的联系来扩大体验机会，而地区社会机构能否积极配合也存在问题。

尽管如此，自由学期制仍是一种可以让学生摆脱成为答题机器的教育的新模式，是有利于使学生发现和发挥自身才能、实现社会化的宗旨的课程机制。因此，韩国教育界也在持续总结现行自由学期制的优点和缺点，不断完善其内容和形式，以使其发挥最大的作用。

二、推进"创新·人性教育"

韩国社会也存在着学历主义风气和以应试为主、以分数为主的学校教育问题。现行笔试客观题"标准答案"式的评价方式,强调单纯的知识记忆能力,制约了学生的创意性培养。许多学校只重视考试分数,而忽略了学习动机或学习过程。针对以上这些问题,韩国教育部在2009年专门制定了《创新·人性教育基本方案》,提出包括基础教育阶段在内的"创新·人性教育"的改革措施。

创新力是指追求新的与个人思考相关的特性,是一种可以通过经验和训练培养的能力。创新性思维能力、态度和技能可以在创新性活动的过程中得到加强。换言之,在教育领域的学习过程中需要通过解决问题的活动来体验和发展创新性思维。创新性思维教育就是培养解决问题、拓展性思维、收敛性思维等能力的教育。创新态度教育就是培养好奇心、探究心等自发性、开放性、独立性、专注性方面的教育。

确立适合21世纪的人性教育方向是非常必要的。人性教育强调关系,它包括与"我与自己"的关系相关的教育,如承诺、诚实等;也包括与人际关系相关的教育,如关怀、责任、合作、同理心等;还包括与"我"以外的人的关系相关的教育,如民主公民、共同体教育等;人性教育也包括培养良好的道德判断能力、道德敏感性、从道德的角度看待事物,可以根据可取的道德价值观和观点进行判断和决策。道德实践能力是选择理想行为并直接实践的能力。

韩国在强调创新教育和人性教育的独立功能和作用的同时,通过两种教育的有机结合,培养具备正确的人性和道德判断力的创意性人才,这是很好的教育哲学和教育战略政策。

"创新·人性教育"是创新教育与人性教育的结合。"创新·人性教育"不是针对英才等特定学生的有限教育,而是面向所有学生的日常教育,教育内容也包括从理解自身到对他人的关心和关怀、环保等全球问题的创意性解决等。

三、支持多元文化教育

随着韩国人口多元化及外籍家庭的增加，多元文化的教育需求也在增加。图 5.18 为 2013—2019 年在韩外国人的统计结果。可以发现，在韩外国人逐年增加，这也导致多元文化家庭呈现增加的趋势。据统计厅统计，2017 年韩国涉外婚姻数量为 21 917，占当年结婚总数的 8.3%，2018 年增加到 9.2%，2019 年增加到 10.3%。韩国政府充分考虑多元文化家庭学生的国籍、年龄、韩国语能力等多样化特点，使他们更好地为适应学校教育，有

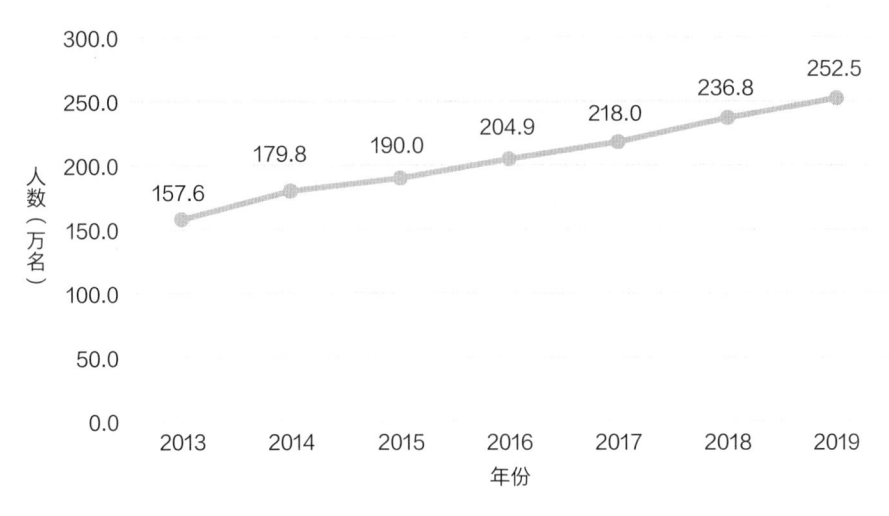

图 5.18 2013—2019 年在韩外国人人数 [1]

---
[1] 资料来源于韩国法务部官网。

针对性地扩大教育支持。同时，为充分发挥多元文化学生的多样性和内在潜力，助力其成才，也制定了有效的资助体系。

为了让所有学生理解文化多样性，在学校里和谐成长，建立多元文化教育基础非常重要。韩国虽在帮助多元文化家庭学生注册学校、适应学校方面的表现非常突出，但家庭、学校、地区社会还应相互联系，共同支持多元文化家庭学生的综合成长，通过扩大多元文化教育的参与，提高多元文化接受度。

韩国努力提高多元文化家庭子女的在校率，保障他们享有同等的教育机会。例如，通过韩国语教育及学校适应支持，使多元文化学生的辍学率持续降低；通过持续扩大韩国语班级、提供上门式韩国语教育等，为网络授课提供各种视频内容支持；为支持多元文化学生学习，开发并普及多种韩国语教材、教科辅助教材、双语教材等；通过发掘涉及整个学校的多元文化教育及先导模式等，改善学生的多元文化包容性；通过多元文化教育政策学校、研究学校，发掘并推广优秀模式，以泛教科学习[1]为主题实施"多元文化教育"。

多元文化学生的增加和整体学生数的减少导致多元文化学生比率的持续上升。韩国基础教育全体学生数2018、2019、2020年分别为563万人、546万人、536万人。各阶段多元文化学生数量变化见图5.19所示。其中小学阶段多元文化学生数量持续快速增加，2012—2020年，短短8年时间增加了约2倍。韩国国内出生、中途入境的外籍学生都在增加，最近中途入境的外籍学生增加趋势明显（2020年约增加15%）。多元文化学生在京畿道、首尔就读者最多。

---

[1] 泛教科学习主题包括教科和创意体验活动等教育活动的全盘内容，并结合地区社会及家庭进行指导。

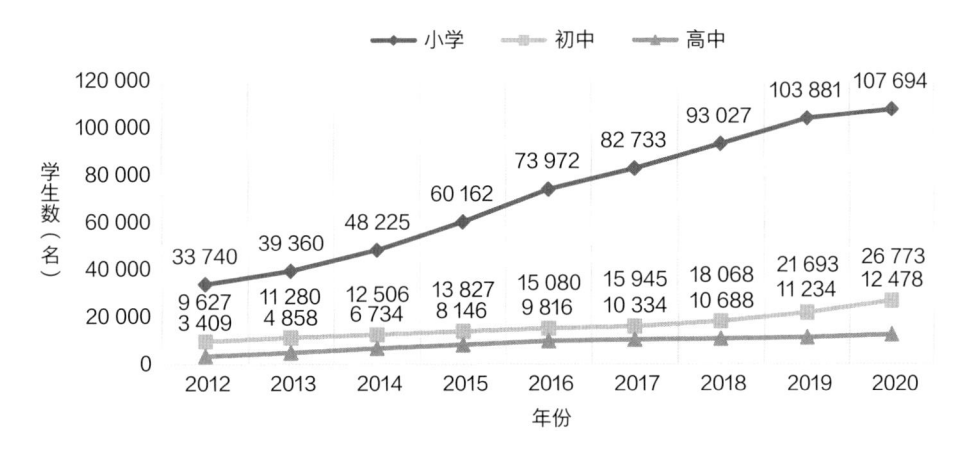

图 5.19 2012—2020 年韩国基础教育阶段多元文化学生人数变化情况 [1]

韩国对多元文化教育支持的改善，主要包括以下两个方向。

第一，完善多元文化教育的法律制度。将多元文化教育的法律依据从实施令提升至《初等·中等教育法》，通过降低多元文化学生集中度高的学校的每班学生数来改善教育条件，打造稳定的支持基础。该法主要内容包括：多元文化学生的法律定义、校长的支持义务、特别班级运行依据、多元文化学生集中度高的学校的教育课程设定、中央/地方多元文化教育支持中心的认定和管理依据等。为改善多元文化学生的高中入学及插班入学程序，为其进入公共教育铺好道路，韩国修订了《小学·中学教育法实施令》等法令。

第二，稳定的韩国语教育支持。为向中途入境的外国学生提供有针对性的韩国语教育，将韩国语教育课程的诊断·补正系统应用到整个基础教育阶段。为了补正外国学生韩国语的阅读、口语及日常词汇，以视频教学辅助为基础，追加开发在线学习功能。为使多元文化家庭孩子能够早日适

---

[1] 资料来源于韩国 2020 年教育统计分析资料集幼小初中等教育统计篇。

应，扩大韩国语教室及提供"垫脚石课程"[1]等适应课程，开发韩国语教育研修课程。

四、实施"高中学分制"

高中学分制是指高中生根据未来就业方向选择进修多种科目，累计学分达到标准时可获得毕业认可的制度。韩国积极推进"高中学分制"的全面实施，积极推进办学空间、师资、课程设置、大学招生制度变革等面向未来的教育体系转型，推进素质教育。

为了实现学生的多样化教育和定制化教育需求，韩国逐步引入"高中学分制"。2020年，韩国首先在名匠高中一年级引入高中学分制，并制定"综合高中学分制推进计划"，提出修改学分制课程的计划并重组学术体系。2022年专业高中引进学分制，部分普通高中引进学分制。2025年将在全部高中实施高中学分制。韩国政府在加强对普通高中教育能力建设和课程多样化支持的同时，加大了对农村、山区、渔村教育条件的支持力度，整体提升普通高中教育质量，为引进高中学分制奠定基础。2020—2022年面向所有普通高中推进"高中学分制基础支援项目"，为促进学校、省教育厅、地方政府、地方高校在高中教育创新方面的合作，遴选"高中学分制先导地区"，创新高中教育。韩国还进行高中学分制课程修订及学制改革，制定"高中学分体系综合推进计划"，内容包括未来核心能力和以学科为中心的课程修订方向、课程重组计划、相关法律修订、学生评价和毕业制度等。

---

[1] 垫脚石课程，为即将进入中小学的多元文化家庭的孩子提供预备教育，确保公平起跑，并通过支持早期适应学校生活的课程，有效帮助他们适应学校。

五、实施高中免费教育

2019年4月,韩国政府确定并发布了《高中免费教育实施方案》,计划从2019年秋季开始,对高三年级实施免费教育,预算为2 520亿韩元,为大约44万名高三学生提供学费和学校运营费用,2020年逐步扩大到高二及高三年级(88万名),2021年扩大到高中所有年级(126万名)。高中免费教育是为了实现韩国宪法保障的所有国民的教育基本权利,保障所有学生不管家庭环境、地区、阶层如何,在高中阶段都能得到公平的教育机会。高中免费教育对加强小学、初中、高中教育的公共性,提供公平教育机会,具有重大意义。

2020年开始,高中免费教育的资助费用扩大到入学金、学费、学校运营支援费、教科书费等4个项目。该政策的适用范围不包括由校长规定入学金和学费的私立学校。2020—2024年,国家和市道各负担高中免费教育总经费(预计每年约2万亿韩元)的47.5%,地方自治团体负担5%。2025年以后的经费将通过与政策研究及相关部门进行协商后再做决定。随着高中免费教育的实施,每名学生每年将减轻约160万韩元的费用负担,相关家庭可支配收入将每月增加13万韩元。一直处于高中学费援助真空地带的个体户、小工商业者及中小企业劳动者等平民家庭将获得巨大的实惠。

虽然从2021年开始全面实现高中免费教育,但义务教育政策没有变化。目前,韩国的义务教育仍然只是小学和初中,高中尚未实行义务教育,高中教育不是强制性的。

第三节 基础教育的挑战和对策

韩国基础教育取得的成就是毋庸置疑的,面对学龄人口的减少、教育机会的不平等、高中分级制度、第四次工业革命的冲击等对基础教育的挑战，韩国也在不断地改革基础教育。本节将梳理韩国基础教育面临的挑战并分析其对策。

一、基础教育的挑战

（一）学龄人口减少

根据2019年韩国统计厅对未来学龄人口的推算，韩国适龄人口将持续下降，2019年的804万人到2025年将下降689万人，2030年至608万人，2035年至548万人，预2040年将继续减少至520万人，见图5.20。高中生情况尤为突出（15—17岁），预计将从2019年的141万人降至2025年的136万人，2030年132万人，2035年96万人，2040年92万人，见图5.21。[1]为应对学龄人口及经济活动可能带来的人口锐减等未来社会问题，建立量身定制式教育体制以培养未来人才的必要性正在持续增大，因此需要集中精力建立针对每名学生的个性化高中教育体制。

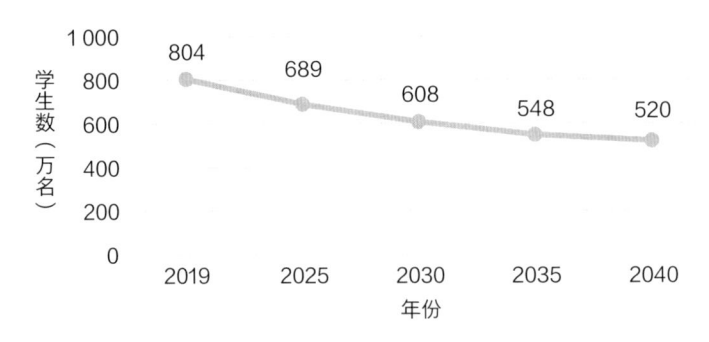

图5.20 2019—2040年韩国学龄人口减少趋势

---

[1] 资料来源于韩国统计厅2019年未来人口趋势展望。

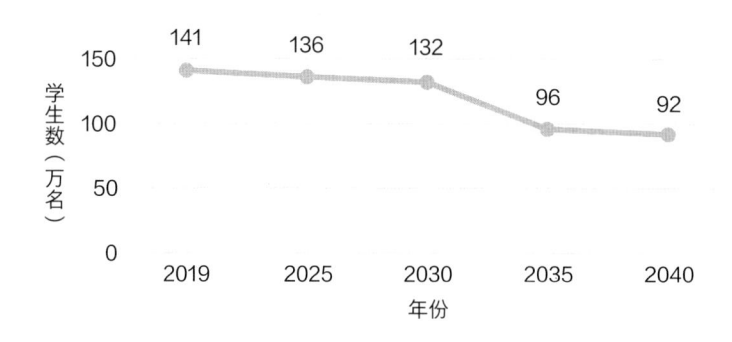

图 5.21 2019—2040 年韩国高中生人数减少趋势

（二）教育机会不平等

正如教育政策的指向往返于保守和进步之间一样，基础教育也在卓越性与公平性之间不断拉锯，韩国教育机会不平等问题一直备受关注。

2017 年韩国教育开发研究院的研究报告估算了 1995—2015 年韩国教育机会不平等的情况，指出公共教育部门通过传统的初中和高中为教育机会均等化做出了贡献，但在公立教育之外，还有庞大的私立教育市场，随着近年来民办教育越来越普遍，加剧了教育机会的不平等。[1] 报告还指出，韩国家庭背景对成绩产生影响的比率（42.75%）远高于经济合作与发展组织成员的平均值（29.66%），[2] 国别比较亦呈明显的上升态势（见图 5.22）。[3] 因此，特别迫切需要改善从等级化高中体制到大学入学考试等不公平的恶性循环。

---

[1] 김주훈，조정재，이창근，등. 사회통합과 경제성장：불평등 해소와 신성장 [R]. 서울：한국개발연구언，한국노동연구언，2017：100-121.

[2] 教育不平等（家庭背景效果）国际比较：韩国（42.75）、日本（38.7）、英国（34.93）、芬兰（34.60）、美国（25.98）。

[3] 资料来源于韩国教育部官网。

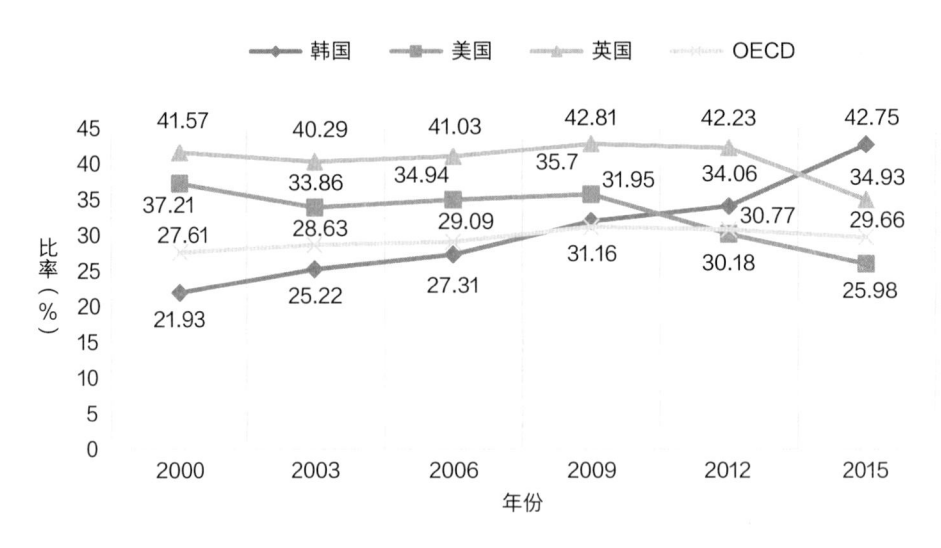

图 5.22 2000—2015 年教育不平等（家庭背景影响）对成绩
产生影响的比率[1]

由于教育机会平等与教育带来的社会凝聚力密切相关，因此消除教育机会不平等的问题成为基础教育面临的挑战之一。

（三）高中分级制度导致整体教育扭曲

在私立高中、外国语高中、国际高中排序化分级化的高中体制下，教育和入学考试也逐渐阶级化，产生了课外辅导的热潮和让大多数家长和学生产生自卑感的贵族学校。在小学和初中阶段，为了进入私立高中、外国语高中、国际高中等高中而进行的课外辅导增加，导致高中入学竞争激烈，加重了学生压力及家庭负担。2019 年韩国统计厅调查发现（见表 5.6），目标是考入私立高中、科学高中、英才学校、外国语高中和国际高中等特殊

---

[1] 资料来源于经济合作与发展组织的国际学生评估（PISA）年度资料。

表5.6 2019年韩国目标是考入不同高中的各类学生人均每月课外辅导费用和课外辅导参与率[1]

学校类型		普通高中（包括自治公立高中）[2]	自治私立高中[3]	科学高中[4]、英才学校[5]	外国语高中、国际高中	艺术高中、体育高中	名匠高中	特性化高中	选替学校[6]
课外辅导费用（万韩元）	一小学	27.8	47.6	44.4	45.2	28.1	23.4	18.4	21.3
	一小学	25.6	44.8	41.8	42.4	28.5	22.9	18.9	20.8
	一中学	32.4	55.4	52.7	52.7	27.2	24.3	18.0	24.5
参加率（%）		78.9	89.5	88.8	88.8	73.9	75.7	59.3	81.4
	一小学	82.2	91.1	91.0	91.0	78.9	81.1	72.6	82.6
	一中学	72.1	84.9	81.8	81.8	63.7	66.0	49.0	72.7

[1] 资料来源于韩国统计厅。
[2] 自治公立高中：韩国高中的一种形式，是当地政府自主创建管理的公立学校。
[3] 自治私立高中：根据创始理念自主经营课程和学术管理的高中。
[4] 科学高中：特目高中的一种，以科学和数学教学为中心的高中。
[5] 英才学校：以英才教育为目的设立的学校。
[6] 选替学校：对于那些想要停止学习或接受适合自己个性教育的学生，可以进行各种教育计划，例如实地培训和其他体验式教育，个性化教育或个人才能和能力发展的学校。选替学校旨在运行以学习者为中心的自主课程，以补充公共教育的问题。

117

表 5.7 2018 年首尔地区不同高中新生成绩比较[1]

分类	成绩排名分布百分比									
	前 10%	10%—20%	20%—30%	30%—40%	40%—50%	50%—60%	60%—70%	70%—80%	80%—90%	90% 后
普通高中（204 校）	8.5	9.8	10.3	10.7	10.9	10.5	10.5	10.4	9.7	8.7
私立高中（23 校）	18.5	17.8	16.0	11.7	10.2	7.6	6.2	4.1	3.5	4.3
外国语高中、国际高中（7 校）	44.4	24.9	13.2	6.4	4.9	2.4	1.2	1.3	0.8	0.3

[1] 资料来源于韩国统计厅官网。

目的高中（特目高中）的学生课外辅导参与率和课外辅导费用明显高于其他类型的学校。[1]

据首尔教育厅2018年对首尔市不同类型高中新生成绩的分析发现，私立高中、外国语高中、国际高中在高中录取过程中择优选择学生（见表5.7），与其建立特殊教育或开设特别课程的目的相反，这种择优变相加剧了学生入学考试竞争。根据2019年韩国教育发展研究院对培养未来人才的学生核心能力和任务的测量显示，与这些高中相比，普通高中学生对自我管理能力（积极的自我意识、自我导向等）的认知更为消极，因此有必要增强普通高中学生的个人信心。

为了教育公正，韩国进行了对高中平均化、合目的化的讨论，认为与通过区分学校类型对少数学生进行多样化教育相比，更需要提供提高所有学生素质的教育。但是，比起单纯废除拉大教育差距的特目高中，应该先讨论是否有必要合目的化。仅靠将所有高中转换为普通高中，也无法保证多样、公平的教育。

（四）第四次工业革命带来的社会教育环境和人才状况的变化

第四次工业革命使得以生产制造为中心的社会变为通过融合复合创造新价值的社会，学校教育从注重读、写、计算的能力到以创造力、思考力、沟通与合作的能力为核心，从以传达知识与课堂成绩为中心的排名式评价到以学生成长和参与为中心授课，以创造力、思考力为中心的课程评价，人才需求则由标准化、客观化、知识掌握能力强的人才到具有创造力、思考力、解决问题能力及同理心和团结意识的民主公民（见表5.8）。因此，未来社会人才要求拥有通过创意性、融合性思维创造新价值的多种能力，特

---

[1] 资料来源于韩国统计厅官网。

别是，第四次工业革命导致软件（SW）、人工智能（AI）人力需求的激增。然而在韩国，大部分学生在基本算法概念和编码能力几乎为零的情况下进入大学，与人工智能融合的教育能力明显不足。因此，在中小学公共教育中加入人工智能人才培养基础课程、STEAM[1]教育、编程教育等成为现阶段讨论的热点。

表5.8 当今社会与未来社会环境、教育与人才比较

	当今社会	未来社会
社会环境	以生产制造为中心，竞争择优（产业社会）	（第四次产业革命）通过融合复合创造新价值
人才核心能力	3R：读、写、计算（Reading, WRiting, ARithmetic）	4C：创造力、思考力、沟通、合作（Creativity, Critical Thinking, Communication, Collaboration）
学校教育	以传达知识与课堂成绩为中心的排名式评价	以学生成长和参与为中心授课，以创造力、思考力为中心的课程评价
人才状况	标准化、客观化、知识掌握能力强的人才	具有创造力、思考力、解决问题能力及同理心和团结意识的民主公民

（五）基础教育本质难以保障

所有学校教育都不能脱离教育的本质。韩国《教育基本法》规定保障学习者权利，阐明了学校教育应该尊重学习者人权的原则，即完成自我人格的实现是教育的本质和目的，但是韩国学生却在教育过程中面临着一些基本人权（睡眠权、休息权等）难以得到保障的现实问题。

---

[1] STEAM代表科学（Science）、技术（Technology）、工程（Engineering）、艺术（Arts）、数学（Mathematics）。STEAM教育就是集科学、技术、工程、艺术、数学多领域融合的综合教育。

没有人性的教育就像在冰面上播种一样，基础教育的本质应该是开启所有可能性的教育。文在寅政府提出的"希望的阶梯"和朴槿惠政府提出的"强化梦想和才艺的幸福教育"的口号，均可以看作是对基础教育本质的回应。因此，除了教育法之外，是否应该修订《人性教育振兴法》[1]成为新政府应该探讨的问题。

二、基础教育的对策

为应对基础教育面临的一系列挑战，韩国政府也采取了相应的对策，如强化教育保障，促进教育公平，加强国家层面的责任，恢复教育信任等。

（一）强化基础教育的公正性和透明性，恢复教育信任

为满足基础教育公正性的时代要求，推进2019年制定的强化教育公平政策，恢复公众对教育的信任，韩国政府采取了一些对策。

以中小学教育为主的基础教育，比起卓越性，公平性更加重要，即教育机会均等才更符合韩国宪法精神。尤其是义务教育，比起单纯延长年限，更需要讨论免费教育的范围。韩国义务教育的最终财政来源是国民税收，因此比起义务教育，更适合用"共同负担教育"来形容。

韩国的私立高中、外国语高中、国际高中等在高中教育体系中形成了特有的"等级"，存在学费贵、招生不平等、教育内容倾斜等问题。为解决这一问题，促进教育均等化，2019年11月，韩国教育部发布了"取消高中等

---

[1] 2014年，韩国国会通过了《人性教育振兴法》，以法律形式将人性与教育定为韩国幼儿园及中小学的必修课。韩国成为世界上首个推行义务人性教育的国家。韩国政府希望通过人性教育，在韩国社会传播和树立礼、孝、正直、责任、尊重、关怀、沟通和合作等核心价值观。

级化方案"和"强化普通高中教育能力方案",其核心是到 2025 年全面实施高中学分制,让所有学生都能接受自己想要的教育。同时,从 2025 年 3 月起只保留特目高中中的科学、艺术、体育高中,其余将全部转化为普通高中,报考方式将与普通高中相同。还将废除 49 所普通高中在全国范围进行的特殊招生,消除高中等级化。强化普通高中教育能力方案的主要内容包括为学生未来的学术及职业发展安排"一站式"与授体系,在全国各教育厅设置学生职业课程和职业咨询专家小组,推进学生个性化职业及学术发展计划;以个性化的教育来激发每个学生的潜能,根据每个学生的学习水平和能力,提供更深化更特殊的学习科目等[1]。2019 年 10 月 Realmeter [2] 关于私立高中与特目高中转变为普通高中的舆论调查表明,被调查者中有 54% 赞成,36.4% 反对。[3] 学生和家长要求学校通过开设各种选修课程和与职业道路相关的学业设计,让学生根据自己的兴趣进行学习。

在消除高中等级化、减轻家长及学生负担的同时,韩国还将继续努力提高普通高考录取过程的透明度,并提高大学录取制度的公平性。如位于首尔的一些大学(16 所学校)倾向于学术类等特定招生,建议其优化以大学学业能力考试[4] 为重点的招生制度,将社会综合招生法制化。

另外,韩国政府计划以恢复教育信任推进团[5] 为中心,根除教育界不正之风,完善私立学校改革制度,促进教育部改革。

---

[1] 季丽云. 韩国将取消高中等级化促进各类高中均衡发展 [N]. 中国教育报, 2019-11-22(5).

[2] 韩国进行舆论调查的专门机构。

[3] 资料来源于韩国 Realmeter 官网。

[4] 大学学业能力考试,College Scholastic Ability Test, 简称 CSAT, 是实行以高考为主的高中教育常态化入学考试制度。自 1994 年起按照新实施的高考制度执行,以综合课本材料为基础,考题侧重于考察思维能力。

[5] 团长为副总理兼教育部官员。

（二）深化国家层面的责任，加强基础教育能力

为保障基础教育质量，缓解因育儿而中断教育、高中毕业生就业难、私立高中与特目高中造成的一系列高中等级化等问题，韩国将加强国家层面的教育责任，建立起家长可以放心托付子女的教育系统，并深化基础教育育人方式改革，加强普通高中教育能力。

首先，在入学初的小学一年级实行"家长安心年级制"，加强"学习—安全—照顾"全领域的责任指导，实现家长可以放心的责任教育。如提供课后照料项目，通过扩大小学托儿班、村托机构等，扩大托儿服务受益人数，解决家长对课后托管不足的担忧。另外，将提供全面的小学保育设施，使用可立即申请的在线系统，并扩充公寓大楼和公共机构等地附近的保育设施。

其次，促进高中毕业生就业。由于超过70%的高中生能升入大学，所以高中毕业生的就业竞争力持续下降。为促进高中毕业生就业，韩国实行了一系列计划，如加强在职培训的安全性，帮助高中毕业生顺利就业；制定与高中就业相关的激励措施，增加高中毕业生先就业后学习的机会；针对高中毕业后准备就业的学生，设立实地培训，设立中央就业支持中心和扩大职业就业支持人员范围。

再次，在私立高中、特目高中等转化为普通高中之前，韩国教育部计划加强普通高中的教育能力，为每个学生创造有针对性的教育条件，比如实行高中学分制，推进高中学分制基础建设项目，丰富学校课程。加强学校教育课程编制和运营的自主性，扩大教学科目的特性化（提供科学、语言、艺术等特定领域深化学习的机会）。对于希望进入普通高中艺术、体育及职业领域的学生，提供多种定制化教育，发掘每个学生的潜力。同时，加强职业和学业设计，将高中一年级第一学期作为"职业生涯规划学期"，从入学之初就开始帮助学生设计自己的未来。

另外，创新教育空间，如将高中学分体系和人工智能、虚拟现实、增强现实等先进技术运用到教学中，并且通过改善地板供暖、室内装修等，将现有教室改造为可以玩耍和休息的复合型空间。

最后，制定基础学历保障法，构建基础教育评价和保障系统；在师范大学教育课程中加强基础学历教育内容；大力支持贫困地区教育，建立区域内教育合作治理体系；激活线上线下联合课程等共享学习。[1]

（三）加强基础教育的革新，培养人工智能人才

如果说第一次工业革命是机器代替劳动力的革命，那么第四次工业革命则是机器代替人类知识能力的革命。在第四次工业革命的浪潮下，比起单纯的知识背诵，学习新事物的能力和创新精神成为教育的新方向。

2021年7月，韩国科学技术翰林院发表的"AI人才培养教育革新方案"指出，人工智能人才培养，应从加强中小学公共教育和革新开始，强调引入软件和人工智能应用相关课程、强化公共教育及实际教学与教育课程的联系等。[2] 为应对第四次工业革命对人才的创新需求，所有中小学都将完成软件教育义务化，同时准备向人工智能教育转变，培养人工智能和高科技领域的人才，引领未来变革。其主要内容为通过用人工智能软件解决社会问题，理解和体验人工智能的概念和原理，引起对社会现象的同理心并培养分析发现问题的能力，使用数据和统计、社会影响（包括伦理）等创造性地解决问题，以大数据、人工智能等教育科技推动教与学创新。

首先，在基础教育中强制实施软件教育的同时，通过转换为人工智能教育，为所有学生提供掌握人工智能应用技能的教育机会。从2016年开始，软件教育成为韩国中小学的必修课，从小学到大学，软件教育将大幅加

---

[1] 资料来源于韩国教育部官网。

[2] 资料来源于韩国科学技术翰林院官网。

强。从 2018 年开始，小学、初中、高中的课程将开设包括简单的算法及项目设计等在内的软件科目，并通过课堂提供各种学科融合教育的机会，如 2019 年釜山计算机科学高中开发面向视障人士的"AI 人脸识别门铃程序"。

其次，制定小学、初中、高中阶段人工智能教育内容标准（方案），培养理解人工智能基本原理并将其应用到现实生活中的能力。小学以玩耍和体验为主，初中和高中通过理解原理注重实际生活应用。根据人工智能教育标准（草案）传播各种教学材料和内容。

再次，通过新设高中人工智能基础·融合选修课、运营示范学校、培养专门教育人才（2020 年约 1 000 名教师接受再教育）等，系统性地推进人工智能教育。通过选择领先的软件教育学校和运营高中的人工智能融合课程（2020 年 34 所学校），实施人工智能教育试点，扩大和传播优秀人工智能教育模式。为了构建人工智能教育等未来型学校基础设施，计划到 2024 年为止，在所有小学、初中、高中教室设置千兆级无线网（Wi-Fi），打造智慧校园环境。

最后，培养教师人工智能方面的能力，在教育研究生院设立人工智能融合教育专业。通过专门的人工智能培训加强在职教师的人工智能融合教育能力，将软件教育核心师资培训转为人工智能教育。

（四）加强对校园暴力的预防

20 世纪 90 年代，校园暴力成为韩国严重的社会问题。1995 年韩国政府发布了"根除校园暴力综合对策"，但学校暴力问题并没有得到解决。在学界及社会团体的强烈呼吁下，2004 年韩国正式出台《校园暴力预防及对策法》。并分别于 2008 年、2012 年进行修订，进一步完善有关制度。行政安全部、保健福祉部、女性家族部、教育部等行政部门制定了针对保护受害人及处理暴力实施者的措施、设立学校暴力举报中心、校园警察制度等各种方案。但制度的改善，未能根本解决校园暴力的现象。校园暴力造成的孤立、暴力、强迫、自杀等事件仍在进一步加剧。特别是，在韩国跨国婚姻家庭学生人数逐年增加的情况下，来自跨国婚姻家庭的学生遭受校园暴力的事件时有发生。[1]

鉴于校园暴力问题日益严重，韩国教育部每年以小学四年级到高中二年级学生为对象实施"校园暴力调查"。从2021年公布的2013—2020年的校园暴力的调查结果可以看出（见表5.9），初中生在2013年遭到校园暴力的比例为1.3%，但初中生和高中生在2015—2020年遭到校园暴力的比例有所下降；2019年，小学生遭到校园暴力的比例是2017年的2倍，但2020年下降到2017年的比例。

表5.9 2013—2020年韩国基础教育阶段学生遭受校园暴力的百分比 [2]

年份	2013	2014	2015	2016	2017	2018	2019	2020
小学	1.9	1.1	1.0	1.0	0.7	0.8	1.4	0.7
初中	1.3	0.6	0.3	0.2	0.2	0.2	0.3	0.2
高中	0.4	0.2	0.1	0.1	0.1	0.1	0.1	0.05

韩国主要从以下几个方面进行校园暴力的预防。一是不断修订校园暴力预防法律，扩大校园暴力的定义和范围，强化国家和地方政府的责任。二是加强基本规划的制定、绩效的评估和公布、专业咨询教师的安排和支持力度，将校园暴力委员会的所属部门从教育部级提升为国务院总理级，扩大校园暴力委员会的人数，强化委员责任担当。三是在市、道设立防治校园暴力区域委员会并赋予市、道管辖权，通过确定区域委员会的职能，

---

[1] 김영옥. 학교폭력 예방을 위한 지역전문 프로그램에 관한 연구 [J]. 한국경찰학회보，2021（23）：175-202.
[2] 资料来源于韩国教育部2013—2020年《学校暴力实态调查结果》。

加强对遭受校园暴力学生的保护、引导和其他措施，并在市郡区新设防治校园暴力区域协商会，完善国家层面落实机制。四是通过增加校园暴力调查，强化校园暴力预防和事后处理措施。五是扩大预防校园暴力教育对象，增强专责机构的威望及设置负责人，扩大保护受害学生的范围，并建立保护残疾学生的条款，大幅度加强对校园暴力受害者的保护措施。[1]

---

[1] 박호근. 학교폭력예방법 변천과정 분석 [J]. 교육법학연구，2020（32）：27-64.

第六章 高等教育

第一节 高等教育的发展和现状

一、高等教育的发展历史

朝鲜半岛高等教育最早起源于4世纪，早期深受中国儒学影响得以萌芽，后来接连受到19世纪末欧洲传教士、20世纪上半叶日本殖民者和以美国为代表的现代高等教育强国的影响，总体发展与朝鲜文化的兴衰和被殖民统治的模式密切相关。尽管受到世界多个地区的影响，但韩国高等教育最终走出了具有韩国特色的道路，发展出了独特的韩国高等教育精神和文化。

韩国高等教育根据《教育基本法》《高等教育法》等近45项相关法律实施。原则上，大学的管理方法和内容由大学自主决定，政府提供各种财政支持，以使大学以社会理想的方式运作。

（一）韩国高等教育的近现代化：民族解放时期的蓬勃发展（1945—1990年）

1945年8月日本投降，朝鲜半岛解放，高等教育的作用越来越受到重视。这个时期的高等教育大致分为三个阶段。

1. 民族解放后的迅猛发展：移植美国模式的开创期（1945—1960年）

近现代韩国高等教育是基于日本传统和新引入的美国模式的混合模式发展起来的。1945年9月，美军政进入朝鲜半岛南部，在其影响下，韩国形成了美国式的大学教育制度。1945年11月，教育审议会成立，审议决定模仿美国学制，将大学分为综合大学和专科大学两大类，在大学内设置研究生院，将教育科目分为必修科目和选修科目，必修科目又分为一般通识类科目和专业科目等。

在1953年颁布的《教育公职人员法》、1955年颁布的《关于建立学院和大学标准的总统令》等政策推动下，许多新的高等教育机构由政府建立和授权，一些原有机构进行了重组。此外，首次成立了高等教育调查委员会，作为建立、组织和发展高等教育的基本监管机构，负责制定与教学人员和设施相关的标准，执行诸如暂停学生入学、合并院系、减少学生配额等的措施。除此之外，根据1952年《关于执行教育法的总统令》，建立学位授予制度。

2. 时局稳定后的系列改革：规模与质量并举（1960—1980年）

20世纪60年代初，韩国的高等教育以提升高等教育质量为目标与核心，经过一系列激进的改革，开始了质量大发展和体系多元化发展之路。

1961年9月1日颁布的《教育暂行例外法》正式授权政府可以重组公立和私立高等教育机构。重组计划的重大举措包括：①向教授提供政府研究补助金，以增加对科学和技术的支持；②将高等教育学生总配额从10万人左右减少到7.5万人，从单纯追求规模扩张转向兼顾培养质量；③调整高校的统筹管理，合并同一地理区域内国立大学的院系，加强高校内部管理和运作，适当增加私人财政支持；④将教职工和行政人员的退休年龄从65岁降低到60岁，将教师研究成果评定作为任命和晋升程序的一部分，提升高等教育师资队伍建设；⑤引入淘汰机制，将不合格的学院降级为专科学院等。虽然重组计划最终失败，但政府仍然认为有必要追加高等教育投资，高等教育整体水平的提高需要依靠全面、长远的计划来实现。

3．面向新局面的新探索：西方模式的本土定位（1980—1990年）

这一时期，高等教育更受重视，在之前模仿西方模式的基础上，逐渐发展出韩国特色的高等教育发展路径。这个时期的标志性事件主要有两件。

一是影响巨大而深远的"7·30教育改革"。即韩国政府于1980年7月30日发布声明，在宣布的数条新政中，与高等教育相关的内容包括：第一，空前扩大招生名额，给高等院校增加30%的配额；第二，提高高等教育机构的地位，例如将师范学院、国立开放大学从两年制改革为四年制；第三，改革大学入学考试制度，取消由个别高等教育机构管理的入学考试，代之以国家考试，并严令禁止通过校外补习课程为大学入学做准备的行为。

二是于1982年成立韩国大学教育委员会。委员会成员是各四年制学院和大学的校长。委员会与高等教育研究会通力合作，积极参与制定高等教育政策，制定了《大学自治计划》。其内容要旨在于：①允许高等教育机构根据自身情况实行自治，充分尊重大学管理的自主权，实行校长问责制；②强调广大教师的参与，通过扩大教师的权利来实现高等教育的卓越；

③保护和促进私立大学的自主权和独特性。

教育近现代化时期的特征是在渐进改革中获得稳定性与活力。

在经历了萌芽起源、殖民统治和战乱之后，进入民族解放时期的韩国终于迎来了社会稳定和发展的黄金时期，韩国政府行使独立自主的教育行政权，成立了韩国教育委员会等组织机构，积极研究、制定教育发展政策，推行致力于高等教育规模扩张和质量提升的各项举措，奠定了当代韩国高等教育改革的基础，大多数高等教育机构在一系列改革中获得了发展的重要动力、实力与活力。

韩国政府采取的重组和扩大高等教育规模与质量等一系列重大举措，使得韩国高等教育逐步进入社会系统的核心圈。这既是推动高等教育发展的因素和原动力，也是韩国高等教育发展进程的主色调。韩国政府需要通过恢复和重建高效而精准的高等教育体系培养社会各行各业的人才，而社会公众需要扩大高等教育机会来获得安身立命的机会和个人进步的途径。在这种大背景下，大批促进高等教育机构发展的协会如雨后春笋般涌现，韩国政府也不断追加对高等教育的投入，促进了高等教育体系的迅猛发展。

（二）高等教育的新起点：立足当代、面向未来的高水平之路（1990年至今）

最近30年，韩国高等教育的整体发展思路可概括为：为走出瓶颈而不断变革；为实现卓越努力向世界"一流"迈进。

1．外部危机中的转向：高等教育形态的专业化、多元化、国际化（1990—1999年）

1995年金泳三政府发布《为建立主导全球化和信息化时代的新教育体制

的教育改革方案》(即"5·31教育改革方案")。《方案》将韩国国家教育战略确定为：对内打破教育困境，消除现有教育体制弊端；大学办学和运营模式多样化、专业化；大学招生及办学自主化；大学评估与财政支持挂钩；培养国际关系专业人才，改善外国留学生政策等。目的是要走出一条全新的专业化、多元化和国际化的发展之路。

20世纪最后10年，韩国高等教育变革的主要内容有：①招生政策方面：减少对国家高等教育入学考试的依赖。从1999年开始，私立大学能够在不受政府限制的情况下制定自己的招生政策。②课程设置方面：更加重视和侧重于专业发展类课程，以便学生能够更好地掌握专业知识，满足劳动力市场流动性的需求。③高等教育机构类型和模式方面：为满足专业技术人员继续教育的需要，政府批准了两种新型高等教育机构——理工学院和网络大学。前者是为公司员工的教育和培训而成立，只要达到国家课程认证标准，即可获得提供两年或四年制学位课程的授权。后者通过互联网的非传统方式提供大学课程，是函授大学的一个新变种。此外，政府还提供其他两种获得高等教育学位的新途径。第一种是学士学位自学考试制度[1]，允许学生参加政府指定科目的考试，学生所学课程与学士学位课程相当，通过相关测试，就可获得相应的学位。第二种是"学分银行"制度。韩国教育开发院是积累学分的"银行"，当韩国教育开发院证明学生已经达到国家认可的学术课程要求，并且有足够的学分被"存入银行"时，学生即可申请和获得由政府授予的相应学位。显然，这是韩国政府通过非传统手段扩大高等教育机会的举措。

---

[1] 类似于中国成人教育同等学力招考。

2．走向卓越的教育体系：高等教育质量提升的跨世纪工程（1999 年至今）

1999 年，韩国推行"21 世纪智慧韩国工程"（Brain Korea 21，简称 BK21）。这是通过提高大学教育质量、强化学术和科研后续力量的培养以提升未来国家竞争力的高等教育质量建设项目。该项目的实施时间始于 1999 年 9 月，历经 20 余年，持续至今，立意明确，意义和影响深远。BK21 以引进世界水平的外国研究生院为首要目标，培育了一批以研究生院为中心，与各地产业需求挂钩、有区域特色的地方大学。同时培养了一批在 21 世纪知识社会中能够主导和引领国家发展的人才。截至目前，该项目已完成以下三个阶段。

第一阶段是 1999—2005 年。韩国教育部每年投入 900 亿韩元用于科学技术型研究生院的集中培养事业，100 亿韩元投入到人文社会培养事业，500 亿韩元投入到地区中心大学培养事业，500 亿韩元投入到研究生院专用设施建设事业。另外，教育人力资源部（教育部）从韩国学术振兴财团的学术研究费中每年抽取 495 亿韩元，分别支援新兴产业领域专门研究生院培养事业（150 亿韩元）和以整个学术领域为对象的核心事业（345 亿韩元）。具体做法是在各领域选择一定的事业团队进行支持。事业团队的选定须经过书面审查、事业团队说明会、海外咨询团评价三大步骤。2005 年 12 月发布的《BK21 事业第一阶段成果报告》显示，参与 BK21 教授人均发表 SCI 级论文数比未参与教授高出 10 倍以上。

第二阶段是 2006—2012 年。教育人力资源部（教育部）于 2006 年 4 月将 243 个大型事业团、325 个小型事业团最终确定为第二阶段支持对象，每年支援 2 万名以上优秀硕士、博士人才。截至 2012 年，共向 74 所大学、568 个研究组提供了 2.3 亿韩元的资助。该阶段韩国培养了 10 所世界水平的不同领域的研究中心大学，国家 SCI 级论文排名进入世界前 10，大学技术转移率从 10.1% 提高到 20%。考核评价方面，同第一阶段一样，由事业团自行设定目标后进行自我管理和自我评价，同时接受随时现场检查、定期年度评价、中期评价、综合评价等，主要评价标准和核心成果指标包括教育力、产学合作、大学特色化等。

第三阶段是 2013—2020 年。2013 年 5 月，韩国政府决定实施具有综合性的"21 世纪智慧韩国高水平大学建设工程"（Brain Korea 21 Program for Leading Universities & Students，简称 BK21 plus，亦称 BK21 后继工程）。韩国教育部与韩国国家研究基金会计划该工程历时 7 年（2013—2019 年），每年约投资 2 729.13 亿韩元，每年培养 1.5 万名优秀硕博研究生并资助新引进的研究人员。BK21 plus 项目以全球人才、特定专门人才、未来创意性人才为培养目标，7 年间选定了 580 个事业团，如首尔大学的地球环境科学事业团、成均馆大学的新生代物理人才培养团，每年有 1.7 万名研究生受惠。政府还推出了"世界一流大学"（World Class University，简称 WCU）的超大型大学支援项目。

最近二三十年，韩国持续加大对高等教育的投资，展现出韩国以全面提升高等教育质量为轴，提高国家科技能力和国际竞争力的决心，成效显著。

当代韩国高等教育的精神内核是力争成为"世界一流"，为渴望接受高等教育的民众和为高等教育自身开拓更多可能性。为此，政府当局、教育从业者、民众、社会各界等所有教育资源和利益相关者都为之积极努力，为高等教育的发展提供了自由的氛围和坚实的后盾。

二、高等教育的现状

韩国《高等教育法》第 28 条规定，大学和学院的目标是培养学生的个性，教授和研究国家发展和整个人类社会所必需的科学和艺术理论。高等教育提供给高中毕业生或韩国相关法律认可的具有同等学术能力的个人。完成高等教育课程的人将获得学士学位或专业执照。

（一）高等教育机构的类型

韩国高等教育机构 80% 为私立。著名大学有首尔大学、延世大学、高丽大学等。

韩国的高等教育机构有七种不同类型：一般大学和学院，研究生院，师范学院，职业专科学院，广播电视大学，产业大学，其他各类学校。

1. 一般大学和学院及研究生院

一般大学和学院提供学士学位的课程，除了医学和牙科等特定专业需要 6 年才能完成，其余均为 4 年制。这类大学和学院设有研究生院。根据职能和目标的不同，研究生院分为三种类型。①专业研究生院：为学生在教育、商业管理、公共管理和其他领域的职业发展做准备。授予的学位为专业硕士学位。②普通研究生院：硕士学位课程申请者必须具有 4 年制大学或学院的学士学位或同等学力。硕士学位申请者须在 2 学年内完成至少 24 学分的课程学习，并通过科目考试、综合考试和外语考试，提交毕业论文和达到其他毕业要求。博士学位申请者必须具有硕士学位或同等学力，具有专业领域的学术背景和研究经验，并持有相应领域专家推荐。获得博士学位须在 3 学年内完成至少 60 学分的课程学习，并通过两门外语考试和综合考试达到 B 及以上，提交毕业论文并通过答辩。③开放研究生院：在开放大学中提供的研究生层次教育。

2．师范学院

韩国小学师资培养体系相对封闭，几乎完全局限在各地方的国立师范学院。除此之外，国立教育大学还有一个小学教师教育项目。国立师范学院的课程设置、招生名额、招生政策和财政由政府控制，学制统一为 4 年。政府支付所有的教育费用，并有义务雇用所有毕业生为小学教师。梨花女子大学的基础教育系是唯一一所允许开办基础教育教师项目的私立大学。

3．职业专科学院

职业专科学院是韩国高等教育机构，其宗旨是教授、研究社会各领域的专业知识和理论，培养国家社会发展所需的专业人士。职业科学院提供的课程一般分为以下几个类别：商业、幼儿园教育、工程技术（如农业、渔业、民用和电子技术）、文科、护理和卫生、纺织和设计。大多数幼儿园教师的培训课程是由专科学院提供的，当然也有一些 4 年制的学院和大学提供幼儿园教师课程。

4．广播电视大学

广播电视大学是在函授大学的基础上发展起来的，为已就业的人提供高等教育机会，是唯一开展远程教育的高等教育机构。教学形式灵活多样，包括教科书自学、广播讲座、课堂教学、家庭作业和函授等。

5．产业大学

产业大学成立于 1982 年，是实行"产业教育"的大学，培养从事农业、水产业、海运业、工业、商业等工作的学生，并提供必要的知识技术教育。为了更好地满足成人和想要接受高等教育的低收入家庭学生的需求，学费比其他4年制学院和大学便宜，但要求申请者有高中文凭和至少一年的行业工作经验。

6．其他各类学校

这类学校主要提供神学和艺术领域高度专业化的学习机会。虽然是4年制，但由于缺乏足够的文科核心或基础通识教育课程，故难以满足韩国本科课程的要求，更多地以神学传播等为目的。学生取得毕业证书后经教育部批准，可入读其他高等学校研究生阶段课程，因此这类学校多是为学生继续进行研究生阶段学习做准备的。

韩国高等教育机构的学制和课程参见表6.1。

表6.1 韩国高等教育机构学制和课程

机构类型	学制	课程类型
大学和学院	一般专业4年制 医学和牙科等特定专业6年制	学士学位课程
研究生院	弹性学制	硕士、博士研究生学位课程
师范学院	4年制	学士学位课程
职业专科学院	2—3年制	专业学士学位课程 学士学位课程 学士学位的专业深造课程
广播电视大学	专科专业2年制 师范专业4年制	专业学士学位课程 学士学位课程 硕士、博士研究生学位课程

续表

机构类型	学制	课程类型
产业大学	4年制	学士学位课程
其他各类学校	4年制	专业学士学位课程 学士学位课程

（二）高等教育机构的属性

从设立主体的属性看，韩国的高等教育机构分为国立大学、公立大学和私立大学。国立大学是由国家政府部门设立、运营和管理的大学，办学经费来自国家的财政支持，如首尔大学、釜山大学等。公立大学指由公共法人，如地方自治团体设立和管理运营的大学，办学经费多来自地方财政的支持，如首尔市立大学。私立大学是由企业或者财团支持的学校，师资力量和规模不输公立，但学费相对高，已成为韩国高等教育的重要组成部分。2014年韩国高等教育机构中国立、公立和私立机构的数量见表6.2所示。[1]

表6.2　2014年韩国国立、公立、私立高等教育机构数量

学校类型	国立	公立	私立	总计
一般大学和学院	34	1	154	189
研究生院	233	9	967	1 209
师范学院	10	—	—	10
职业专科学院	2	7	130	139

---

[1] 고정. 한국과 중국의 고등교육 비교 연구：국제화와 재정을 중심으로 [D]. 경상남도 진주시：경상대학교，2015：11.

续表

学校类型	国立	公立	私立	总计
广播电视大学	1	—	—	1
产业大学	—	—	2	2

（三）高等教育发展规模和趋势

韩国教育部官方网站的统计信息显示，[1] 截至 2020 年 8 月，韩国共有承担高等教育功能的机构 1 913 所，其中大学 258 所，专科学校 181 所，研究生院 1 474 所。学位课程在校生数为 12 788 名，较 2019 年上涨 12.8%；非学位课程在校生为 19 258 名，较上年减少 32.1%。

在籍留学生达 153 695 名，包括语言研修学生、教育课程共同运营生、交换研修生、访问研修生等，总体相比 2019 年减少了 6 470 名，减幅 4.0%。从留学生国别看，中国留学生的占比最大，占在韩全体留学生（包括学位课程和非学位课程）的 43.6%，为 67 030 名；之后为越南（24.9%，38 337 名）、蒙古（4.5%，6 842 名）、日本（2.1%，3 174 名）和美国（1.2%，1 827 名）等。

高等教育全体教师数为 221 107 名，较上年增加了 63 423 名，增幅达 40.2%。其中，专任教师为 89 475 名，占比 40.5%，相比上年增幅仅 0.1%；非专任教师为 131 632 名，相比上年增幅高达 92.6%。从性别和国别因素看，女性教师的占比为 27.0%，较上年增长了 0.8%；外籍教师的占比为 5.6%，较之前基本没有变化。

---

[1] 资料来源于韩国教育部官网。

（四）韩国高等教育的主要制度

1．入学制度

1954年，为消除日本殖民统治带来的高等教育入学标准低和整体生源质量差的后遗症，韩国政府引入了新的"高考"制度，即学生必须通过全国统一考试，才能进入大学。每所大学都必须根据政府统一的学业成绩测试和高中成绩这两个指标来选择和录取学生，艺术、音乐和体育专业由学校举办额外的专业成绩测试。20世纪60年代，由于学生人数激增，为缓解基础教育阶段的竞争气氛，韩国政府于1969年开始实行初中免试制度，1974年启动高中招生抽签分配制度。但学生之间的竞争并不是没有了，而是延伸到了下一阶段，最终影响到高等教育的招生制度。

在高校招生入学考试的形式上，主要依托于学术能力测试，侧重考查申请者的教育情况和学习能力。测试的9个科目被分为三个主要领域：国语（韩国语）、数学和探究（科学）、外语（英语）。1994年，政府实施了一套新的招生制度，扩大学校招生自主权。每所大学可以自主决定是使用国家统一的学术能力测试，还是以学校自己的测试作为录取依据，并可以在一定范围内自主制定录取标准。在这个新体制下，大多数大学决定根据高中成绩和学术能力测试来选择学生。1997年，招生标准和程序再次开放化，公立、私立学院和大学都可以决定自己的招生制度，使用不同的录取标准，如高中学校记录、学术能力测试、论文测试或其他形式。在这种自由开放的政策环境下，有的学院和大学只采用论文考试，彻底摒弃了传统的语、数、外科目考试。另外，大学还允许在不超过总招生配额的前提下，破格录取在学术能力测试中表现优异的学生。

相比其他国家，韩国大学入学政策受社会政治变化的影响较大。20世纪90年代，针对私立大学存在财政困难问题，有学者主张，应该根据"一小部分学生"对学校的经济贡献来录取他们,因此带着财政捐助的光环入学的问题,成为学者、大学管理者、政府官员、大学生和家长之间争论不休的问题。再如,1992年时任体育部长提议将课外活动(包括体育和体能训练)作为大学录取的标准,尽管这一提议最终没有被政府采纳,但仍获得了不少韩国人的支持,引起了不小的社会反响。由于韩国父母对子女接受大学教育的愿望强烈,因此有关招生政策的变化和问题很容易引起公众的关注,这些都给立法者和政策制定者增加了压力,通过不断改革大学招生制度来解决公众的担忧成为一项复杂的工作和挑战。

2．课程制度

韩国大学现有的课程体系核心内容包括五个方面。①学年制:大学本科课程,除医学和牙科等特定课程,其他各科课程为4年制。②课程体系:大学课程设置包括通识教育课程和专业教育课程,又分为必修课和选修课。③通识教育:学生在大学期间可以主修一到两门课程,并选择辅修课程。该类课程的学分占总学分的30%。④教学周为16周,对普通课程而言,每1小时的教学时长为1学时,每学期应满16小时。实验课程则每2小时为1学时,每学期应满32小时。⑤每名学生必须完成至少140学时方可毕业。

韩国大学课程体系表现出两大特征。第一,多轨并举。大学课程的基本结构可以被视为双轨(由通识教育课程和专业课程组成)或三轨(由通识教育、专业课程和选修课组成),其中选修课可以是通识教育、专业课程或辅修课程,以及教育课程或未来教师的专业课程。此外,大学的课程结构因诸如未成年人、双专业和某些专业项目(如医学、法律、教师培训等)的额外要求等因素而变得复杂。第二,在核心一致的基础上差异多变,大学自主性、灵活性强。从课程内容来看,通识教育课程主要是培养学生的思考和表达、探究事实和理解现象、分析和综合、创造或区分价值观以便做出正确的判断的能力。韩国大学本科课程标准和运作存在广泛的差异，很难做出绝对的概括。例如，一些大学最近开发了自己的通识教育项目的新模式，包括重组传统学科、开发新教材和教科书，以及开展一系列类似于"名著"阅读的项目。

3．人事管理制度

早期，教育部是大学的主要管理机构，但随后，教育部逐步将一些行政职能和权力下放给了韩国大学教育委员会以及大学自身。

首先，对于校长的任命。根据韩国《教育公务员法》，一般大学校长由总统任命，任期4年，国家公立大学校长可以连任。1988年以来，为恢复和尊重教师在学校事务方面的决定权，校长的任命会适当参考教师投票情况。私立大学校长由校董事会任命，个别情况下也会考虑或依据教师的建议。另外，由学生代表、普通工作人员、教师代表组成的机构也可以参与推荐。

其次，对于教师的聘用。韩国大学教师分为四类：正教授、副教授、助理教授和全职讲师。此外，还有兼职讲师、研究或教学助理，他们或全职，或兼职。相关规定主要包括以下三个方面。①任职与晋升。依据《教育公务员法》，韩国大学对公立和私立高等教育机构教职人员的任职基本资格和晋升标准做出规定。全职讲师须至少撰写2篇研究论文且拥有1年教学经验，或与他人共同撰写3篇研究论文且拥有3年教学经验。成为全职讲师两年可以晋升为助理教授，晋升为助理教授后满两年且发表1篇论文可以晋升为副教授。教授的最低资格是发表过4篇研究论文且拥有6年的教学经验。私立大学和学院有各自不同的标准细则。②教师福利。一般来说，韩国一名全职大学教师每周至少有10个小时左右的教学时间，但实际教学时间往往超过这一最低标准。为了平衡这种工作强度，很多大学提供休假、校际交流项目以及海外培训和旅行项目。就职业声望而言，大学教授在韩国社会普遍受到高度尊重，人才流失现象较少。公立大学教师的退休年龄通常是65岁，私立大学可以延长到68岁或70岁。国家和学校都提供了较优厚的养老金和退休福利。例如，工龄超过33年的大学退休教师每月工资可达原月工资的76%以上；若教职人员逝世，每月支付给未亡配偶原月工资的50%。1987年，大多数教师的聘任是终身制的，因此韩国一度被称为"教师的天堂"。③处分与开除。根据《教育公务员法》和《教育公职人员纪律规定》，各高校必须有自己的纪律委员会，在教师出现以下情况时予以严肃处理直至开除：第一，因生理和心理问题不能任教达一年以上；第二，加入或帮助反政府组织、参与政治活动或劳工运动等；第三，对学生的学习成绩做出不公正的评价或做虚假陈述；第四，个性暴劣甚至邪恶。

第二节 高等教育发展的逻辑和启示

韩国政府、社会和民众对于高等教育发展的态度和实践，表现出很多特点，如高等教育管理高度法治化。韩国几乎所有的高等教育发展政策、战略和办学理念等，都是通过法律或总统法令来呈现的。与高等教育政策和管理有关的重要法令主要包括《教育法》《教育公务员法》《私立学校法》《工业教育促进法》《公职人员年金法》《私立学校教师年金法》《关于建立学院和大学标准的总统令》《关于任命教育公职人员的总统令》《关于教育公职人员薪金的总统令》等。值得注意的是，韩国的教育立法在很大程度上是一个政治过程，许多高等教育政策直接或间接地与政治进程的性质和运作有关。

一、高等教育发展的逻辑

（一）高等教育发展的内在逻辑

大学自主自治的本质是大学作为高等教育机构不受政府控制的自由。根据韩国宪法，"所有公民都有权自由追求科学和艺术"。国家必须保障每个公民通过学习科学和艺术自由探究真理的权利。高等教育机构，尤其是大学，被认为是学术之家，在这里，这种探究真相的自由必须得到保障。正是在这种背景下，学术自由成为韩国高等教育所强调的精神核心和发展重点。然而，韩国教育也被视为服务于社会整体利益的"公共工具"，被置于国家监督之下。因此，大学的学术自由往往受到各种限制。

对于韩国社会来说，推动高等教育发展的主要精神逻辑，就是怎样维护和实现学术自由的精神和追求，怎么对待大学的自主精神、自治需求与政府管控之间的关系。在诸如政府是应该继续对每一所高等院校进行具体、微观的管理，还是应该给予它们越来越大的自主权之类问题的思考、争论和解决中，韩国高等教育在尝试中不断前进。

（二）高等教育发展中的政府管控

一直以来，韩国政府通过两个渠道实现对高等教育体系的行为管控——立法和行政。当前韩国政府对高等教育的控制体现在七大领域。

第一，高等教育机构的设立必须由政府当局根据以下十点做出审核和批准：目标；名称；位置；机构规章；经费和使用方法；设施；场地、建筑物、操场和练习场地的平面图；教学起始日期；关于附属学校、合作机构和研究机构的计划；关于经济法人的文件和章程。

第二，对高等教育机构事项做出具体规定：学习计划的期限、学年、学期和假期；院系学生配额；课程设置和时间表；课程的测试及其标准；学生的入学、停学、毕业、奖惩和教师的解聘、调动；院系的设置（机构为大学时）；学术部门；教师培训机构对于帮助在校生、扶持已毕业学生的义务；附属和合作机构、研究所、宿舍；院系组织、教师会议、学位授予、研究生院和研究生教育委员会、外国学生、扩展课程、审计制度、夜校、其他季节性课程等有关事项。

第三，对教职员工的广泛管理。例如，为所有教职员工设定最低入职资格；对公立高等教育机构的校长、院长和教师的任命、晋升、薪酬、终止和纪律处分做出统一规定，在私立机构中建立相应的咨询部门和机制；按学院的级别确定教师配额；政府有权撤销私立高等教育机构校长或负责人的任命。

第四，对高校学生的管理：政府根据学院来确定学生配额；审核和批准筛选学生的时间表和方法；强制规定各学校向至少 15% 的在校生提供奖学金和研究资助金。

第五，对课程和学术标准的控制，包括：规定毕业学分的最低要求，如学士学位为 140 学分；规定高等院校通识教育课程（如韩国语、民族历史、民族伦理、军事训练等）；确定 210 天为每年最低上学天数；对学位持有者进行登记，以便对学生配额实行严格控制。

第六，在融资、预算和设施方面的规定，包括：政府为国家公共高等教育机构和公立大学融资；所有高等教育机构预算和会计程序须遵循统一标准；设立高等教育机构设施、土地空间、图书馆和实验室设施等的最低标准。

第七，面向政府的报告和审计机制。规定所有高等教育机构都必须按政府要求定期提交各种报告，内容涵盖资金、工作人员和学生等几乎所有管理业务的方方面面。政府当局还每年根据需要对机构运作的各方面进行审计。

一段时间以来，韩国政府对高等教育的控制和程度一直是一个有争议的问题。一种观点是主张更严格的政府控制，如主张废除私立大学或转为公立大学。另一种对立的观点主张完全不受政府控制，采取自由放任的政策。诚然，这两种观点都比较激进。一个更温和、更理智和更现实的取向应该是逐渐减少政府控制，逐步增加体制的自由度。

二、高等教育发展的启示

韩国社会对高等教育促进社会和经济发展的重要意义有着强烈的共识。韩国高等教育机构越来越不再单纯地依靠政府来指导运营，而力图更加自主、灵敏、灵活，以激发高等教育的内在活性。

从办学理念上，加强充分参与机构发展战略规划活动的意识并积极行动；努力维护和调动规划部门，以处理中期和长期发展问题；由获得认可的内、外部评估机构，定期对院校的运作和发展做出评估；为行政人员提供入职或在职培训课程；建立学生指导中心，包括为外国学生提供就业等方面的特别咨询服务等。

在高等教育课程方面，大学的课程设置必须足够灵活，以满足学生群体的多样化需求，以及国家的经济和社会需求。在强调人文和社会科学的教育传统的同时，把促进科学和技术放到了优先地位。电子、信息科技、基因工程、医学、人工智能等研究领域，以及法律、经济学和工商管理等领域，成为了最吸引学生的专业方向。新兴课程、融合课程的编制以及新的教材和教学方法，正在引起广泛的关注，需要更多专家学者的参与和投入，以及国家行政的支持。在此过程中，必然涉及管理模式的改变，例如开展高校校际、校企深入合作，加强国际化沟通。

最近十年，韩国大学纷纷转向更加国际化的发展方向上，不仅在课程设置方面，而且在管理风格和方法上也在进行革新。例如，韩国大学开始大量招收外国留学生；与世界各国的人员、信息和资源的交流越来越多；

充分利用现代科技工具和技术，主攻世界科技发展前沿领域，聚焦信息科技、人工智能等的教学和研究正变得越来越普遍。一些韩国大学不仅在组织和运作方面，而且在适应和应对变化的能力方面，都在试图效仿世界一流大学。再如，韩国启动了高等教育机构重组战略。由于韩国学龄人口急剧下降，预计2023年的大学新生人数将比2013年减少160 000人。[1]对有限的潜在生源的竞争将加剧大都市地区和省份学院之间的不平衡，如果没有政府的干预，大学可能无法在教育和研究中正确地履行其职能。为避免因此导致的高等教育质量下降，2021年5月20日，韩国教育部发布了《大学系统管理与创新支持战略》，提出了以下三个政策方向：①积极支持高校自愿调整到最佳规模，追求自给自足的创新；②促使财政和教育不稳定的大学加快转型，关闭那些没有改善的大学；③在大都市地区和其他地方的大学、大学和初级学院以及同一地区的学院之间创建一个更具协作性的高等教育生态系统。

第三节 高等教育的挑战和对策

一、高等教育的挑战

韩国有将大学和高等教育比喻为"战场"的说法，这为理解韩国高等教育提供了一种特殊的视角。独特的历史和社会结构背景，使韩国高度重视发展高等教育，高等教育不断扩张。

从发展规模看，韩国的高等教育入学率在20世纪后50年间，翻涨

---

[1] 资料来源于韩国教育部官网。

10余倍，先后进入大众化、普及化阶段，成为世界上高等教育普及程度最高的国家之一。从发展的动力和模式来看，韩国高等教育的扩张是政府、民众和私立学校等相关群体之间互相影响的结果。政府强调高等教育是经济发展的工具和重要手段，民众把高等教育看作是向更高社会阶层流动的必要条件，私立学校试图扩大招生配额，以增加收入改善财务状况。

然而，在高等教育急剧扩张的进程中，高等教育的质量越来越得不到保证，对此，韩国政府虽然主导了一系列改革，但频频失败。其中最引人注目的是关于实验大学的改革。实验大学是为了提高大学教育的质量，在文教部的主导下，从1973年开始试图对教育和研究过程进行改革的示范大学。实验大学将学生毕业学分从160学分减少到140学分，建立"提前毕业制度"，允许成绩优秀的学生将4年制课程缩短为3年制。尽管实验大学的试行对韩国高等教育质量提升起到了一定积极作用，但仍存在很多弊端。例如，部分大学不是自主推进教育课程改编等，而是以模仿部分先进大学的形式推进，落入了形式主义的漩涡，有违改革初衷。1980年以后，实验大学逐渐失去了它的光芒，退出了历史舞台。

20世纪90年代，韩国政府意识到，韩国大学的国际化水平和竞争力远远落后于发达国家，因此有必要加速改革，提升高等教育的国际竞争力，应当尽快从传统的强调国家认同，转为立足于自身特色和优势，将高等教育推上开放化、国际化发展的新轨道。

二、高等教育的对策

（一）实施高等教育国际化战略

为解决高等教育扩张带来的质、量失衡和后劲不足等问题，韩国力图以国际化战略实现长期发展。战略的总体思路和主要内容见图6.1。

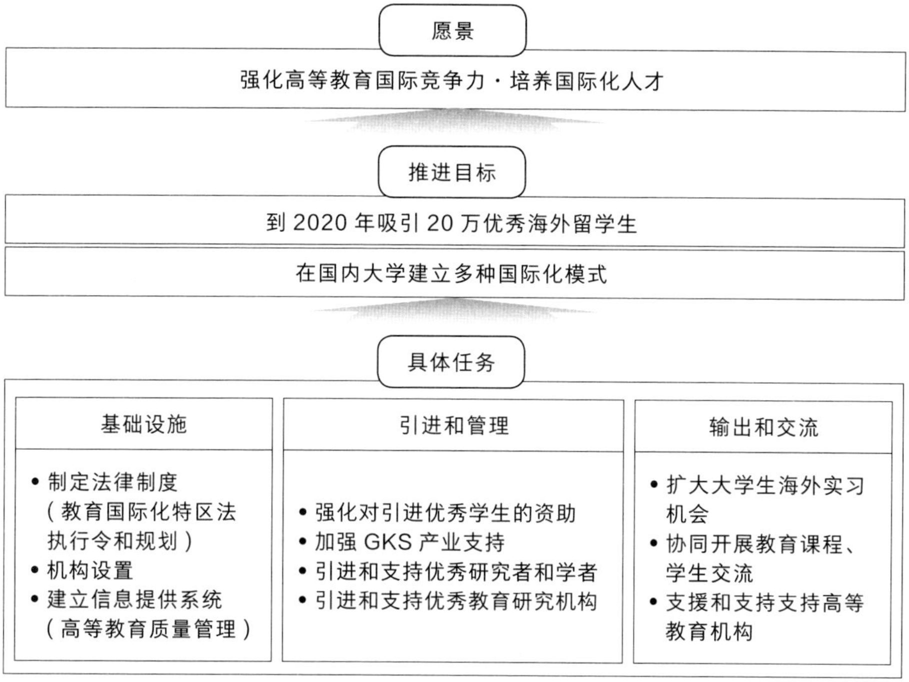

```
┌─────────────────────────────────────────────────────────┐
│                         愿景                             │
│         强化高等教育国际竞争力·培养国际化人才            │
└─────────────────────────────────────────────────────────┘

┌─────────────────────────────────────────────────────────┐
│                       推进目标                           │
│           到2020年吸引20万优秀海外留学生                 │
│              在国内大学建立多种国际化模式                │
└─────────────────────────────────────────────────────────┘

                        具体任务
┌──────────────────┬──────────────────┬──────────────────┐
│    基础设施      │    引进和管理    │    输出和交流    │
├──────────────────┼──────────────────┼──────────────────┤
│• 制定法律制度    │• 强化对引进优秀  │• 扩大大学生海外  │
│ (教育国际化特区  │  学生的资助      │  实习机会        │
│  法执行令和规划) │• 加强GKS产业支持 │• 协同开展教育课  │
│• 机构设置        │• 引进和支持优秀  │  程、学生交流    │
│• 建立信息提供系  │  研究者和学者    │• 支援和支持支持  │
│  统(高等教育质  │• 引进和支持优秀  │  高等教育机构    │
│  量管理)        │  教育研究机构    │                  │
└──────────────────┴──────────────────┴──────────────────┘
```

图6.1 韩国高等教育国际化战略总体思路和主要内容

1. 大学建立国际化培养模式

韩国致力于提升大学模式的多样化、国际化，2012年发布了韩国高等教育项目/机构国际化的六大类型及其特征，见表6.3。[1]

---

[1] 资料来源于韩国教育部官网。

表 6.3 韩国高等教育项目／机构国际化类型及其特征

国际化类型	主要特征	是否有限制
特许经销权	韩国大学获得外国大学学位课程许可并提供外国大学课程，学位以外国大学名义授予	没有限制
孪生结对	A 大学和 B 大学合作，学生可以在 A 或 B 大学进修课程，但学位只能由 A 大学授予	没有限制
双学位／共同学位课程	多个国家的大学合作，开设跨两所学校的双学位课程，或授予一个共同学位	没有限制
衔接型	位于多个国家的大学间签订学分互认协定，通过累积学分取得学位	韩、中、日大学间共同双学位制度运营
国外研究所和教育院	为国内学生和教师提供教育支援，准许在国外建立必要的教育基本设施、研究设施等	没有限制
国外分校	韩国学校法人根据合作国家规定，在满足当地大学设立条件并得到教育部批准后，在当地设立并经营大学	禁止使用学校经费

2．吸引外国留学生

韩国政府于 2004 年制定了扩大招收外国留学生的综合方案，即留学韩国计划（Study Korea Project），作为国家发展计划之一，到 2010 年吸引 5 万名外国留学生。其后，该目标提前完成。2008 年目标再次上调，计划到 2012 年吸引 10 万名留学生。方案的内容包括：扩大吸引外国留学生、搭建和激活海外网络、加强韩国留学宣传、扩大韩国语和韩国文化的普及、构建有效的行政支援体制等。为了顺利推进这项工程，韩国国会通过了教育部制定的《吸引外国留学生的具体项目》，同时政府还向教育部、外交通商部、法务部等多个部门提供了一定数额的支援，要求有关部门、大学、企业密切合作。2006 年，教育人力资源部等 11 个部门颁布了《高等教育国际化战略》，内容包括引入优秀的外国高等教育机构和系统，活跃教授交流和合作研究，促进学生和学分交流，改善高等教育国际化的环境，支援高等教育服务的出口，以及构建旨在加深国际交流的支援性基础设施等。最终，通过放宽与外国高校共同办学、学分互认条件等各种限制，建立了系统的国家层面的高等教育国际化战略。国立国际教育院于2008年7月举办了韩国留学博览会，以韩国留学需求较多的国家为中心，吸引了207所韩国大学参加博览会。通过政府和大学的不懈努力，在韩外国留学生人数不断增加。

2008年5月，中韩签订了《中华人民共和国教育部与大韩民国教育科学技术部关于高等教育领域学历学位互认谅解备忘录》。以此为契机，两国间扩大了相互吸引留学生的基础。2011年，韩国通过了《亚太高等教育学位认证区域协议修正案》。以此为契机，纠正了韩国部分大学对外国留学生的无分别的学位认定问题，完善了留学生学位质量管理体制，增强了高等教育竞争力。同年4月，韩国教育科学技术部启动了韩国、中国、日本三国大学共同开发运营的教育与学生交流项目——亚洲校园（CAMPUS Asia）项目，旨在推进学位互认、课程共享。

韩国高等教育国际化发展举措主要产生和发展于1993—2013年，对应的政策要点见表6.4。

表6.4 1993—2013年韩国历届政府的高等教育国际化政策

执政政府 （时期）		政策要点
金泳三政府 （1993—1997年）	输入政策	• 扩大推进国际化：放宽限制 • 提高大学的国际支持：以韩国语开展课堂教学；扩大海外交流 • 加大留学生奖学金和生活资助
	输出政策	• 增进国际教育交流：支援海外的韩国语言文化教学

续表

执政政府（时期）		政策要点
金大中政府（1998—2002年）	输入政策	• 增建韩国境内的外国大学 • 修订《教育公务员法》，扩大对外国教师的任用 • 通过国际项目进行交流 • 启动政府支持的公费留学生项目
	输出政策	• 建立国际交流中心 • 加大教师、学生间交流：举办韩中、韩日教育部长会议
卢武铉政府（2003—2007年）	输入政策	• 在外国大学开设通识教育课程 • 招聘优秀的外国大学教授 • 举办韩国留学博览会 • 通过外国留学生的招收综合方案等扩大留学生招生规模 • 扩大政府的留学生招聘项目
	输出政策	• 加大对海外互动事务的支援 • 强化大学生的国际活动力量
李明博政府（2008—2013年）	输入政策	• 引入国际讲席教授、研究员制度 • 促进外国留学生多样化：第二轮扩大招收外国留学生的综合方案；教育科学技术部奖学金 • 建立外国教育机构和研究所
	输出政策	• 大学教授海外派遣计划 • 建立学生派遣、交流和攻读学位长期项目

据韩国教育部统计，2003年韩国的留学生数量只有12 314人，2004年为16 832人，2005年为22 526人，2007年为49 270人，2009年为75 850人，2011年为89 537人，呈现出持续增加的趋势。但外来留学生增幅或外来留学生规模尚达不到本国海外留学生的数量。2011年出国留学的学生比来韩

留学的学生多出了3倍。[1]

3. 韩国学生和机构的输出

自韩国建立教育国际化战略综合规划以来，政策主要以促进国际交流和吸引外国留学生为中心。近年来，韩国放宽各种限制，鼓励学位教育课程的互认，将本国学生派往海外，增加跨国、跨地区大学生实习机会，并与海外就业挂钩。

（二）发展女子高等教育

经过长期的沉淀和发展，韩国女子高等教育和女性人力资源的开发已达到世界公认的较高水平，成为韩国高等教育的优势领域。

目前，韩国教育部登记在册的专门女子高等教育机构共13所，其中本科院校7所，专科院校6所，全部是私立大学。7所本科女子大学分别是：梨花女子大学、淑明女子大学、诚信女子大学、首尔女子大学、德成女子大学、同德女子大学和光州女子大学。在此，以其中的典范——梨花女子大学为例，展现韩国以女子教育推动整个高等教育体系和国家发展的先进模式。

1. 梨花女子大学的精神：培养引领世界的"真善美"女性

坐落于韩国首都首尔市的梨花女子大学（以下或简称"梨大"），成立于1886年，是韩国第一所女子大学。它拥有诸多先进学科专业，一直稳居

---

[1] 资料来源于韩国教育部官网。

韩国大学排名前10，堪称韩国乃至世界女子大学的典范。

梨花女子大学的前身是1886年美国传教士玛丽·斯克兰顿在首尔贞洞建立的韩国第一所女子学校——梨花学堂。1912年梨花学堂首次开设了大学课程，1925年被改编为梨花女子专科学校，1946年最终升格为梨花女子大学，办学性质为4年制私立综合性大学。这所在开办之初只招收到一名女学生的学校，如今已成长为拥有人文、社会、自然、工学、医学和艺术等学科的世界一流女子综合大学。

截至2020年10月统计数据显示，梨花女子大学现有在校生20 076名，留学生2 949名，专任教师957名，行政职员291名，校园占地面积545 010平方米。开设有本科学院14个，研究生院15个。此外，还设有梨花艺术院、教育研修院等39所附属机构，以及韩国文化研究院、韩国女性研究院等涉及各学科专业的83所研究机构。这些都展现出梨花女子大学卓越的办学规模、水准和实力。

梨花女子大学的办学目标和理念是以韩国的教育理念和基督教精神为基础，教授和研究学术高深理论及其广泛而精辟的应用方法，以陶冶人格，培养能为国家和人类社会发展做出贡献的女性领导。

梨花女子大学的校训为"真、善、美"。"真"为"知"，是作为学问殿堂的梨大追求的基本价值。以智慧的源泉、知识的根源为根基的梨花女子大学，应成为学术研究的殿堂，满足人类对知识的渴望。"善"为"德"，主张知识只有被人类正面利用时才能称其有价值。人类独有的至高至纯的美好品德是"爱"，梨大学生应不断磨练自己，提升自身修养，成为富有责任心的有学识的人，把奉献社会视为最高价值。"美"为"和谐"，是人类追求美的艺术天性。梨花所追求的"美"的真谛是，尽可能地发挥每个人的自由和独特个性。可以说，梨大的办学理念和校训充分展现了尊重女性的特色，充满了女性关怀。

2．新时代下的发展愿景：建立女性知识分子共同体

"培养未来女性知识分子"是梨大的发展愿景，在此愿景之下，梨大致力于树立"以学术自由为基础的力量强化""基于沟通和信赖的共同体伦理意识的追求""以挑战精神引领大学教育"的"3E核心战略"（见图6.2），力求培养出开拓未来的具有创造性的女性知识分子共同体，正确地引领教育和社会发展。战略具体包括六大重点促进课题，分别是：建立灵活的复合型人才培养制度、创造具有世界水平的研究成果、打造面向未来的全球化教育和研究环境、建立可持续性的大学经营体制、提高学校价值体系的社会信任度、确立重视成员自主参与和沟通的管理体系。

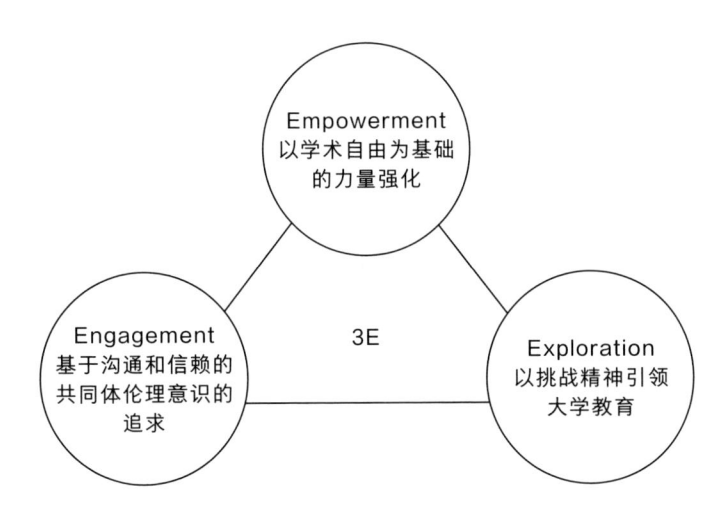

图 6.2 韩国梨花女子大学 3E 核心战略

第七章 职业教育

第一节 职业教育的发展和现状

一、职业教育的发展历史

20世纪50年代初至20世纪末的近50年时间里，韩国经济迅速恢复并腾飞，对职业教育产生了巨大的需求，职业教育也因此得到飞速发展。职业教育的飞速发展反过来推动了产业技术水平的提升，使韩国经济实力和经济发展速度在20世纪末期达到世界领先水平。

韩国历届政府都制定了促进职业教育快速发展的重要政策。朴正熙政府提出巩固教育体制的多样化，主要包括：制定适时反映工业发展时代环境的政策；通过国家层面的集中支持，提出特殊目的高中模式；设立国家技术资格制度。金泳三政府提出职业高中与专门大学相衔接的教育课程体系，推行专门大学教育改革。其中课程体系的衔接包括：高中职业教育体制的多样化；通过在企业内设立技术大学及企业大学来构建终身职业教育体制；通过制定职业教育法来加强职业教育和职业培训的联系；设立国家级的职业教育培训和职业教育资格研究机构；通过加强中等和高等职业教育的联系，谋求教育高级化、财政高效化。在专门大学教育改革中，政府尝试联合设置专门大学的教育课程，使学制更灵活，减少继续教育体制与一般教育的差别，开办运营有特色的专门大学，授予专门大学及技术大学的毕业生专业学士学位，并且在政策执行过程中通过具体案例进行积极引导。

进入21世纪以来，韩国政府更加重视职业教育。金大中政府为扩大国家人力资源开发计划和公民接受高等教育的机会，培育企业大学，利用信息技术实现远程教育。另外，将专门高中扩大为特性化高中，强化了特性化高中和专门大学之间的对口一贯制培养体系，扩大了职业高中毕业生升入大学的机会。中学生无须高考，没有就业负担，通过与未来职业相关的量身定做型职业教育成长为熟练技术人才，并在毕业的同时签约企业就业。该制度由特性化高中、专门大学及企业组成财团，学生在特性化高中3年、专门大学2年，共接受5年的教育，并在假期和学期中根据需要到企业接受现场实习和教育课程，毕业的同时再签约企业即可实现就业。

卢武铉政府将国家均衡发展定为最高国政课题之一，设立了国家均衡发展委员会作为总统直属机关。该委员会是为了促进地方自主性特色化发展的国家级计划协调机构，通过政府各部门的相互协调及合作，起到支持各地区特色化发展的作用。在其推广的《新产学合作展望及推进战略》中，将产学合作领域设定为以需求者为中心的人力培养、革新技术开发、技术转让及技术指导、为实现尖端技术产业化提供创业支持等4大领域，选定培养产学合作中心大学、改善产学合作的大学评价制度、允许大学设立企业及出资、建立促进国家产学合作体系、建立产学合作的政企合作体系等5大核心政策课题，以有效推进战略的发展。在中等职业教育方面，政府特别关注特性化高中设置的扩大及推广，结合国家的均衡发展政策，加强了始于特性化高中的大学产学合作政策。为此，还将《产业教育振兴法》修订为《产业教育振兴及产学合作促进法》。卢武铉执政期间，作为总统咨询机构的教育改革委员会还发表了高中职业教育革新方案，提出教育的远景目标是工作与学习、生活融为一体的教育，将为全部学生提供职业生涯教育、把才能培养成职业能力，主动地满足社会需求。改革朝着建立通过学校与职场岗位无缝切换，开发提升学生的职业能力，最终使其成为一名成功的职场人的开放的职业教育体制的方向努力推进。

近年来，随着社会经济不断发展，对职业教育的需求越来越大，要求也越来越高，韩国政府也愈发重视职业教育的发展。其政策发展重点大致包括以下几个方面。

（一）中等职业教育改革发展历程

1. 职业高中向特性化高中和名匠高中转变

名匠高中[1]是指与有潜力的产业需求相联系，培养通过稳定就业积累了丰富经验的名匠、大师的专门学校。根据韩国教育部的介绍，为了更好地在青年中培养出技术大师，名匠高中的学生通过专业技术、外语教育、实习、海外研修等形式学习专业知识和技术，享受免除学费和生活费等优惠待遇，毕业后会优先就业。对于就业后仍希望继续升入大学的学生，可以通过在职者特别录取、合同学科、企业大学等方式获得继续深造的机会。在服兵役方面，就业后可以延期4年入伍，也可以在专业相关的技术兵种岗位工作。服完兵役后回到工作岗位，继续积累工作经验，最终发展成为高级别的技术人员、技术传授者、创业经营者。

为构建"先就业后进学"的体制，推进在职者选拔、奖学金设立、学费支持等，提供就业后取得学位的机会，需建立必要的财政和评价管理体制。李明博政府曾计划建设50所名匠高中，350所特性化高中。朴槿惠政

---

[1] 名匠一词源自德语Meister，意即大师、名匠、专有人才。

府期间，名匠高中从 2011 年的 21 所增加到了 2015 年的 40 所。因初等教育法的修订，186 所综合高中被划为普通高中，其余 473 所专门高中在 2015 年全部被划为特性化高中。

2．加强职业生涯教育体系建设

李明博政府认识到职业生涯教育的重要性，在 2009 年修订教育课程的目标中，明确规定了将"在全面成长的基础上，开拓个性发展和职业生涯道路"。在教育内容方面，小学、初中、高中分别加强了"对职业多样化世界的理解""对前途的积极探索""职业生涯规划"等内容，凸显了职业生涯教育的重要性。2009 年修订的教育课程在"创意体验活动"中增设了职业生涯活动，将"前途与职业"科目作为选修科目，以强化职业生涯教育的内容。2010—2014 年，所有初中、高中都安排了"职业生涯教育项目"，并积极推进。

3．开设以"能力中心型社会"为目标的国家职业能力标准（NCS）基础教育课程

朴槿惠政府把为"能力中心型社会"创造必要条件设定为国政课题。在职业教育训练中开发了国家职业能力标准（National Competency Standards: NCS）基础教育课程，适用于包括名匠高中和特性化高中以及大部分专门大学在内的职业教育。在大学以培养专门人才为目的的教育学科中，也鼓励开设 NCS 基础教育课程。NCS 课程的特点是使学习者成功掌握某职业相关业务所要求的实际执行能力。该课程以模块构成，由行业企业主导参与开发。因此，NCS 基础教育课程摆脱了传统的以教学为中心的教育和以供应者为主的教育模式，强化学习者的适应性和学习内容的针对性，开发行业

所要求的"以需求者为中心的量身定做型教育"。

国家职业能力标准不仅适用于教育，公共机构和企业在进行人员招聘时也可灵活运用在聘用标准上。但是，当今社会知识和技术的发展日新月异，职业的产生及消失的周期也在迅速缩短。因此，在所有的职业教育项目中都采用NCS基础教育课程存在一定困难。

4．推行就业保障型高中专科综合教育培养行动

朴槿惠政府从2015年开始推进"就业保障型高中专科综合教育培养计划"，旨在让中学生在没有考试负担的情况下，通过接受与未来职业相关的职业教育，成长为熟练的技术人员，并开设就业保障型高中、专门大学、与企业相衔接的5年连贯制综合教育课程。

在该项行动中，各地区、各特定企业或产业实体提出包括人力资源需求和现场实习在内的职业教育的意向，特性化高中和专门大学可根据NCS基础教育课程开发和制订五年计划，在初步达成协议后，由企业实体和特性化高中、专门大学组成财团，由专门大学主导运营项目。

（二）高等职业教育改革发展历程

1．通过"大专教育能力强化计划"培养专业职业技术人员

为了适应知识信息化社会的人才培养，李明博政府从2008年开始将一直强调的以特性化职业性教学为中心的大专院校政策转化为强化大学整体教育能力的"大专教育能力强化计划"。自此，韩国高职教育政策从政府主导转向了大学自主确定发展方向。

2．建设世界级水平的大专院校

WCC（World Class College "世界级专门大学"）是韩国政府实施的一项以优秀专门大学为中心，改革高等职业教育体制的工程。该项工程计划经过 3 年（2011—2013 年）的时间，从学校排名位于前 15% 的 21 所学校中选拔优秀的专门大学来集中建设。WCC 工程在高等职业教育领域起到了引领作用，有助于提高学校竞争力以及社会对职业教育的整体认识。2011 年，巨济大学、大田保健大学、燕岩工业大学、岭南理工大学、永进专门大学、蔚山科学大学、济州汉拿大学等 7 所大学入选，2012 年，京畿科学技术大学、庆北专门大学、亚洲汽车大学、翰林圣心大学入选，共计 11 所专门大学成为 WCC。WCC 的 11 所学校通过四个阶段（条件评估、财政健全性评估、机关能力评估、服务对象评估）的评估认定，2012 年的平均就业率达到 71%，比韩国其他专门大学的平均就业率高出很多。另外，11 所 WCC 学校还通过开设与其他大学不同的教育项目，来培养地区性特殊产业领域的专业技术人员。

被选定为 WCC 的大学不仅可以获得韩国最高专门大学的荣誉，且每所大学平均可从政府获得 5 亿韩元的财政支持。此外，在学士学位专业深化课程及行业企业订单培养的运行管理上，也比一般专门大学拥有更广泛的自主权。为构筑各专门大学的个性化发展模式，政府还将实施 WCC 特色化发展项目。

3．培养产学合作先导专门大学

2000 年以后，政府将资源集中于特色化发展的教育项目。1997—2008 年，随着特色化项目的推进，以评价为基础的市场型财政支持促进了专门大学间的竞争，通过合理分配有限的资金，增加了财政资金的使用效率并提高了专门大学的教育质量。

从以到企业实体就业为目的的高等职业教育特性可以看出以产学合作为基础的教育的必要性。政府从2005年9月开始实施"产学合作中心型大学培育计划",2009年6月计划第一阶段结束。第二阶段为2009年7月至2011年12月,这个阶段计划被更名为"产学合作先导专门大学培育计划"。该培育计划开展订单式教育、现场实习学分制、创意性综合设计等多种产学合作项目,强化专门大学为地区中小企业提供优秀技术人才的作用。

4．开发运营NCS基础教育课程

为了培养企业生产一线需要的量身定做型人才,韩国政府根据行业企业生产所需要的知识、技术、素养等不同能力要求,将体系化的内容和能力要求编成NCS教育课程后开展教学。为了更好地让专门大学开设课程和开展教学,NCS基础教育课程把重点放在了对受教育者的工作能力培养上,强调"能做什么",而不是"知道什么",较好地解决了现存的职业教育和培训内容与工作岗位需求匹配性较差的问题。

二、职业教育的现状

韩国职业教育主要包括两部分:中等职业教育和高等职业教育。中等职业教育机构主要有特性化高中和名匠高中,根据学生的能力、爱好和智力等,在特定领域为劳动力市场培育人才。高等职业教育机构为专门大学、理工学院及产业大学,培养高水平技能型人才。

（一）中等职业教育发展现状

根据《初中等教育法实施令》，从2011年开始，以教育课程运营和学校的自主性为标准，高等中学由原有的2种类型（普通高中、专门高中）分为4种，即普通高中、特性化高中、特殊目的高中、自由型私立高中。2020年2月，自由型私立高中被取消。特性化高中和名匠高中被归为职业高中。职业高中是指所有旨在培训特定行业领域专门人才的高中，这些学校相对于普通高中具有不同的特色和优势。

韩国的中等职业教育体系致力于对学生进行政策和资金支持，让毕业生能找到优质的工作。所有职业高中都须至少聘用一名具有企业工作经验的专家来担任就业支持官，计划到2022年，这支队伍的人数扩大到1 000名，以推动工作岗位信息畅通。

为进一步扩大公共部门面向职业高中毕业生的工作岗位，各公共机关实行高中毕业生聘用目标制，国家公务员录用高中毕业生、地方公务员录用技术类高中学历人员的比例将分别从2018年的7.1%和20%逐步扩大至2022年的20%和30%。政府部门和职业高中之间的联系将进一步加强，以培养各部门所需的核心人才。

为使毕业生能够自立，自主就业、择业，韩国的特性化高中为毕业生提供人均300万韩元的"高中就业衔接奖励金"，并逐步扩大适用对象规模，2019年受惠人数达到了25 500人。同时，政府对职业高中毕业生升入大学的学费也给予支持，并推动国立大学开设专门以职业高中毕业生为对象的课程。这一行动自2019年从重点国立大学开始，到2022年已实现国立大学全覆盖。

为了让企业聘用以能力培养为中心的高中毕业生和进一步促进企业内高中毕业雇员工作能力开发培训，政府制定了"先就业后进学"制度，并提供多种优惠政策，对各种民营企业也在政策上给予支持。

下面，就韩国中等职业教育的两种主要形式进行介绍。

1．特性化高中

韩国的特性化高中是指根据《初中等教育法施行令》，以培养特定领域的专门人才为目的，以体验为主、以就业为中心进行现场实习的学校。特性化高中是旨在培养特定领域的人才，并根据每个学生的才智和职业能力倾向，实施量身定制的教育，且为其提供良好就业岗位的高中。根据韩国教育统计中心 2019 年数据，韩国共有特性化高中 489 所，其中公立院校 270 所，私立院校 219 所。（见表 7.1）从各专业领域分布来看，在 2018 年，工业类学校占比 42.0%，商业类学校占比 37.9%，工业类及商业类约占总体的 80%。

表 7.1 2011—2019 年韩国特性化高中数

单位：所

年度	国立	公立	私立	合计
2011	2	279	218	499
2012	0	283	216	499
2013	0	277	217	494
2014	0	278	221	499
2015	0	277	221	498
2016	0	277	220	497
2017	0	272	219	491
2018	0	272	218	490
2019	0	270	219	489

表 7.1 显示了近十年韩国特性化高中的数量。可以看出，自 2015 年开始，学校数量出现缓慢下降的趋势。这一方面是由于韩国人口结构的变化，导致学龄人口数量减少；另一方面是由于韩国经济增长动力不足，学生在特性化高中求学需求不足。受此影响，特性化高中的学生数从 2011 年的 331 347 名减少到了 2018 年的 249 430 名，约减少了 24.7%。这一时期，高中生总体规模从 1 943 798 名减少到 1 538 576 名，减少了 20.8%，显然特性化高中学生缩减的速度更快。以工业领域为例，从 2011 年的 148 451 人减少到 2018 年的 114 447 人，减少了 34 004 人（减少约 22.9%），商业领域则减少了 39 674 人（减少约 29.0%），呈现出大幅度的减少。水产及海洋领域从 3 387 名减少到 1 684 名，减少了 1 703 名（减少约 50.3%），降幅最大。[1]

虽然学生数在减少，但相较于普通高中，特性化高中在人才培养方面还是具有一定优势的。例如，韩国政府以奖学金的方式为学生提供 3 年学费的资金支持。同时，给予优秀学生在海外企业为期 3—6 个月的工作和学习机会，仅 2018 年就向美国、加拿大、新加坡、澳大利亚、中国等 12 个国家派出 419 名优秀学生。

特性化高中、职业高中等毕业生，中小企业基本法规定的中小企业任职人员，具有 2 年以上工作经历或相应经历（如获得国际技能奥林匹克大赛冠军）者还可获得技术、技能公费研修、海外留学支持的机会。海外实习的目的在于到国外教育及研修机关、产业企业等进修相关产业的先进知识和技术等。

韩国政府设定的目标是到 2022 年实现职业高中就业率达到 60%，通过职业高中改革扩大高中毕业生就业，支持高中毕业即就业人员的后续学习能力开发。

---

[1] 资源来源于韩国教育政策信息中心官网。

2．名匠高中

由于公司为职业高中毕业生提供的薪酬待遇不佳，导致职业高中入学率很高，为73.5%，但就业率却非常低，仅16.7%。为解决这些问题，李明博政府于2008年宣布了"高中职业教育先进化方案"，并提出了发展"名匠高中"的计划，开启了职业高中的新模式。

根据韩国《初中等教育法施行令》，名匠高中为定制型高中，即根据产业行业人才需求而量身定制的高中。名匠高中的主要目的是为职业高中生提供职业发展的方向和前景，使其能够有机会根据自己的才能和兴趣成为某领域的专家。名匠高中的特点是学生毕业后可到优秀企业就业，到能发挥自身专长的军队服役以及获得在职赴大学深造的机会。具体运作形式是：每个名匠高中都与企业有合作，签订聘用协议；确定就业的毕业生最多可延期4年入伍，在军队服役时可在技术专长岗位工作；对于工作满3年希望继续深造的学生，通过在职人员特别选拔、专业定向培养、企业内大学等途径提供在大学学习的机会。

韩国特性化高中和名匠高中在专业设置方面以NCS体系为基础开设专业课程及通识课程。其开设的专业几乎涵盖了韩国主要经济领域的各个方面。见表7.2。

表7.2 2020年韩国名匠高中专业设置情况[1]

行业领域	学校数	专业领域	学生数（人）
机械与金属材料	13	机械和机电一体化、自动化设备造船、汽车、机器人技术、汽车零件制造、机械与自动化、钢铁	2 140

[1] 资料来源于韩国教育统计中心官网。

续表

行业领域	学校数	专业领域	学生数（人）
电气电子	9	电气电子、机械电子、医疗设备、电子通信、半导体设备	1 420
能源化工	6	能源、石油化工、发电、新一代电池、核能设施	650
信息软件	4	新媒体、软件技术、软件融合	340
农业水产生物食品	8	城市高科技农业生产、农业生产、生物制造与处理、渔业生产、渔业处理、绿色农业、畜牧业、马业、食品生产加工、食品质量控制	652
海事海运	2	海事海运	280
航空制造与造船业	4	航空制造技术、造船技术	530
港口物流	1	港口物流	90
建筑	1	海外设施及工厂建设	140
消防	1	消防	80
全球商务	1	全球商务	60
电子竞技	1	游戏内容	72
总计	51	—	6 454

相较于其他类型高中，名匠高中在教学内容设置、教学形式以及招生就业上有着鲜明的特点，主要体现在以下几个方面。

第一，名匠高中提供课后课程。这些课程与官方标准课程保持一致并利用各种社区资源来增强教学效果。2019年韩国教育部的调查结果显示，100%的名匠高中学生正在参加课后学习项目，学生对学习项目的效果也表示满意。

第二，以项目为基础的学习（Project Based Learning，简称PBL）。PBL

是名匠高中课程的一部分，旨在促进项目教学和学习，培养学生能够自行识别问题和解决问题的能力。其中，"项目"指的是通过师生的教学过程来生产有价值的产品。在这个过程中，学生首先为他们的产品选择主题，制订完成产品的计划，然后根据计划进行项目研究，展示产品并进行演示。教师需要全程参与，为班级提出有创意和整体全面的计划，并在必要时提供足够的指导。

第三，强化"政行企校"合作。为积极应对行业变化，并与政府部门一起有效培养国家和地方重点战略发展领域的核心人才，名匠高中正在建立稳定的行业、企业和学校之间的合作运行模式。由负责特定行业的政府部门支持名匠高中的课程开发、教学、财务以及产学合作。同时建立政府部委政策委员会，提高名匠高中的教育质量和各部委之间的有效合作水平。通过这些政策，对名匠高中的支持和管理正逐步从教育部主导扩展到校企合作，再发展到政府与行业的协作。由政府部门运营的国家基础设施，例如科技园、技术创新中心和各行业（每个部委）的促进机构，也积极配合对名匠高中学生开展教育。名匠高中还与行业协会建立了联系，并正在加强合作。各个学校都在积极拓展就业合作企业，培养定制资源，以确保学生获得良好的就业机会。各名匠高中校级层面也设有产学合作委员会。这些委员会的主要目的是在谅解备忘录合作伙伴公司中创造就业机会，开展旨在增强学生就业能力的活动，并为学生提供量身定制的就业指导等。

第四，大量的财政投入。首先，教育部为新认定的名匠高中提供行政和财政支持，为名匠高中建立基金会。一般来说，一所新认定的学校可以从两笔款项中获得总计50亿韩元拨款。但如果学校未能按照教育部要求执行"四年预算支持计划"，那么未能遵守规定部分的金额将从50亿韩元中扣除。其次，政府每年向名匠高中提供9—11亿韩元的一般拨款，用于该校的运行管理。根据《地方教育补贴法》的规定标准，班级数量不足18个的学校为 9 亿韩元，班级数量在 18—26 个的学校为 10 亿韩元，班级数量在 27 个及以上的学校为 11 亿韩元。

2009 年 3 月 6 日，名匠高中管理中心正式成立。该中心由韩国职业教育培训研究院的三个部门组成，主要职能包括名匠高中相关政策的研究、课程开发、为学校提供咨询，以及名匠高中的选拔、评估和认证。

（二）高等职业教育发展现状

韩国高等职业教育机构主要包括专门大学、产业大学、技术大学等。其中专门大学是主体，本部分将重点介绍专门大学。专门大学学历层次以专科居多，但其"专业深化课程"可颁授学士学位。专门大学以私立为主，公立大学仅占很小的比例。私立专门大学以其特色的专业设置实现了与公立专门大学的错位发展，通过订单式培养方式与企业合作，实现了产学共赢。

1. 专门大学

韩国《高等教育法》规定，专门大学的宗旨是教授和研究社会各领域的专门知识和理论，磨炼学生才能，培养国家社会发展需要的专业技能人才。

截至 2019 年，韩国专门大学总数为 137 所，其中国立大学 2 所，地方公立大学 7 所，而私立大学则达到 128 所。私立专门大学的数量占韩国专门大学总数的 93.43%（如图 7.1 所示）。可见，韩国的私立专门大学是韩国高等职业教育的主体，在高等职业教育的发展中发挥着重要的作用。

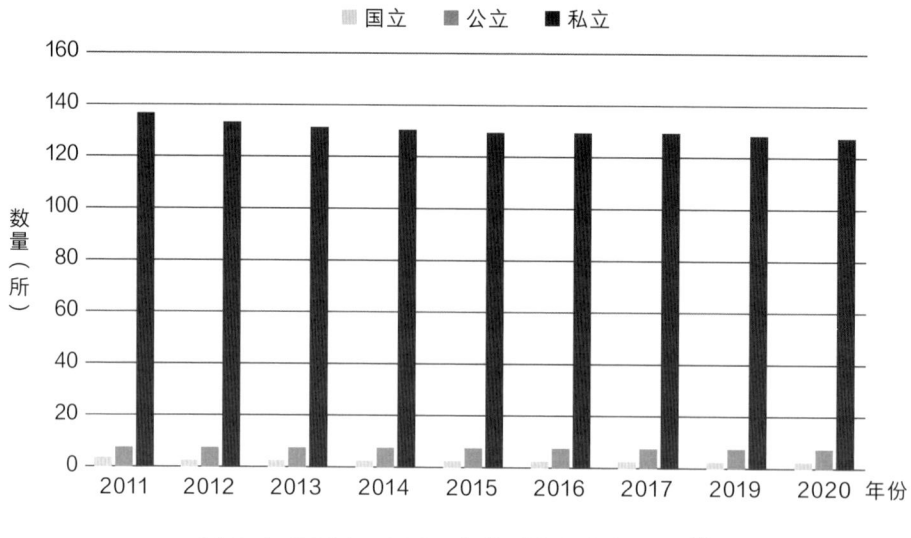

图 7.1 2011—2020 年韩国专门大学数量[1]

2011—2019 年韩国专门大学在校生数量变化情况见表 7.3。

表 7.3 2011—2019 年韩国专门大学在校学生数量

单位：人

年度	学生总数	国立	公立	私立
2011	2 065 451	412 923	29 023	1 623 505
2012	2 103 958	427 232	31 939	1 644 787
2013	2 120 296	458 081	13 287	1 648 928
2014	2 130 046	467 416	13 454	1 649 176
2015	2 113 293	471 465	13 331	1 628 497
2016	2 084 807	467 761	12 974	1 604 072
2017	2 050 619	461 952	12 775	1 575 892
2018	2 030 033	458 987	12 710	1 558 336

[1] 资料来源于韩国教育统计中心官网。

续表

年度	学生总数	国立	公立	私立
2019	2 001 643	449 316	12 621	1 539 706

从表7.3可以看出，韩国专门大学学生数近十年来相对稳定，2014年顶峰时为2 130 046人，但随后5年开始出现下滑，2019年在校生数为2 001 643人。

专门大学的授课年限为2—3年，一般要求一学期最高申请24学分，毕业时修满不低于80学分（学制为3年的专业为120学分）才能准予毕业，授予"专业学士"学位。对于取得学制规定的学分以上的人，不论学制为2年还是3年，只要符合相关规定，就可以缩短修业年限，提前毕业。

在专业课程设置方面，各专门大学均根据自身的行业背景及专业技术优势开设了与经济社会发展紧密联系且各具特色的专业课程体系。这些专业课程涵盖了与行业生产相衔接的实用性专业理论课程以及根据教育计划和实习实训指南强化的实习实训课程。同时，为了让学生能够在接受学校教育的同时取得国家技术资格证，还开设有与此相关的证书类课程。在此基础上，韩国的专门大学还不断强化实用外语、职业道德以及为满足未来信息社会要求的信息化能力，以期培养出满足职场要求、能够应对未来发展的人才。

根据韩国教育部、韩国教育开发研究院2019年度学科（专业）分类目录，专门大学开设有人文、社会、教育、工学、自然、医药、艺术体育七大领域，31种门类，76门专业。具体包括汉语、日语、英语、欧洲语和其他语言、文艺创作、语言素养、文献资料、文化、普通人文科学、管理与经济、旅游、财务/会计/税收、贸易与流通、法律、家庭/社会/福利、秘书、媒体与广播、行政管理、社会与自然教育、幼儿教育、特殊教育、建筑与设备、构造、景观园艺、建筑、土建工程、地面交通、航空、海洋技术、机械、金属、汽车、电力、电子、控制测量、光学与能源、半导体/陶瓷、纤维、新材料、材料、电算化/计算机、应用软件、信息和通信、工业工程、化学工程、机电工程、应用工程、农水产、园艺、生物、资源、环境、家政管理、食物和烹饪、服装及成衣、地理、护理、保健、康复、医用器材、医疗管理、工业设计、视觉设计、时尚设计、普通设计、手工艺、摄影/漫画、视频/摄像、美容艺术、舞蹈、体育、美术、雕塑、戏剧/电影、音乐、音乐编辑等。

韩国《高等教育法》及《高等教育法实施令》里明确规定，根据总统令，专门大学可开设专业深化课程。专业深化课程的招生对象一部分为毕业于同一领域的专门大学并在相关领域有过工作经历的人员，另一部分为没有相关领域工作经历但符合其他相关规定的人员。完成专业深化课程并完成学校规定课程的人可以授予学士学位。该课程的目的在于通过与实践相关的专业深入教育，为大专毕业生提供继续教育的机会，通过理论和实践技能，培养更高水平的专业技术人才。该课程的优势在于提供与普通大学不同的以"现场与实际生产"为重点的提升岗位能力的机会。

表7.4 2020年韩国专业深化课程招生情况[1]

年份	有工作经历者的专业深化课程				无工作经历者的专业深化课程			
	大学数（所）	学科数（个）	招募学生人数	入学人数	大学数（所）	学科数（个）	招募学生人数	入学人数
2020	25	34	900	693	104	752	16 300	14 067

韩国专门大学非常重视学生的实习实训，通过在企业进行一定时间的现场实习，着重培养学生的劳动精神和实际生产技能，培养学生适应职场的能力。同时有效收集企业的最新技术和各种信息，用于学校的教育教学

---

[1] 资料来源于韩国教育统计中心官网。

当中，以培养社会需要的复合型专业技术人才。

各专门大学都制定了各具特色的奖学金制度，包括特困者奖学金、劳动奖学金等校内奖助学制度，以及各种奖学财团、产学合作相关企业、社会团体、研究机构提供的校外奖助学金制度。

2．产业大学

产业大学（包括专门大学、远程大学）旨在为继续学习和研究产业社会需要的学术或专业知识及技术的人提供高等教育的机会，培养为国家和社会发展做出贡献的产业人才。产业大学的授课年限和在校年限不受限制。韩国《高等教育法》规定，产业大学的设立和废止以及所需软硬件标准必须经过总统签署的总统令批准，才能够进行。产业大学可以接受行业企业的委托进行教育或委托行业企业开展教育活动，这些教育活动也必须经过韩国政府的审核批准方能实施。韩国产业大学数量很少，据 2022 年统计数据，全国仅有 2 所，且皆为私立大学，分别是位于全罗北道的湖原大学和忠清南道的青云大学。

3．技术大学

韩国的技术大学旨在使劳动者能在生产一线继续专业知识和技术的研究与进修，培养理论和工作能力兼备的专业人才。技术大学开设专门学士学位专业和学士学位专业课程，学制均为 2 年。入学资格方面，技术大学专门学士学位课程主要针对高中毕业生或具有同等学力的人，以及在规定期限以上的企业在职人员。技术大学学士学位课程主要是面向专门大学的毕业生或具有同等学力的人，以及在规定的期限以上的企业在职人员。学生在完成由学校规定的课程后，即可授予专业学士学位。

第二节 职业教育的特点

一、完善法律体系

《韩国教育基本法》对职业教育做出了明确规定：国家和地方政府应该制定和实施必要的政策，让所有国民通过学校教育和社会教育，接受培养职业素养和能力的教育。韩国政府还在社会不同发展阶段，颁布了与职业教育相关的法律法规：1967年颁布的《职业训练法》确立了国家职业培训体系，1976年制定《职业训练基本法》，1993年制定《就业保障法》，1997年制定《职工参与职业培训促进法》（这一法律于2004年变更为《工人职业技能开发法》）。关于职业教育的专门法案有《国家技术资格法》《产业教育和产业合作职业教育体系促进法》和《职业教育促进法》等。此外，《就业政策框架法》《人力资源开发法》《终身教育法》《高等教育法》等也有职业教育的相关法案条例。这一系列法律确定了职业教育发展的地位，为职业教育发展提供了保障。

由于韩国的高等职业教育主体——专门大学，绝大多数是私立的，韩国政府为了保证专门大学能够在教育教学中拥有较高的自主性和公共性，专门成立了韩国专门大学教育协会，并制定颁布了《韩国专门大学教育协会法》。

二、加大投入

（一）加大财政投入

近年来，韩国政府在职业教育领域投入的资金逐年增加。2012年韩国投入 1.01 万亿韩元（约合 8.98 亿美元），2016 年投入 1.60 万亿韩元（约合 14 亿美元）。韩国就业和劳动部等有关部委和地方政府的公共基金，以及通过私营部门支付的"就业保险资金"也被用于资助职业教育和培训。

所有的企业都有义务缴纳就业保险资金，缴纳的数量取决于企业工资总额和企业规模。就业保险基金用于支付注册企业工人或退休员工的职业技能开发费用。公共基金则为不在这些类别中的人提供培训费用。

失业账户的培训由培训账户计划（由政府和私营部门支付）支持，可为每人最多提供 200 万韩元（约 1 800 美元）的培训费用。有些学员需要自己负担培训费用。政府选定的某些行业，则免收培训费并为学员支付交通和住宿费用。

（二）赋予职业教育活力

根据产业发展所需，在经济发展不同阶段，韩国主动调整职业教育人才培养目标，以满足劳动力市场不断变化的需求；研究未来各领域对技能和劳动力需求变化的趋势，以适应未来产业发展。韩国职业教育发展的政策尽量反映政府、行业部门、教育培训机构、研究机构、雇主、工人等不同利益相关者的需求，力争让职业教育与行业发展紧密联系，主动适应产业发展的需要。职业教育如果脱离产业就是空中楼阁，就没有生命力。韩国政府通过各种措施，使职业教育与产业紧密联系在一起，为职业教育的发展指明了方向。韩国职业教育基本能满足社会对人才多元化的需求，为产业升级所需的人力资源保障做出贡献。

韩国特色的名匠高中为提升职业教育水平采取了相应措施。通过修改专业课程，完善以实际应用为中心的教育体制，计划在 2019 年重组专业 100 个以上，2022 年重组 500 个。支持专业课程开发及实习设施改善等学科改编所需的咨询，扩大新兴产业领域专家和优秀生产一线专家成为职业高中教师的机会，将高中学分制优先导入职业高中，以职业基础能力评价为基础构建定制型支持体系。

韩国着力构建与地区社会及地方经济相互合作的中等职业教育生态体系，计划在 2022 年打造 50 所"地区产业贴近型职业高中"。同时，积极利用当地技术能手、大师等地区社会的优秀教育资源，在学校内设置和运行合作紧密的合作组织（学校、企业等）。提高地区居民的职业技能，通过开展再就业及创业教育项目，使名匠高中成为区域职业教育中心。

三、制定职业能力标准体系及资格框架

韩国目前有超过 331 项国家职业能力标准（NCS）。这些标准由就业和劳工部（通过韩国人力资源开发中心）和教育部（通过韩国职业能力开发研究院）制定和维护。这些标准大部分由就业部（288 项）、教育部（22 项）和国土基础设施和交通部（12 项）负责。韩国技术质量局负责确保职业教育培训的质量。同时，韩国正在制定新的基于国家能力标准的国家资格框架。

韩国已有一个技术资格框架。该框架分为五个级别：工匠、工业工程师、工程师、工艺大师和专业工程师。韩国的人力资源开发处负责管理技术资格框架，并对 450 多个资格认证进行监督。

2018 年 11 月联合国教科文组织国际技术与职业教育培训中心发布的《TVET 国别档案——韩国篇》显示，截至 2017 年 6 月，韩国大约注册了 23 500 个私人资格证书，其中有 99 个私人资格证书得到官方的正式认可，成为国家认可的资格证书。

四、建立职业教育机构评估与认证制度

根据《高等教育法》《高等教育机构评估与认证规定》《教育机构信息公开特别法》等法律法规的有关条款，韩国对高等职业教育机构开展评估认证，以保证大学或机构的质量达到或超过规定的教育质量标准。

机构评估认证的内涵在于：一所大学的管理体系可以满足高等教育机构的教育消费者和其他利益相关者（学生、当地社区、行业、政府等）的要求，并且必须由第三方（高等职业教育评估与认证研究所）做出评估，其结果要能为保障高等教育机构的利益相关者的利益提供支撑。

职业教育评估与认证体系保证了职业教育的质量，增加了机构责任，也便于统筹管理有关职业教育消费者的信息，能够确保职业教育质量在国际上的对等性和适用性，且可以促进发现和传播成功的职业教育案例，进而提升职业教育的社会认可度及社会地位。

五、强化产教融合

以《产学合作法》等法律制度的修订和产学合作先导大学等多种政府推动的项目为基础，韩国对产学研合作重要性的认识逐年提高。

订单式教育是职业院校根据企业生产的专业需求以及就业人数需求，有针对性地培养对应领域专门人才的教育模式，是符合职业教育特点的一种教育形式。韩国许多专门大学都采取了"订单式培养"的做法，比较突出的有韩国永进专门大学。该校已与532家韩国国内优秀的大中型企业签订了7 000余项订单式培养协议，并与海外10个国家140余家企业签署了1 800余个与国际接轨的订单式教育协议。

订单式教育最直观的成果体现是学生就业率的提高。2014年，韩国教

育科学技术部发布的连续 3 年就业率的排名中，韩国永进专门大学获得第一名。订单式培养需要企业与学校紧密配合，校企共同开发课程、共同确定教学内容、共同实施对学生的教育和实训。为此，韩国永进专门大学与三星电子、LG 显示器、三进船业等大型企业联合实施订单式教育，从单纯的理论教学转变为以实务为中心的教育，使教学场所由学校的课堂变为工厂的车间等工作现场，更好地体现了市场需求。

在人才培养方面，大学开展解决生产现场问题的顶点设计、衔接行业就业的签约课程、国内外现场实习等多种产学联系教育。为应对第四次工业革命等引发的技术变革，发掘新兴产业领域，韩国政府在 2018 年成立了 10 所培养新兴产业领域人才的第四次工业革命先导大学，对 8 个领域实施产业专门人才能力支持。政府扩大聘用行业企业有生产经验的人员以及产学合作重点教授，以起到联系教育与行业的桥梁作用，为夯实产学合作的人才基础提供强有力的支撑。

在技术转让、教育成果产业化上，韩国通过扩大大学、研究所的技术转让经验，增加技术转让件数、技术费收入等方式，促进大学与企业之间的共同研究，支持企业利用大学、研究所内的基础设施，扩大技术专利的成果转化；支持增加以专利技术投资入股设立子公司的大学技术控股公司，促进公司的生产销售快速增长。

加强学生就业创业方面的合作，举办创业讲座、成立创业社团等一系列活动，以营造校园内创新、创业的教育环境，支持想要实现创业方案的学生创业。创立以大学生创业为主要投资方向的大学创业基金。

韩国加强各大学的软硬件建设，扩大产学合作机构、产业园区等建设，同时在人力、物力方面给予支持。扩大运营统筹、调整大学内产学研合作的产学研合作团，构建系统性的产学研合作支持体系。韩国设立产学合作团的学校数量由 2012 年的 334 所发展到 2016 年的 354 所，运营收入也从 59 114 亿韩元增长至 65 133 亿韩元。

第三节 职业教育的挑战和对策

经过多年的发展，韩国职业教育已经形成了一个较为完善的体系。尤其是20世纪80—90年代随着社会经济的快速增长和产业结构的调整，得到了突飞猛进的发展。但进入21世纪以来，由于经济增长放缓，各种社会问题出现，职业教育也面临着严峻的挑战。

一、职业教育的挑战

持续增长的青年失业率对韩国的经济发展与社会稳定产生了重要的影响。韩国70%—80%的高中毕业生能升入大学。然而，由于劳动力市场的供需不平衡，学校教育与经济发展需求存在一定的脱节，与社会需要也不完全相符，导致大学生的就业率一直在下降。韩国近95%的企业是中小型企业，而大企业与中小型企业之间在工资、工作稳定性、福利和培训机会方面存在较大差距。这就导致一方面中小型企业缺乏人力资源，而另一方面大量大学毕业生由于都想进入大型企业而无法就业。

另外，科学与技术的迅猛发展，带来了产业和劳动力市场结构的变化，传统教育领域面临着新兴产业的挑战，一部分专业由于产业技术升级而遭到淘汰。学校教育，尤其是职业教育，面对快速变化的产业结构和新兴技术，也经历着追赶技术进步的阵痛。为了适应工作和行业的变化，职业教育培训系统急需进行升级，以跟紧技术的前进脚步，从而在未来社会发展变革中立于不败之地。

此外，近十几年来，韩国社会还面临着一个更为严重的社会问题，即老龄化的问题。这对社会结构以及劳动生产产生了巨大而且深远的影响，也对职业教育系统提出了更高的要求。

二、职业教育的对策

韩国政府采取多种多样的手段解决职业教育的发展问题，推动社会的进一步发展。

（一）积极推进职业教育改革

目前，韩国针对职业教育发展中存在的困难与问题，在许多领域开展了政策讨论并实施了一系列职业技术教育与培训的改革。

随着韩国向低生育率、老龄化社会的转换，产业模式正在向多品种、小批量生产方式转变，考虑到第四次产业革命创造的新就业领域的不确定性，韩国将以学校为中心的职业教育体制转换为以就业为中心的"校企合作"的职业教育体制。"校企合作"职业教育体制在中等教育阶段为所有高中生提供职业教育机会，培养国家或企业要求的熟练人才；在本科阶段也向所有大学生提供多种职业教育机会，建立以"国家资格框架体系"为基础、以项目为中心的职业教育体制；在研究生阶段，强化以学科为中心、以国家资格框架体系为基础、以工作能力为中心的研究生学位体制。

韩国教育部坚持"全民终身学习"的理念，大力推动继续教育，持续执行"终身教育学院"政策，向有关大学提供财政支持，使大学向成人学习者开放。大学和学院不仅为高中毕业的入学者提供课程，为成人学习者提供学习机会，还向就业中心认可的需要培训的人员提供代金券。要获得代金券，申请人必须至少进行两次求职活动，以及进行职业培训的探索性活动。

（二）拓展国际合作，提升职业教育质量

职业教育的国际合作与交流有利于各个国家的职业教育发展。在国际

化和全球化背景下，韩国职业教育也加强了与外界的沟通互动。在具体实践操作层面，韩国职业学校的学生可以申请到国外进行一段时间的学习和实习，由政府提供机票和住宿方面的补助，有了跨国学习的经历，在国际就业市场竞争中更具优势。另外，韩国非常注重职业教育的国际经验，既汲取德国双元制的特点，也借鉴芬兰、瑞典两国高等职业教育系统。作为经济合作与发展组织成员，韩国积极参与经济合作与发展组织职业教育相关活动，通过借鉴他国职业教育的发展经验，来更好地促进本国职业教育发展，增强经济的国际竞争力，并在重点产业中继续保持发展优势。

韩国政府自2011年开始为职业中学提供全球实习培训项目，旨在培养具有全球竞争力的劳动力并培养他们在实际工作场所工作的能力。为了实现这一目标，项目为职业高中生提供在国外企业工作的机会。根据学生的专业和人力资源需求，学生可以到具有先进技术的国家进行为期3个月的现场实习。韩国专门大学教育协会2019年度报告显示，该协会在全国共计56所学校中选拔了418名学生参与此实习培训项目。其中，各大学选拔的学生占70%，由协会选拔的学生占30%。

第八章 成人教育

随着信息社会的来临、工作时间的缩短,民众对广播电视大学和大学公开课需求增加。韩国成人教育受到重视,本章阐述了韩国成人教育的发展和现状,对其特点和经验进行了总结和提炼,同时,立足韩国成人教育现实情况和教育国际化大背景,分析韩国成人教育发展中遇到的困难和挑战,描述韩国的应对策略。

第一节 成人教育的发展和现状

一、成人教育的发展历史

韩国成人教育经历了 20 世纪 50 年代的萌芽期、60 年代的生成期、70 年代的展开期、80 年代的发展期和 90 年代以后的成熟期。在这个过程中,韩国成人教育的数量和质量都取得了发展。

（一）社会启蒙型成人教育

20世纪40年代中后期到20世纪50年代，韩国的成人教育以简单的扫盲教育和国语国文普及教育为中心。

美国军政府于1945年在朝鲜半岛南半部成立了成人教育委员会，开展扫盲教育，建立了名为"公民学校"的成人教育机构，为那些没有接受过基础教育且超过学龄的人提供生活所需的普通教育和社会教育。1946年，该组织改组为成人教育协会，进行扫盲、教化、设立公民学校以及期刊出版等活动。除成人教育协会外，韩国语文化普及会、中央成人启蒙协会、保育会、太平妇女启蒙协会和韩国青年协会等组织也参加了扫盲教育。1950年后，受朝鲜战争的影响，成人教育被缩减和中断，这一阶段主要致力于扫盲项目和培养公民民主意识的公民教育，制订五年扫盲计划和成立成人学校等。

（二）以经济发展为中心的成人教育

20世纪60年代是韩国致力于经济发展的时代。教育领域引入了"人力开发"的概念，把教育看作经济发展的基础。朴正熙政府前半期试图通过经济重建来寻求政治稳定，从1962年开始实施第一次经济开发五年计划。强调基础教育和职业教育，以确保优质的人力资源。这个时期的成人教育反映了工业化快速发展和技术人才培养的需求，政府主导建立和运营的成人教育机构中有70%是为了培养人才而设置的，强调人力资源培训和社会融合，以适应时代对经济发展的要求。

（三）以社区发展[1]为中心的成人教育

20世纪70年代，受快速工业化趋势的影响，加上以联合国教科文组织为中心的终身教育理念的传播，韩国成人教育的组织和活动开始变得更加活跃，逐渐强调家庭、社会和学校之间教育职能融合和相互协调的必要性。新村运动作为20世纪70年代最具划时代意义的社会教育活动，旨在通过城乡统筹发展来推进韩国的现代化。新村运动力求先驱者精锐化，通过培养精锐先驱者开展运动，以建设"勤勉、自助、合作"的福利国家。

20世纪60年代和70年代，在以地区社会开发和经济发展为主的政策推动下，成人教育逐渐扩大到人力培养型、地区社会开发型和学校教育补充型等多种类型，以"增加收入""提高生产效率""提高务实性和职业技术素质"等作为教育目标。

（四）以法律为基础、以全面均衡为中心的成人教育

20世纪80年代之前，《教育法》规定公民学校、技术学校等学校形态为成人教育或私人培训机构，《图书馆法》规定与终身教育有关的教育行政事项，其他部委也制定了相关的成人教育制度，如《振兴农村法》《职业培训法》等。1980年10月颁布的《宪法》加入了终身教育的条款。1982年年末和1983年9月公布了《社会教育法》及《社会教育法施行令》。以上法律规定为韩国成人教育的发展奠定了基础，使20世纪80年代成人教育在数量、质量上都取得了划时代的发展。

---

[1] 为了提高某地区居民的生活水平，着重于发现地区社会问题并改善问题的一种举措。

（五）为达成终身学习体系的成人教育

进入20世纪90年代，面对知识型社会，终身学习的重要性日益凸显，以教育提供者为中心的封闭式成人教育系统逐步改革为以消费者（学习者）为中心的开放式终身学习系统。1999年8月《终身教育法》颁布，共5章32条，包括七项主要内容。第一，为了让在职者拥有自我提升的机会，将根据各个工作岗位的实际情况实施带薪或无薪学习休假。第二，利用现有的终身教育设施，成立以市、道为单位的地区终身教育信息中心和以市、郡、区、邑、面、洞为单位的终身学习馆。第三，以雇工为对象，建立企业大学，赋予其专科大学及大学的学历、学位认证资格，通过广播、有线电视、信息通信媒体中心等扩大广播电视教育的国民参与度，实施远程教育，并将此与产、学、研、管协同学习体制联系起来，扩大职场和家庭学习机会。特别是通过远程大学、远程研修院、远程学院等开设多种学位课程和非学位课程，相互承认国内外学历及学位，扩大了远程教育机会。第四，在陶瓷、声乐等传统文化艺术方面，给予受过相应教育的、被认定为人类文化遗产继承人的人相应的学历认证。第五，促进民间资本进入教育培训、教育研究服务、教育项目开发、终身教育机关的管理及评价、知识信息提供等产业。第六，以大学兼职讲师、各种培训机构的讲师以及专业培训活动的讲师信息为基础，构建教师信息库，建立教育账户系统，全面积累和管理个人学习经验，以促进人们的终身学习，高效地开发管理人力资源。第七，将现有的社会教育专家更名为终身教育师，负责终身教育的计划、进度、分析和评估工作，实施优质的终身教育。

韩国的成人教育基于自由民主主义的政治思想，培养公民的个性、特长、潜力和创造力，在正规学校以外的教育领域，尊重每个成年人的教育需求和兴趣，为国家、社会和个人的发展，自由自发地展开。

二、成人教育的现状

韩国成人教育侧重生活和文化本身的学习和实践。认为学习和生活本身就是教育的过程，其中贯穿着通过学习来促进自我实现的终身教育理念。成人教育有成人班、讲座、函授教育和大学扩展班等形式。

（一）教育理念

韩国教育的理念是"弘益人间"，即通过教育使国民陶冶人格，具备自主生活能力和民主公民的必要素质，享有人的尊严，为实现国家的发展和人类共荣理想做出贡献。以这样的教育理念为基础，韩国教育目标是最大限度地促进个人能力的开发和个人与国家社会的发展，并追求德、智、体均衡发展的全人教育。

在这样的教育理念和目标的指引下，1982年颁布的《社会教育法》规定："韩国成人教育旨在为全体国民提供终身的社会教育机会，提高国民素质，为国民社会的发展做出贡献，以此为目的实现国家、社会和个人的发展。"随着社会的发展，《社会教育法》已很难满足国民复杂多样的终身教育需求。为保障国民的学习权、学习选择权和均等的终身教育机会，韩国将《社会教育法》修订为《终身教育法》，并于1999年8月31日正式施行，并据此完善了《终身教育施行令》，制定了《终身教育法实施规则》。这一系列法律法规都致力于建设任何人都可以随时随地接受教育的开放型教育社会和终身学习型社会。韩国《终身教育法》具有终身教育基本法的地位。

（二）教育形式

根据《终身教育法》，成人教育形式根据学历认定和设置程序分为八种形态，即学校教育、企业大学、远程教育、商业场所附属的成人教育、社会团体和私人组织的成人教育、学校附属的成人教育、媒体机构附属的成人教育及人力开发项目等。

第一，学校教育。学校形态的成人教育模式是针对因经济原因等个人情况而未进入中学或大学的在职成年人的教育形式，其课程、设施、设备等与学校教育相似。学校形态的成人教育模式包括公民学校、技术学校、生产企业附属学校和特殊班、产业学校、职业学校以及外国人的教育机构。此外，还有专修学校、实业学校、国乐学校、陶艺（工艺）学校、神学校、艺术学校、扫盲学校和市民、主妇、老人学校等。以学校为中心的成人教育也正在试图进行各种启蒙教育和改革。

第二，企业大学。企业大学是由企业运营的成人学习机构，为劳动者提供企业所需的知识和技能的教育和培训。企业大学可分为三类：第一类是基于《终身教育法》内部大学形式的成人高等教育机构，针对因时间或经济原因而无法上大学的劳动者，在完成一定时间的学习后授予学历和学位。该机构可以满足劳动者的学习需求，从企业的角度来看，具有实现专门职务教育和特殊教育的优点；第二类是基于《高等教育法》的技术学院，让劳动者在企业内继续接受专业知识，研磨技术，培养理论和实践能力兼具的专业人才，是以企业劳动者为中心的正规高等教育机构；第三类是基于科学技术部资格考试的企业技术学院（研究生院），以强化国家竞争力和培养产业企业自身所需人才为目的，区别于现有的正规高等教育机关、为劳动者学习尖端技术而设立的大学。

第三，远程教育。远程教育是一种以信息和通信技术（计算机、卫星通信、有线电视等）作为主要学习手段的线上教育，可以不受时间和空间限制，将教育与生活同步进行。远程教育通过远程大学、远程培训中心、国内外学校与终身教育机构，提供大学课程的学分和学位。另外，网络成人教育包括以成人为对象的网络讲座、远程教育培训中心、网络大学、远程大学等。

第四，商业场所附属的成人教育。韩国《终身教育法》规定，在一定规模（有200名或更多雇员）的商业场所，经营者可以设置并运营以该场所的顾客等为对象的终身教育设施。如百货商店文化中心，指以顾客或潜在顾客为中心，提供多种成人教育项目的成人教育设施。百货商店文化中心的教育包括如何利用空余时间、提高个人素质、提高地区居民的生活文化水平、女性人才教育、女性终身教育和自我实现、顾客形象及宣传、企业回报社会等。教育项目包括音乐、美术、工艺、舞蹈、健康、料理、文学、电脑课程等。除文化中心之外，商业场所附属的成人教育机构还有文化教育机构，也就是根据文化内容开展教育计划的机构或设施，包括表演设施（表演厅、电影院），展览设施（博物馆、美术馆、展览馆、美术馆）和地方文化福利设施（居民会堂、文化馆、福利中心、少年宫），文化传播培训设施（文化中心、传统音乐中心、培训中心）和图书馆等。

第五，社会团体和私人组织。社会团体和私人组织形态的成人教育涉及市民社会、地区自治、社会服务、环境、文化、教育学术、宗教、经济、国际等领域。市民社会团体运营的成人教育项目的内容主要包括个人成长、善用闲暇时间、家庭生活等基础教育领域相关项目，此外还有培养市民意识的相关项目和职业相关项目等。

第六，学校附属。学校附属的成人教育目的在于向当地社区开放各级学校的人力、物力资源，促进各级学校的终身学习，为实现开放教育社会做出贡献。学校附属成人教育形式有附属于中小学的终身教育中心、附属于大学的终身教育院、附属于大学的语言学院、时间登录制以及专科大学专业深化课程等。中小学附属的终身教育中心是中小学为学生家长等地区居民开放的教育机构，提供多种教育项目。大学附属终身教育院也是将大学拥有的人力、物力资源向地区社会居民开放，为提高地区居民的生活质量和为个人、社会、国家发展做出贡献的终身教育的一种形式。大学附属语言学院是为给大学传统学习者或普通人提供外语学习机会而设立的成人教育学院。时间登录制是根据需求向普通人开放大学教育设施及教育项目，为在职者提供学习专业技能的大学教育机会，为构建产、学、研共同教育体制而制定的制度。专科大学专业深化课程是为应对高度产业社会技术变化而开展的深化教育，为专科毕业生提供专业领域的再教育机会，从而提高专科毕业生的工作能力，和其适应职场的能力。

第七，媒体机构附属成人教育。还有一种成人教育形式是附属于媒体机构的成人教育，指媒体机构直接或间接设置成人教育设施，安排专业人员，企划反映媒体特性的终身教育项目。设立和运营媒体机构附属成人教育机构的目的可以归纳为媒体机构自身需要、社会要求以及商业目的。教育项目有：与媒体相关的项目，对象为以生活、兴趣为中心的女性的项目，实用型、专业型项目。

第八，人力开发项目。与人力开发项目相关的成人教育机构有各种公职教育和培训机构，各种政府投资教育和培训设施、机构，以及各种私立教育和培训机构。《终身教育法》规定："国家和地方自治团体应积极培养以提供知识信息和通过教育训练开发人力资源为主要内容的知识人力开发项目。"《终身教育法施行令》规定："人力开发项目包括提供知识信息的项目、教育培训及研究项目、教育委托项目、教育培训中心的经营及评价项目、教育咨询项目、教授和学习项目等，由资产超过3亿韩元、拥有5名以上专业人才的机构评估。"

另，韩国教育部《2018年终身教育统计资料集》，将成人教育分为非正规终身教育机构、中小学教育形态的终身教育机构、高等教育形态的终身教育机构和终身教育制度等形式，见表 8.1[1]。

表 8.1 韩国终身教育主要形式及其定义

主要形式			定义
非正规终身教育机构	附属型	附属于中小学和大学	附属于中小学、大学和专科大学的终身教育机构。
		附属于营业场所	在产业体、百货店、文化中心等作为附属设施设立、运营的终身教育机构。
		附属于民间团体	由已在行政办公室注册为法人实体的具有超过 300 名成员的民间团体建立的终身教育机构，并为大众以及民间团体的成员提供教育。
		附属于媒体机构	由新闻、广播等大众媒体运营的终身教育机构。
	独立型	远程形态	利用信息技术和传播媒介向特定或非特定公民大众实施远程教育课程或提供各种信息等教育的终身教育机构。
		知识与人力资源开发形态	与企业或劳动就业部关联的终身教育机构，主要通过提供知识、技术和培训来开发人力资源。
	专门型	市、道终身教育研究所	按照总统令的规定，为各个市、道提供终身教育机会和信息、咨询、计划，并建立机构联系系统。
		终身学习中心	由教育监[2]设置及指定的终身教育机构或地方自治团体设立的终身教育机构，以地区居民为对象提供终身教育项目，发挥地区终身教育中心的作用，负责研究终身教育、研修培训及提供信息。
	复合型	培训班	为规定数量或不定数量的学习者提供 30 天以上的知识、技术、技能等教育课程或提供 30 天以上教育场所和设施。

---

[1] 资料来源于韩国教育部官网。
[2] 首尔、各广域市、各道教育委员会的负责人。

续表

主要形式		定义
中小学教育形态的终身教育机构	公民学校	为未接受小学教育并已过学龄的人提供三年小学教育的机构。
	公民高中	针对小学、公民学校毕业生的1—3年社会职业教育机构。
	技术高中	针对中学以上学历认证者的1—3年专业技术教育机构。
	其他各类学校	在现行教育基础学制的6-3-3-4制体系之外，实施与学校教育类似的教育机构，有初中、高中、大学水平。原来各种其他学校都具有很强的职业学校性质，旨在教授正规学校无法教育的护理、美容、速记、打字、编织等特殊内容。但随着国民经济生活水平的提高和正规学校多种教育项目的增加，此类学校逐渐减少。
	附属于生产企业的高中	为在企业工作的青少年提供教育服务，由生产企业设立并经营的高中学校。
	为在职青年开设的夜校	由公司在邻近的中学为在该公司工作的青年开设的夜校。
	广播电视初中	通过广播电视实施初中课程教育的教育机构。
	广播电视高中	通过广播电视实施高中课程教育的教育机构。
	学校形态学历认证终身教育设施	根据《终身教育法》规定，高中毕业以下学历认证的学校形态终身教育设施。
高等教育形态的终身教育机构	广播电视大学	旨在通过信息和传播媒体提供远程接受高等教育的机会，培养国家和社会所需要的人才，并实现开放学习型社会，从而为终身教育的发展做出贡献。
	产业大学	为希望继续接受教育以研究和完善产业社会所需的学术或专业知识和技术的人们提供高等教育机会，以培养为国家和社会发展做出贡献的产业人才。
	技术大学（职业专科学院）	通过允许企业工人继续接受有关工作领域专业知识和技术的研究和培训的教育来培养具有理论和实践技能的专业人员的学校。
	其他各类大学（职业专科学院）	相当于大学教育的教育机构，如神学院、艺术学校、佛教学校。
	远程/网络大学（职业专科学院）	通过信息、通信媒体提供教育服务，使学习者不受时间和空间限制学习并取得一定学分时，获得与专科大学或大学毕业生同等学力和学位的学校。

续表

	主要形式	定义
高等教育形态的终身教育机构	企业内大学（职业专科学院）	企业可为因时间和经济限制而无法上大学的员工提供高等教育课程，而无须建立实体学校，在企业内大学学习一定时期的员工将被认定具有终身教育机构高等教育相关学历和学位。
	技能大学	根据《高等教育法》，开办职业训练课程及全能工程师课程的教育训练机构。
	专科学院	根据《中小学教育法》的规定，经教育部部长批准，转为终身教育机构，经教育部部长批准，与专科学校相当的学院。
	特殊研究生院	为在职者或其他成年人提供继续教育的研究生院。
终身教育制度	学分银行制	根据《学分认定法》等相关法律，通过承认在校外多种形式的学习获得学分，学分累积达到一定标准获得学位，最终实现开放教育社会、终身学习社会。
	自学学位制	赋予自学者取得学士学位的机会，以体现终身教育的理念、实现自我、为国家社会的发展做出贡献为目的，国家授予通过考试者学位，并享受与大学学位同等待遇的制度。

（三）扫盲教育

2017年韩国成人识字能力调查数据显示，在18岁及以上的成年人中，文盲人口约为311万（7.2%）。据2015年韩国统计厅人口与住房普查显示（如表8.2和图8.1所示），在20岁及以上的成年人中小学文化程度的人口估计为517万（13.1%）。据2017年成人识字能力调查，农村和渔村的文盲比例是大城市的三倍（首尔和大城市文盲比例为5.7%，中小城市文盲比例为7.2%，农村和渔村文盲比例为16.2%）。因此，有必要解决农村和渔村等地区受教育较低的问题，并制定措施来支持弱势群体的扫盲教育。

第八章 成人教育

表 8.2 2015 年韩国低学历成年人的现状 [1]

类别		全部人口（20岁以上）	潜在需求者总人数（百分比）	小学潜在需求者（百分比）	中学潜在需求者（百分比）
特别广域市	首尔	7 850 612	681 614（8.7%）	173 434（2.2%）	508 180（6.5%）
	釜山	2 792 377	354 288（12.7%）	95 984（3.4%）	258 304（9.3%）
	大邱	1 943 199	249 968（12.9%）	68 600（3.5%）	181 368（9.3%）
	仁川	2 235 462	237 278（10.6%）	66 991（3.0%）	170 287（7.6%）
	光州	1 139 935	118 198（10.4%）	36 041（3.2%）	82 157（7.2%）
	大田	1 184 074	128 317（10.8%）	34 887（2.9%）	93 430（7.9%）
	蔚山	884 359	86 349（9.8%）	24 639（2.8%）	61 710（7.0%）
特别自治市	世宗	148 570	19 367（13.0%）	5 918（4.0%）	13 449（9.1%）
道	京畿	9 360 325	911 797（9.7%）	271 174（2.9%）	640 623（6.8%）
	江原	1 206 863	243 246（20.2%）	82 729（6.9%）	160 517（13.3%）
	忠清北	1 223 604	225 613（18.4%）	72 923（6.0%）	152 690（12.5%）
	忠清南	1 605 880	333 196（20.7%）	111 422（6.9%）	221 774（13.8%）
	全罗北	1 433 909	293 899（20.5%）	110 826（7.7%）	183 073（12.8%）

[1] 小学潜在需求者＝小学辍学＋未就学，中学潜在需求者＝小学毕业＋中学辍学

续表

类别		全部人口（20岁以上）	潜在需求者总人数（百分比）	小学潜在需求者（百分比）	中学潜在需求者（百分比）
道	全罗南	1 414 445	375 221（26.5%）	146 885（10.4%）	228 336（16.1%）
	庆尚北	2 120 411	447 598（21.1%）	156 468（7.4%）	291 130（13.7%）
	庆尚南	2 554 048	399 59（15.6%）	145 976（5.7%）	253 618（9.9%）
特别自治道	济州	453 548	67 053（14.8%）	26 406（5.8%）	40 647（9.0%）
总计		39 551 621	5 172 596（13.1%）	1 631 303（4.1%）	3 541 293（9.0%）

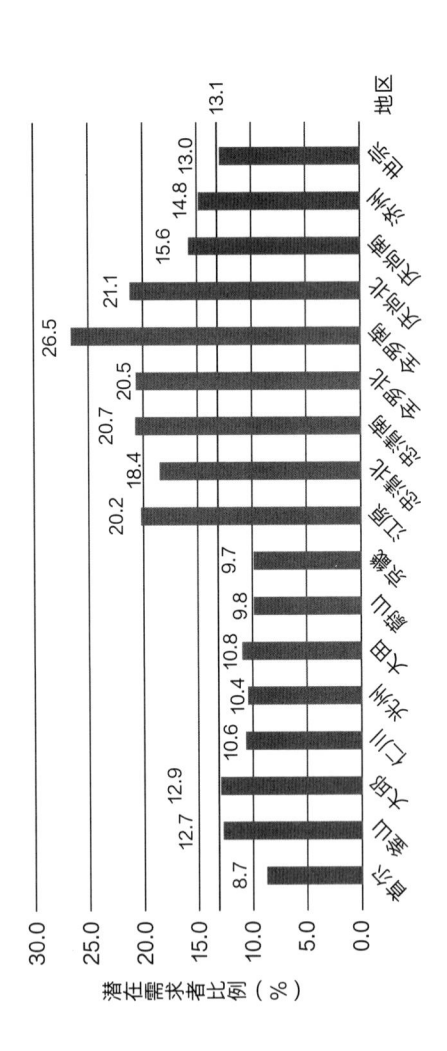

图8.1 2015年韩国各地区扫盲教育潜在需求者比例

扫盲教育的目标是向所有期望获得扫盲教育的公民提供学习的机会，最终通过提高其识字能力来保障国民的幸福指数。扫盲课程以小学学历认证课程为基础，旨在培养成人学习者日常生活所需的基本知识和能力，掌握有关人类及整个社会的基本知识；培养成人日常生活所必需的基本能力；培养积极参与多元文化活动的态度。课程内容由教学科目和创意性体验活动构成。教学科目由必修课和选修课构成。必修课程包括国语、社会、数学、科学、英语。选修课程包括体育、音乐、美术、汉文、计算机等。各单位也可以自行决定设置其他科目。创意体验活动包括自主活动、启发活动、志愿者活动、主题节日活动等。

扫盲教育课程分为三个阶段，为3年制，每年40周。3年总课时数1 350小时，相当于2012年普通中学总课时数（3 366小时）的40%。1课时以45分钟为标准。如表8.3所示，表中各阶段、各科目编排的课时数是进修各阶段相应课程所必须的最少授课时数。[1]

表8.3 韩国成人扫盲教育课程及时间分配标准

阶段（学年）			第一阶段（学时）	第二阶段（学时）	第三阶段（学时）
课程	必修课程	国语	100	100	100
		社会	70	70	70
		数学	60	60	60
		科学	70	70	70
		英语	60	60	60
	选修课程		50	50	50
	小计		410	410	410

---

[1] 资料来源于韩国教育部官网。

续表

阶段（学年）	第一阶段（学时）	第二阶段（学时）	第三阶段（学时）
创意体验活动	40	40	40
年总教学时数	450	450	450

（四）广播电视教育

广播电视教育是通过广播和传播媒体进行的综合教育形态，相当于函授教育，起源于教师通过书信教学的模式。韩国的广播电视教育是从福利性质出发，对因经济条件、地理条件、年龄等原因无法在正规教育机构接受教育的人，利用通信和广播媒体进行自主学习的教育方式。

韩国《高等教育法》规定，除目前的韩国广播电视大学以外，还可以设立多种形式的私立广播电视大学。《终身教育法》规定，韩国的广播通信教育形式有函授学校、广播学校、公共学校、开放学校、家庭学校、无教室学校和校外教育等。

按教育阶段划分，韩国广播电视教育体系有高中教育和大学教育两种形式。

韩国的广播电视高中是基于网络实现终身学习的三年制高中，为因经济和其他个人情况而无法上普通高中的人提供广播讲座、计算机通信课程等中学教育机会，通过自学等教育方式完成课程，体现终身教育理念，实现教育福利，提高国民教育水平，培养能为国家发展做出贡献的人才。1973年，根据韩国《教育法》制定了设立广播电视高中的法律依据，1974年，在首尔和釜山设立了11所广播电视高中。2019年，广播电视高中建校45周年。截至2020年，韩国共有广播电视高中42个，其中女高9个、男高3个、男女混合高中30个。按地域划分，首尔5个、釜山2个、大邱

1个、仁川2个、光州2个、大田2个、蔚山1个、京畿5个、江原7个、忠清北2个、忠清南2个、全罗北2个、全罗南2个、庆尚北4个、庆尚南2个、济州1个。[1]

广播电视大学即开放大学，是韩国具有代表性的远程成人教育形式，为所有希望通过远程教育学习的公民提供各种大学水平的线上教育，其目的是扩大高等教育机会并提高国民教育水平，发展终身教育。1972年3月，韩国设立了广播电视大学，这是韩国最早的成人高等教育机构。广播电视大学课程不仅包括针对在校学生的常规课程，还包括专业的再教育课程、认证课程和终身教育课程，并且拥有自己的卫星电视频道。[2] 2020年度韩国广播电视大学在校生合计144 239名，2019年在校生158 033名，2018年164 325名，2017年171 692名。[3]

（五）大学附属终身教育学院

为促进以大学为中心的终身教育，韩国通过教育改革引入各种终身学习制度，如在职人员择优录取、企业委托教育、签约学科、企业大学、学分银行制等。同时，为缓解终身学习者的负担，改变以学龄期学生为中心的大学运营及管理体系，建立有利于后进学者及终身学习者接受教育的体系。韩国在2016年选定并支援了9所4年制大学建立终身教育学院，2017年15所，2018年21所，2019年和2020年共30所。[4] 这些学院可划分为5个区域：首都圈、忠清圈、大庆·江原圈、东南圈、湖南·济州圈，见表8.4。

---

[1] 资料来源于韩国广播通信高中官网。
[2] 资料来源于国立韩国广播通信大学官网。
[3] 资料来源于韩国大学情报网站。
[4] 资料来源于韩国终身教育振兴院官网。

表 8.4 2016—2020 年韩国大学附属终身教育学院分布

年份	首都圈	忠清圈	大庆·江原圈	东南圈	湖南·济州圈
2016	东国大学 明知大学 首尔科学技术大学 仁荷大学	韩巴大学	大庆大学	釜庆大学 昌原大学	济州大学
2017	东国大学 明知大学 首尔科学技术大学 **庆熙大学**[1] **亚洲大学**	韩巴大学 **西原大学**	**天主教关东大学** **庆一大学**	釜庆大学 昌原大学 **灵山大学**	济州大学 **顺川大学** **朝鲜大学**
2018	东国大学 明知大学 首尔科学技术大学 庆熙大学 亚洲大学 **中央大学** **同德女子大学** **汉城大学**	韩巴大学 西原大学 **青云大学**	天主教关东大学 庆一大学 **大邱韩医大学**	釜庆大学 灵山大学 **庆星大学** **东西大学**	济州大学 顺川大学 朝鲜大学
2019 和 2020	东国大学 明知大学 首尔科学技术大学 庆熙大学 亚洲大学 中央大学 同德女子大学 汉城大学 **瑞靖大学**	韩巴大学 青云大学 **湖西大学** **韩国交通大学**	天主教关东大学 庆一大学 大邱韩医大学 **汉拿大学** **松湖大学** **圣德大学**	釜庆大学 灵山大学 东西大学 **东明大学** **东义科学大学**	济州大学 顺川大学 朝鲜大学 **全州大学** **群长大学** **木浦科学大学**

[1] 加粗部分为新增大学。

大学附属终身教育学院的课程正在由以知识理论为中心转变为以基本能力和工作能力为中心。具体包括学位课程、学分课程和非学位/非学分课程。

第一，学位课程，即学龄期学生的正规学位课程。首先，开设符合地区及学校特点的成人特色型学科（专业）。其次，确保有足够的专任教师。再次，通过实施多学期制，周末授课、取消强制性学分限制以适应在职成人学生特点。最后，部分以在职者为对象的教育课程，通过提前申请，可以在校外授课。

第二，学分课程。允许在职者不参加学位课程，通过修习同学位课程水平相当的课程，获得学分。现有学分银行制由终身教育学院运营。

第三，非学位/非学分课程。包括评价认证课程、资格课程和其他课程。评价认证课程是学习专业知识、技术等的集中短期课程、在职者基础能力提高课程等（终身学习账户制评价认证）；资格课程是为了取得资格的课程如国家（技术）资格课程等；其他课程是人文、哲学等学术领域及基础、兴趣课程等以一般成人为对象的终身教育项目，在周中或周末进行，包括讲座、研讨会、文化探访等等。

第二节 成人教育的特点

本节在上节介绍成人教育现状的基础上，对韩国成人教育的特点进行总结和提炼。

一、强调国家作用

韩国从法律、制度和管理体系等方面不断地构建并完善成人教育。

《宪法》明确提出，国家要振兴终身教育。韩国总统咨询机构——教育日常委员会于1995年5月宣布了"确立面向信息化、全球化时代的新教育体系和改革方案"，将现有的《社会教育法》改为《终身教育法》。教育体系改革方案具有重大意义，为建立终身学习型国家奠定了基础。"5·31教育改革"之前，韩国终身教育被认为是为被制度教育边缘化的群体提供更多教育机会的一种手段。2007年修订的韩国《终身教育法》第19条规定：国家将成立"全国终身教育振兴院"，支持与推进终身教育相关的各项事务。根据此规定，全国终身教育振兴院于2008年成立，由韩国自学学位考试院、学分银行中心、终身教育中心三个部门整合而成。随后，各地方自治体如市、县政府也纷纷加速制定终身教育振兴条例，而基层自治团体则陆续开始制定终身学习条例。

2007年《终身教育法》修正法增加了有关终身教育振兴基本计划的条款，并通过重组终身教育支援体制，力图建构更加系统且有效率的终身教育行政与财政支援体制。修正法第9条规定，教育部部长每5年必须制订终身教育振兴基本计划；第11条规定，市与道长官必须每年制订终身教育振兴执行计划。以上规定强化了国家及地方自治体振兴终身学习的义务。

同时，劳工部也积极开展职业能力发展项目，包括职业能力发展培训、国家技术资格体系运作、技能奖励计划、职业能力发展培训师资培养和资格体系运作，以及其他与职业能力发展相关的项目。相关法律包括《劳动者职业培训促进法》《就业保险法》《国家技术资格法》《职业教育和培训促进法》等。其中，《劳动者职业培训促进法》是规范职业培训的基本法，包括培训设施、培训标准和培训课程认证。《就业保险法》规定了就业保险基金对职业能力发展项目支持的有关事项，包括在职培训和失业培训等相关内容。

为实现终身学习的成人教育，政府直接参与教育改革，不断地完善和推广各种法律和相关制度，建立学分银行制，颁布学分认定等相关法律法令；重组以"后进学者"为对象的学科，建立终身学习体制；设立专门的终身教育学院，重组大学的组织结构；建立和修订大学学术规章制度等。

韩国成人教育由国家主导的同时，也给予成人教育机构在一般运营、教育计划制订、招生等方面一定的自主权。这种自主权可以看作对需要职业技能或证书的学习者的教育需求的适当回应。

二、构建学分银行制

1995年5月，教育改革委员会提出构建"终身学习社会"教育体制，实行学分银行制，并制定了《学分认证法》，从1998年3月开始实行。学分银行制的意义在于保障国民终身学习权利及学习经验的多样化；为未获得大学教育的人提供了获得大学学历的机会；完善了终身教育课程认证制度，促进了教育部门之间的均衡发展；加强了终身教育与学校教育之间的联系，最大限度地提高了教育能力。[1]

韩国学分银行制的适用对象为高中毕业或同等学力以上想要实现求学梦、想要学习新的专业领域、想要继续中途放弃的学业、想要进行研究生学习获得学位、想要认证资格证学分、想要认证国家非物质文化遗产专项教育学分、想要获得资格证、想要提高应试能力的人。学分银行制教育机构（包括大学附属终身教育院、职业培训机构、补习班、各种终身教育机

---

[1] 资料来源于韩国国家终身教育振兴院官网。

构等）开设的学习课程须经评估，与大学课程质量相当，才能获得认可。在认可的课程中，教育机构根据实际招募的学习者需求开设。

学分银行制和大学具有相同点和不同点，见表8.5。

表8.5 韩国学分银行制和大学的比较

	分类	主要内容
相同点	学分银行制/大学	• 获得学位时，法律上承认同等学力 • 可获得各种资格、就业和升学机会 • 须选择专业 • 在2月和8月授予学位
不同点	学分银行制	• 根据《学分认证法》，运营和加入的门槛较低 • 根据标准课程完成必修学分 • 有多种获得学分的方法 • 有专科学士、学士、跨专业专科学士和跨专业学士课程 • 必须进行注册（申请）程序 ——学生注册，学分认证申请，学位申请 • 注册所需的手续费 ——学员注册（4 000韩元） ——学分认证申请（每学分1 000韩元）
	大学	• 按大学校规运营 • 通过高考等择优录取入学 • 招生名额等已定 • 按学校提供的课程授课 • 可按校规进行学分交流 • 有辅修（双）专业课程 • 交纳学费 • 有校园 • 有入学和毕业考试，且毕业年限已定

学分银行制根据最终学历可以申请不同的学位课程。表8.6所示为根据最终学历选择学位课程的方法。

表 8.6 韩国根据最终学历选择学位课程的方法

最终学历	高中毕业 职业学院·大学在读	职业学院·大学肄业	职业学院毕业	大学毕业
学位课程（学习者入学时选择）	跨专业 专科学士	专科学士	跨专业 学士	学士

学位条件					
	教育部部长	• 专业 36 学分	• 共 80 学分 ——专业 45 学分 ——基础 15 学分 ——实践 20 学分	• 专业 48 学分	• 共 140 学分 ——专业 60 学分 ——基础 30 学分 ——实践 50 学分
		• 包含专业必修条件 • 不论学习类别如何，都必须通过评价认证学习课程或时间制注册，获得至少 18 个学分		• 包含专业必修条件 • 专业科目通过认证学习课程或时间制注册，获得至少 18 个学分	
	大学章程	• 根据大学章程等，学位授予包括专业必修条件等学分银行制基本学位授予条件 • 学位授予是根据各个大学章程进行的，因此，可以根据大学章程详细的学位授予条件，向各大学的学分银行制教育培训机构进行咨询			
获得学分（申请学分认证）		职业学院或大学肄业获得的学分可以被认证	在职业学院或大学肄业和职业学院毕业获得的学分可以得到认证	只有取得学位后进修的学分才能注册	

满足学位要求（学位申请）	获得学位

学分银行制对韩国实现终身学习型社会起着非常重要的作用。但是，由国家统一规定学分银行制的标准课程引发了侵犯教育机构自主权的问题。学分银行制的另一个问题是学分指定方式只能通过进修国家认可的教育课程来实现，与以能力为中心给予学分和学位的自学学位制度相冲突。此外，学分银行制的成败取决于其社会公信力和所培养的学生的市场的评价，如果能证实其学生的能力与普通大学或职业学院的学生能力相当，那么将来有望和普通大学或专科学院实施学分互认。

三、实行自学学位制

自学学位制即通过自学取得学位的制度，是根据韩国《自学学位法》，向通过国家实施的学位考试的自学者授予学士学位的一种教育体制，体现了终身教育的理念，鼓励个人实现自我价值和为国家社会的发展做出贡献。自学学位制可以将工作和学习结合起来，不受限制地进行学习，能最大程度地节约时间和成本。凡是具有高中以上学历的人都可以参加自学学位考试。自学学位课程由教养课程、专业基础课程、专业深化课程组成。学生经过各课程考试并通过综合考试，即可取得学士学位。[1]

1990年4月，《自学学位法》颁布，同年6月学位鉴定部在当时的中央教育评价院设立，主管通过自学取得学位的业务。同年10月21日开设6个专业（国语国文学、英语文学、经营学、法学、数学、家政学）。1992年增设5个专业（行政学、幼儿教育学、电子计算学、农学、护理学）。1993年第一次授予147人学士学位。1995年，增设汉语中文学专业。1998年，作为教育改革的一环，自学学位副主管部门变更为韩国广播电视大学。

---

[1] 资料来源于韩国终身教育振兴院官网。

2006年农学、数学、汉语中文学专业废除。2008年根据《终身教育法》自学学位副主管部门变更为终身教育振兴院。2013年和2014年分别增设情报通信学和心理学专业。2015年授予1358人学士学位，累计获得学位人数16703人。2019年授予976人学士学位，累计获得学位人数20597。[1]

近年来，普通大学对在职者的扩招、远程大学的出现以及学分银行制的扩展等对自学学位制的影响巨大。由于获得自学学位所需的学习量明显少于学分银行制，因此其社会信誉度也在恶化。

虽然自学学位制度的受益人群大多是社会弱势群体，隐含着社会福利的特征，但从某种角度来看，该制度很好地体现了强调"自主学习"的终身学习特征。

国家对正式教育之外学习的认可有助于打破"教育＝学校"的传统观念。对于制度外的学分和学历的认定，应该防止延续制度教育的"教育者中心"和"整齐划一"的弊端。

四、探索K-MOOC可持续发展

韩国线上公开课程（K-MOOC，Korean Massive Open On-line Course，MOOC也称慕课）是以听课人员不受限制（Massive）、开放（Open）、网络（Online）为特点的课程。

2015年2月，韩国教育部制订了关于构建K-MOOC的基本计划，随后，以先导大学为中心进行了课程内容开发、搭建了Open edX为基础的公共平台。2015年10月，K-MOOC示范服务平台提供了27个课程。2015—2017年，韩国通过指定每年约10个慕课先导大学进行课程开发。2018年

---

[1] 资料来源于韩国终身教育振兴院官网。

修改了《学分认定法》将普通国民通过K-MOOC学习的课程认可为学分银行制学分。2019年扩大了各个领域的课程，并扩展了AI领域，特别是关于第四次工业革命和职业教育等的K-MOOC课程，发展和提供超过150个新课程，课程数从2015年27个增加到2016年的143个，2017年的324个，2018年的510个，2019年的745个。[1]同时，开设学分银行制课程，对《学分认定法》等相关法律进行了修改，改善了K-MOOC平台的功能，以及实施评价认证。会员加入数2015年为3.5万人，2016年11.5万人，2017年22.8万人，2018年35.7万人，2019年12月50.4万人。课程申请数2015年为5.6万人，到2016年18.2万人，2017年44.5万人，2018年77.6万人，2019年12月116万人。[2]

随着韩国普通教育水平的提高，对大学水平终身教育的需求也在不断扩大，K-MOOC也因此不断探索可持续发展路径。第一，促进引入付费服务来提供各种课程和高级服务。第二，加强与类似慕课平台的联系，如通过与韩国开放式课件、科学技术先进研究慕课[3]等的联系来增强普及性，并且在K-MOOC上链接"Match业"课程促进与"Match业（人工智能、大数据、智能物流、智能农场、新能源汽车、区块链等）"的联系。第三，开发推广下一代K-MOOC平台，以信息战略计划[4]、信息系统总体规划[5]为基础确定平台构建方向，制定K-MOOC企业B2B服务、收费的审批系统等新功能的具体实施方案，探讨引入允许个人或机关开发和探索课程教育内容的"开放市场"功能。

---

[1] 资料来源于韩国教育部官网。

[2] 资料来源于韩国终身教育振兴院官网。

[3] 科学技术先进研究慕课（STAR-MOOC，STAR即Science & Technology Advanced Research）：与科学技术专科大学（5个）共同开展科学技术领域网上公开讲座服务（目前500余个）。

[4] 信息战略计划（ISP, Information Strategy Planning）是信息系统建设的出发点，即计划阶段。信息战略计划与确保企业竞争优势的企业信息化战略密切相关。

[5] 信息系统总体规划（ISMP, Information System Master Plan）是对特定SW开发企业进行商业分析和建议，通过分析信息技术的现状和要求得出详细的功能性、技术性要求并制定构筑战略及履行计划的活动。

K-MOOC也存在着诸多问题。首先，成人教育课程内容不足，如职业再教育、AI讲座等内容的多样性不足，与海外慕课相比课程数量也不足。因此，开发韩国及各机构的优势课程，制作多种形式的内容非常有必要。其次，平台服务具有局限。目前的K-MOOC是基于edX制作的，在实现各种功能方面存在局限性。对此，可以开发以学习者为中心的平台功能，按需求者需要改善平台功能等。最后，为提高课程利用率，有必要按职业和兴趣的主题进行分析并进行模块化，以便学习者可以系统地学习已开发的课程。并且，可进一步开发大学的共同科目，发挥K-MOOC在促进大学课程改革方面的积极作用。

第三节 成人教育的挑战和对策

成人教育是国家扩大就业和挖掘经济增长潜力最有效的投资。在第四次工业革命时代，人的创意性、融合能力是社会增长动力的核心和技术革新的源泉。本节立足韩国成人教育现实情况和教育国际化大背景，分析韩国成人教育在发展中遇到的困难和挑战，描述韩国的应对策略。

一、成人教育的挑战

（一）技术革新引发工作岗位变化

在第四次工业革命的社会趋势下，由于大数据和人工智能（AI）等技术创新的加速，就业市场也在快速变化，从而直接影响职业对个人能力的需求，引发工作岗位变化，如以单纯重复性工作为主的岗位大规模消失，以创意·融合领域为中心的新岗位不断生成。世界经济论坛报告预计，到 2025 年，人工智能自动化将取代 8 500 万个工作岗位，但同时也会创造出 9 700 万个新岗位。

另外，职业要求及就业形态变化也影响着成人教育。新时期对就业者的要求开始重视使用新技术的能力、解决问题的能力及创意能力等。比如，大数据等新技术的出现优化了现有的工作方式，提高了工作效率，旧的就业形态（全职工人）向新的就业形态（弹性就业）转换。

（二）学习形态的革新

随着 IT 技术的发展，教授和学习革新模式也在不断拓展，以网络为中心的融合线上教育模式成长起来。翻转学习、混合时空等教学方法也运用于教学，未来更需要对新的学习方法、技术等多环境教育方式的探索。以需求者为中心的自发性的学习形态也在扩大。

另外，正规学校教育比重走低。根据 2017 年《经济合作与发展组织教育概览》，正规成人教育中，经济合作与发展组织成员国平均比重为 11%，主要国家（澳大利亚、英国、芬兰等）为 15% 以上，美国 14%，而韩国只有 5%。因此，需要努力扩大正规教育的比例并传播新的学习形式，如 K-MOOC，使用 IT 技术解决成年人学习的时间和空间限制。另外，有必要转变为方法，从中央和地方政府制定和提供程序转变为人们自愿参与学习和创造知识的方法。

（三）各阶层间参与差距扩大

终身学习参与率低也是韩国成人教育中反映出的一个直接性问题。根据 2017 年《经济合作与发展组织教育概览》，2008—2017 年 10 年间韩国终身学习参与率（25—79周岁）增加9.4%（从2008年的26.4%到2017年的35.8%），但经济合作与发展组织成员国平均终身学习参与率为40.4%。

虽然，韩国的终身学习参与率在增加，但成年人的实际学习时间不足，根据2013年国际成人能力评估项目调查结果，韩国成人平均每天只有3—11分钟学习时间，年龄越大实际学习时间越少。韩国人25—34岁期间IT能力最高，但随着年龄的增长，能力急剧下降。特别是在经历跳槽和退休等巨大变化的转换期间（40—44岁、55—59岁），韩国人几乎没有学习时间。

2017年终身学习参与率的调查数据也显示出阶层间的差距。根据学历、收入等学习者的特性，参与率存在很大的差距，并且，参与率差距在十几年间呈扩大趋势。首先，韩国的终身教育更注重提高实际学习时间和终身教育能力。其次，缩小阶层差距需要以地区为中心，针对适当的岗位需求，提高工作能力，并鼓励低收入阶层等边缘阶层参与终身教育。[1]

二、成人教育的对策

随着学龄人口的减少，韩国社会正在进入老龄化，仅靠学龄期教育不能满足多样化的教育需求，终身学习的必要性在逐步增加。通过制定第四个《终身教育促进基本计划》（2018—2022年），韩国正在寻求实现个人和社会共同成长的可持续性终身学习社会的对策。

---

[1] 资料来源于韩国教育部官网。

（一）构建完备的终身学习体制

《终身教育法》为韩国成人教育建立了法律基础，2008年国家终身教育振兴院建立，统筹管理终身教育工作。2017年9月开始实行学分银行机构信息公开，为终身教育机构信息公开奠定基础。

首先，改善终身教育相关法令及制度。为适应时代的需要，反映在线终身教育K-MOOC、学习会议和大学终身教育等的变化，努力加强现阶段终身教育与《中小学教育法》《高等教育法》《职业教育和培训促进法》《基本资格法》《学院法》《学分认证法》等教育、资格和职业培训相关法律之间的联系。同时，改进终身教育统计调查，通过扩大调查人员的数量，提高调查的质量，增加小组调查，分析参与终身学习的中长期趋势。在终身教育机构的调查中，调整调查周期（例如当前的以1年为单位进行的全面调查调整为以3年为单位进行的全面调查），扩大调查教育机构[1]等。

其次，完善终身教育政策实施体系。完善终身教育推进委员会，扩大地方政府和专家的参与，加强现场意见的收集。完善国家、市道终身教育振兴院合作及运营体系。强化国家终身教育振兴院的能力，制定中长期终身教育政策方向、议题发掘等政策规划。构建与发达国家之间的中长期国际伙伴关系体系，成立相关国际合作专家集团等，扩大与海外相关机构的合作。扩大国家与地区之间的联系，使国家终身教育振兴院与17个市、道终身教育振兴院之间建立联合体系。强化中心城市与地方政府之间的合作，促进终身教育政策的制定。

再次，加强与国际组织的合作，增加接受特殊外语教育的机会。与联合国教科文组织进行共同研究，支援发展中国家的课题开发等。筹备世界成人教育会议，利用联合国教科文组织举办的国际成人教育大会，促进韩

---

[1] 目前，在政府部门管辖下的大学附属的终身教育机构，市和道的终身教育振兴院以及市、郡和区的终身学习中心等终身教育机构超过4100家，之后将扩大到邑、面和洞的终身学习中心以及残疾人的终身教育机构。

国终身教育成果转化，为扩大合作奠定基础。扩大与主要国家的交流，研究主要国家的优秀政策和项目，通过签订协约扩大人员和物质交流。支持发展中国家发展终身学习，如通过与政府开发援助项目挂钩等为发展中国家制定终身学习路线图，并提高认识，通过特殊外语教育来促进创新。

最后，扩大终身教育投资及体系化管理。通过中央与地方之间的均衡分配来分担扩大终身教育投资。并且，随着终身教育的扩大，构建国家层面的终身教育政策及财政体系。

（二）构建人人都能享有终身学习机会的社会

韩国成人教育是人人都能享有的大众教育，如通过广播电视中学及学历认证扫盲教育，为错过公共教育的成年学习者提供补充中小学教育的机会。截至2017年3月，韩国有20所广播初中，入学人数为3 981人，42所广播高中，入学人数达到10 243人。2006—2016年，参加扫盲教育项目的人数达到26.1万人。另外，2016年修订的《终身教育法》，为加强残疾人的终身教育奠定基础。但是，终身学习现阶段存在着很多问题，据2017年扫盲教育现状调查结果，扫盲教育对象为311万名，但希望接受教育的成人仅有34万名。为诱导自发性学习，韩国正在进一步扩大行政和财政支持，如实行带薪学习休假制度来引导自发性终身学习。虽然终身学习的整体参与率正在上升，但弱势群体的参与度却明显不足，低学历和低收入群体的参与率非常低。根据2017年对不同学历和收入的终身教育者的参与率的调查，大学以上学历参与率为44.2%，初中以下学历参与率为23.0%，月收入500万韩元以上参与率为42.3%，150万韩元以下为20.9%。韩国在构建人人都能享有终身学习机会的社会方面做出了以下努力。

首先，保障全体国民终身学习权。通过保障时间、经济等条件，提供学习能力诊断及就业咨询，引导成人学习者参加符合自己水平和能力的学习。考虑高龄者、高中毕业生、多元文化家庭和职业弱势妇女等特殊学习者的状况，如推进其自发性终身学习，制定符合学习者条件的定制式学习。

其次，扩大弱势群体实际的终身学习机会。向有需求的所有公民提供生活和扫盲教育。在扫盲教育对象密集的农渔村地区开设项目，使教育内容符合学习者的水平。将敬老院、居民会馆等场所灵活用作项目运营机关，扩大一对一扫盲学校的数量和规模。通过扫盲教科书和电视节目等，为囚犯、多元文化家庭等新的弱势群体扩大识字教育的机会。加强生活扫盲教育，结合语言扫盲，培养学习者以实际生活为中心的基础能力。在信息、金融、交通、安全等领域，各部门合作开发生活扫盲教科书，辅以其他如健康、市民参与、环境等内容的教科书。通过广播电视中学提供高质量的补充教育，灵活利用广播电视大学，强化成人学习者能力。

（三）构建随时享有的终身教育

韩国终身教育制定了一系列对策以便在职学习者可以不受时间和空间限制地学习新技能。如继续努力改善大学的学士学位结构；通过韩国线上公开课程等网络资源支持全体国民享受大学优质课程；开设各种非学位成人课程，改善学术课程以适应成人教育，以大学为中心活化终身学习项目，消除学习者的学习障碍，如实施多学期、周末和在线课程等；通过学分银行制和自学学位制建立多样化的成人高等教育修学路径。

首先，构建在线终身教育生态系统。为应对未来的社会变化，开发并提供与第四次工业革命有关的内容，新增职业教育慕课，发展线上线下融合教育。内容不再局限于大学教育，而是扩大到政府、公共机构和民间的高质量内容，建立在线终身教育生态系统。

其次，扩大匹配企业的终身教育。通过"Match 业"短期工作能力认证课程，建立企业参与的职业教育创新模式。制定职业教育总体规划，强化终身职业教育能力，并在各部委之间建立合作体系。

最后，加强大学的终身教育功能。继续完善制度，并根据成人学习者的特点，开发和设计针对成人学习者特点的特色教育课程；通过灵活的学习管理，运营适合成人学习的大学；通过学分银行制提供优质企业配套项目；把大专院校作为培养地区社会产业人才的职业教育机构，促进大专院校成为终身职业教育的中心。

（四）构建在任何地方都能享有的终身教育环境

韩国成人终身教育的愿景是建立不受限的终身学习城市，完善终身学习制度，构建终身学习中心（邑、面、洞），设立各市、道终身教育振兴院等。经过不懈的努力，成人终身教育取得了很大的成就，但仍然存在诸多问题：终身学习城市的数量不足，大多数地方政府实行休闲和文化导向的计划，课程侧重于体育、艺术等休闲娱乐内容；终身教育的地区差异越来越大，终身教育机构缺乏激励措施；终身教育师资的资格和培训系统不符合职业发展和路径设计，不足以帮助教师提高职业素养。针对成人教育的诸多问题，韩国采取了以下举措。

首先，强化当地基层的终身学习能力。以地区为单位，推动终身教育；引入终身学习城市成果评价扩大终身学习中心的设置，灵活利用地区设施提高居民利用率；加强市、道终身教育振兴院及委员会的作用，培养终身教育者，提高地区终身教育者的专业知识，改革研修体制。

其次，支持基于终身学习社区的未来价值创造。以地区为单位，强化市民能力。通过将终身学习型城市与人文城市联系起来，创建"人文特色终身学习城市"，根据学习者不同的需求提供个性化人文课程，加强公民教育、安全教育和环境教育，培养市民的能力和人文精神。另外，鼓励成立地区自发性学习小组，实现社区自发性的终身教育，激发创业能力，构建

"知识创造—活用—回报"的知识生态系统。

除了上述四个层面，韩国成人教育在教育课程方面将创建多样化的未来型教育课程，构建量身定制的远程教育模式；加强教学和研究力量，研究基础设施建设；扩大财政投入，建设新颖多样的校园和无所不在的教育环境；扩大国际交流，开拓海外市场，确保国际水准的教育质量；强化公共性，提高社会认知度；积极改革行政管理体制，提高行政服务质量等。

第九章 教师教育

1953年4月,韩国政府颁布了《教育公务员法》,同年10月,颁布《教师公务员资格鉴定令》。这两个法令后来几经修改。法令明确规定了教师资格鉴定的种类,将教育公务员的范围限制为国家公立学校的教师和教育专门职员,不包括一般公务员和私立学校的教师。[1]

第一节 教师教育的发展和现状

一、教师教育的发展历史

韩国教师教育受美国进步主义教育思想的影响很大,强调儿童的成长,要求教师以学生为中心促进学生的发展。

1995年5月31日,韩国教育改革委员会制定《建立新教育体系的教育改革方案》(史称"5·31教育方案"),其核心内容之一是实施以学生为中心的教育。将教育视为满足需求者要求的服务,教师被视为满足需求者要

---

[1] 沈又红. 韩国中小学教师的培养和任用[J]. 教师教育研究,2007(6):78-79.

求的教育服务供应者。

20世纪90年代后，后现代主义成为对韩国教育界产生重要影响的思想。后现代主义教师教育强调"即兴的描述""情境的参与""民主的自发的教育"以及"接受多元主义"。随着后现代主义在教育界迅速扩散，在教师教育领域，教师的作用和教育观也发生了变化。教育多元化的倾向日益明显，教育将不再局限于传授新知识，不再局限于帮助学生从客观地掌握单一知识的人转变成掌握体系化知识的人，教师应该充分发挥学习合作者的作用，成长为"研究型教师"。

韩国教师教育的核心在于提高教师专业性。金大中政府制定的教育改革政策中与"教师"相关的内容有：降低教师退休年龄、教师工会合法化、教师绩效奖金制、教师发展综合方案等。金大中政府的教师政策显然继承了金泳三政府的新教育体制的市场理论。卢武铉政府将改革重点放在平衡性和公共性上，其教育改革理念更注重共同体主义、平等性、公共性，更注重大众参与，更注重团结和合作的价值。李明博政府的教师教育政策是以教师的专业素质和竞争力为核心内容的，强调"通过提高教师的专业素养，强化教师的水平和竞争力"。朴槿惠政府也继续推行这一教师政策，要求提高教师质量和提高教师专业水平，并将这一政策纳入国政课题的范畴，在国家层面制定方案推进改革，包括提高学校每个班级的师生比、削减教师的行政业务、改善教师评价方式等。

从以上情况看，"5·31教育方案"以来的教师政策虽略有不同，但在缩短教师退休年龄、教师工会合法化、教师成果制、教师能力开发评价等大框架上是以市场经济理论为基础，以教育需求者为中心的教育。以新教育体系为基础的教师教育带有如下特征：以市场机制确保教师的专业性和责任感，改变教师政策基调；从以供给为主的政策向积极的质量管理政策转换；注重政治、经济理论的政策决定；从政府主导型教师政策决定方式转为开放型教师政策决定方式。

二、教师教育的现状

（一）概况

根据韩国教育统计中心数据，截至 2020 年，韩国幼儿、小学、中等教育机构中的教师总数达到 498 281 人。高等教育机构专任教师总数为 89 475 人。

小学教师主要在教育大学进行培养。韩国国立教育大学共 10 所，在校生数为 15 600 人。公立大学包括韩国教员大学，私立大学包括梨花女子大学等。2011—2020 年韩国小学教师数量变化情况见表 9.1。

表 9.1 2011—2020 年韩国小学教师数[1]

单位：人

年份	国立	公立	私立	合计
2011	517	178 241	1 865	180 623
2012	514	179 079	1 842	181 435
2013	512	179 312	1 761	181 585
2014	514	180 366	1 792	182 672
2015	515	180 376	1 767	182 658
2016	513	181 164	1 775	183 452
2017	517	182 046	1 795	184 358
2018	519	184 402	1 763	186 684
2019	525	186 295	1 762	188 582
2020	524	187 006	1 756	189 286

---

[1] 资料来源于韩国教育统计中心 2020 年度统计报告。

中学教师的培养由师范大学和普通大学师范系、普通大学的教育专业、教育研究生院等多种培养机构负责。其中，普通大学的师范系原来是为了保证职业教育教师供给而在农业、工业、水产大学等设立的，但20世纪70年代后，人文、社会、自然科学等专业为主的大学也设置教学教育课程，从而也培养了一批中学教师。2011—2020年韩国中学教师数量变化情况见表9.2。

表9.2　2011—2020年韩国中学教师数[1]

单位：人

年份	国立	公立	私立	合计
2011	399	91 096	19 163	110 658
2012	406	91 583	19 015	111 004
2013	406	92 991	19 293	112 690
2014	406	93 877	19 066	113 349
2015	407	92 169	18 671	111 247
2016	406	90 828	18 291	109 525
2017	401	90 695	18 034	109 130
2018	400	91 686	17 820	109 906
2019	405	92 385	17 766	110 556
2020	406	93 747	17 741	111 894

韩国的高等教育机构数量众多，2020年在高等教育机构任职的专任教师数为89 475人。2011—2020年韩国各类高等教育机构教师数量见表9.3。

---

[1] 资料来源于韩国教育统计中心2020年度统计报告。

表9.3 2011—2020年韩国各类高等教育机构专任教师数量[1]

单位：人

年份	普通大学学部（含附属研究生院）	教育大学	专门大学	研究生院大学	其他	合计
2011	63 905	821	12 891	636	3 937	82 190
2012	68 034	842	13 078	640	2 306	84 900
2013	69 802	835	13 015	665	2 339	86 656
2014	71 401	834	12 920	645	2 363	88 163
2015	72 642	850	12 991	1 322	2 410	90 215
2016	72 806	845	12 854	1 448	2 418	90 371
2017	73 326	848	12 804	1 480	2 444	90 902
2018	73 081	842	12 584	1 341	2 440	90 288
2019	72 208	844	12 327	1 530	2 436	89 345
2020	72 500	837	12 178	1 509	2 451	89 475

（二）教师教育体制现状

朝鲜战争后，韩国的教师教育仍基本保持着小学教师和中学教师培养相对独立的体制。通常小学教师培养体制被理解为封闭型，中学教师培养体制被理解为开放型。这是因为，小学教师培养只限于特定大学（截至2018年有13所大学），而中学教师培养则广泛分布在师范大学、普通大学教育和教职专业、教育研究生院中。下面就韩国各类型的教师教育情况分别进行介绍。

---

[1] 资料来源于韩国教育统计中心2020年度统计报告。

1．小学教师教育体制的发展与现状

韩国小学教师教育是由两年制师范学校、两年制教育大学和四年制教育大学发展而来的。1951 年，韩国共有 18 所国立师范学校成立并开始运营，实现了小学教师在高中水平上的培养教育。1961 年，师范学校开始被改编为两年制的教育大学。1980 年，两年制教育大学被改编为四年制。1984 年，韩国教员大学成立，是韩国唯一一所集幼儿园、小学、中学师资培养于一体的综合大学。1989 年，部分地方教育大学被整合为 11 所国立教育大学。2008 年 3 月，济州教育大学与济州大学合并。目前，韩国有 10 所国立教育大学培养小学教师。私立大学中只有梨花女子大学培养小学教师。该大学 1958 年在教育系设小学教育专业，1991 年成立小学教育系并发展至今。

因此，目前小学教师培养教育由 10 所国立教育大学和韩国教员大学小学教育系、济州大学教育系、梨花女子大学小学教育系这 13 个高等教育机构开展实施。

韩国的小学教师培养规模 2010 年为 4 759 名，2011 年减少到 4 337 名，2012 年减少到 3 848 名，此后一直保持在 2012 年的水平。

以小学教育专业为例，韩国小学教师培养课程分为三类：教育基本素养课程、教职要求能力课程，以及专业科目素质课程（即具体教学科目的专业知识）。除此之外，还要学习包括道德修养、人性教育等提升思想道德水平的课程。由此可以看出，韩国小学教师教育课程的学习要求还是非常高的。

2．中学教师培养体制的发展与现状

中学教师培养机构大体上分为师范系列和非师范系列。师范系列包括以培养教师为目的的师范大学和普通大学教育系，非师范系列包括普通大学教职课程和教育研究生院。与小学教师培养机构相比，中学教师培养机

构经历了多次制度性变化。20世纪60—70年代，随着中学教师需求和高等教育需求的增加，中学教师培养机构实现了多元化。

1945—1949年，中学教师由首尔大学、庆北大学等国立大学的师范学院和教师临时培养所（两年制、四年制）培养。师范学院在20世纪50—60年代大幅增加。1951年，梨花女子大学首次设立师范学院，随后釜山大学、全南大学等地方国立大学也设立师范学院。20世纪60年代中期以后私立师范大学大大增加。

由于师范大学设置的学科种类并不丰富，仅靠师范大学毕业生很难满足社会对中学教师的需求，因此韩国还设置了补充机构。1947—1958年，12所大学附设临时中学教师培养所，1955年普通大学被批准开设教师职业课程，主要负责师范大学未设的专业（教科）领域教师的培养，学生在大学三年级时选择并进修2年教职课程，可以获得与师范大学毕业生同等的教师资格。教育研究生院于1963年首次在首尔大学设立，并于20世纪70年代扩大至全国。教育研究生院作为同时开展教师培养和再教育的机构，还承担着培育中学教师和非教学课程（如保健、图书管理、营养等）教师的重要作用。

20世纪80年代以后，受人口增长放缓、班级增设率降低、教师退休率降低等因素的影响，国立、公立中学教师培养机构毕业生开始出现供过于求的现象。目前，中学教师培养规模和聘用规模之间的不均衡现象仍在持续。

表9.4 2018年韩国中学教师培养机构情况

分类		机构数（个）	科目数（门）	在校生数（名）
师范系列	师范大学	46	398	8 900
	普通大学教育学系	15		751

续表

分类		机构数（个）	科目数（门）	在校生数（名）
非师范系列	普通大学教职专业	148	1 091	5 662
	教育研究生院	108		13 191
总计		317	1 489	28 504

近几年，考虑到教师供需问题，韩国政府正在缩减教师培养机构的教师编制数量。教师培养机构的总定员数从2010年的67 216名持续减少至2015年的50 672名、2018年的45 212名。与2010年相比，2018年教师培养机构的总定员数减少32.7%。中等教师培养机构的人员数量减少尤为明显，从2010年的43 227人减少到2018年的24 395人，减少了约43.6%。这与近年来政府行政裁员等措施有很大关系。

3. 特殊教育学校教师培养体制的发展与现状

韩国特殊教育教师的培养源于1950年首尔盲人学校师范科的设立。1961年韩国社会事业大学设立了特殊教育科，自此开始了四年制大学特殊教育教师的培养。师范大学于1971年初次设立特殊教育科，并在1975年培养出第一批特殊教育教师。此后特殊教育教师被分为幼儿、小学、中学教师等不同级别，教育内容涉及视觉障碍、听觉障碍、智力障碍、肢体残疾等不同领域，专业细分为课程、理疗、治疗教育、职业教育等，并不断发展变化。到20世纪90年代初期，公州大学、釜山大学等国立大学以及檀国大学、梨花女子大学、江南大学、大邱大学、又石大学等私立大学也开始了特殊教育教师培养工作，每年培养教师约300名。截至2018年，培养特殊教育教师的国立、私立大学共有38所，同年，62个本科专业培养了1 563名正式特殊教育教师。[1]

---

[1] 资料来源于韩国教师教育学会官网。

4 年制本科特殊教师教育大体上可以分为幼儿特殊教育、初等特殊教育、中等特殊教育。如果一所大学有 2 个以上的特殊教育专业，就可以通过修读双学士学位获得 2 个以上的特殊教师资格。另外，非特殊教育系也可以进行教职进修，其中具有代表性的是与残疾人康复相关的学科，如职业康复、特殊体育学科等。

从特殊教育科的学习内容看，2003 年之前主要为"特殊教育"，2004 年以后按照学校级别分为幼儿特殊教育、小学特殊教育、中学特殊教育等，还按照科目进行了分类。在没有区分学校级别的情况下，如果学生在相关学科学习中获得相当于中等级别科目的学分，就可以授予特殊学校（中学）教师资格证。

20 世纪 90 年代，为符合融合教育的时代要求，以普通教师为对象，提高对特殊教育的理解和专业性，从特殊教师再教育的角度出发，韩国开始开设特殊教育研究生院和教育研究生院特殊教育专业课程。1992 年修改后的《教育法》规定，教育研究生院可以培养特殊教育专业的特殊教育教师。自 1997 年起，公州大学、檀国大学、大邱大学先后设立特殊教育研究生院。

教育研究生院培养的特殊教育教师将获得标明科目的特殊学校正式教师资格证书，专业领域分为特殊体育、感觉运动发展障碍、智力学习发展障碍等。通过教育研究生院培养特殊教育教师，既能扩大教师数量，又能培养师范院校所不能培养的从事特定残疾领域教学的专业教师，为特殊教育教师培养的多样化做出了一定贡献。

4．大学教师培养体制的发展与现状

在大学教师聘任方面，韩国大学拥有相对较高的自主权。韩国绝大部分的高校在对教师资格要求的标准上还是比较一致的，大多数的教师都具

有博士学位。另外还要求应聘人员在最近3—5年发表论文等研究成果3—5篇。一些高水平的大学或高水平专业，有时还要求发表SCI、EI等高水平论文。

《高等教育法》第6条及同法施行令第5条规定，大学教师的资格标准由总统在《教授资格标准等相关规定》中明确规定。私立学校的教师资格与国立、公立大学的教师资格标准是一致的（《私立学校法》第52条）。《教授资格标准等相关规定》是2011年7月修改《高等教育法施行令》后形成的。韩国大学教师的资格标准见表9.5。

表9.5 韩国大学教师的资格标准[1]

单位：年

职称	大学毕业生/同等资格者			专门大学毕业生/同等资格者		
	研究成果进修	教育经历进修	合计	研究成果进修	教育经历进修	合计
教授	4	6	10	5	8	13
副教授	3	4	7	4	6	10
助理教授	2	2	4	3	4	7
讲师	1	1	2	1	2	3
助教	拟工作学校或者同等及更高层次学校毕业					

根据《教授资格标准等相关规定》，大学或专科大学的助理教授必须具备大学毕业后研究及教龄各2年共4年的经历。若某一项经历年限不达标，只要满足各职称要求年限的总和即可，教龄和研究年限可以相互代替。[2] 法

---

[1] 资料来源于韩国教育部颁布的《教授资格标准等相关规定》。

[2] 资料来源于韩国教师教育学会官网。

律规定的资格标准和现实的资格标准存在差异。现行法律规定，大学教师资格以学士和专业学士为标准，但除了一些特定学科外，目前绝大多数大学都把博士学位作为专职教师的任职资格条件。

韩国的大学教师分为教授、副教授、助理教授（其级别高于讲师）、讲师等，教授的聘用期限为终身制，副教授的聘期为6—10年，助理教授为4年，讲师则为2年。聘期结束后可否续聘由大学人事委员会决定。教师聘任先由所需专业的人事委员会评估，提出申请，经大学校长批准后对应聘人员进行评估。评估步骤包括基础审查、专业审查、面试，最后根据《教育公务员聘用令》第4条相关规定进行审核。

根据《大学教师资格规定》，具有2年的研究资历才能申请讲师职位；具有2年教龄和2年研究资历（共4年）者才有资格申请助理教授职位，具有3年以上研究资历和4年以上教龄（共7年）者才能申请副教授职位，具有4年以上研究资历和6年教龄（共10年）者才能申请教授职位。为调动大学教师的积极性，韩国主张打破助理教授—副教授—教授的晋升模式，建立破格晋升制度；打破教授终身制，只向业绩卓越的教授提供终身聘用机会。一旦被聘为终身教授，学校将尽可能为其提供最好的科研教学条件。[1]

5．韩国教员大学

为确保拥有优秀的教师、教育科研人员和行政人员，韩国政府于1982年决定筹建综合性的韩国教员大学，1983年动工，1984年成立，1985年新生入学。韩国教员大学是"韩国唯一一所引领未来教育的综合性教师培训大学"。历经40多年建设，目前已发展成为一所具有鲜明特色的高水平大学。

---

[1] 姜英敏．韩国大学教师聘任制改革分析[J]．比较教育研究，2001（7）：14-18．

其目标是培养致力于实现国家和人类理想的高素质教师队伍，进行幼儿、小学、中学教师的综合培养，为优秀一线教师提供培训进修的机会；开展教育理论研究；解决教育实际问题。

韩国教员大学本科学部由第一学院（包括幼儿教育、小学教育、教育学3个系部）、第二学院（包括韩国语教育、英语教育、德语教育、法语教育、中文教育、道德教育、综合社会教育、地理教育、历史教育等9个系部）、第三学院（包括数学教育、物理教育、化学教育、生物教育、地球科学教育、家政教育、计算机教育、技术教育、环境教育等9个系部）、第四学院（包括音乐教育、美术教育、体育教育等3个系部）组成。每个教学系部都设有对应的教育研究所。研究生院下设一般研究生院、教育研究生院和教育政策研究生院。截至2020年学校共有教职员工664人，在校生5 692名。

学校开设的教育类课程包括教养、教职能力、专业素养师道教育等课程和自选课程。学生必须达到相应等级教师资格的能力标准，具体领域及修业学分则由学校另行规定。学生在第一、二学年有义务入住学校的师道教育生活设施（也叫作生活馆，即宿舍）并完成每学期开设的师道教育课程。

学生入学后，学校以学费补助的方式，减免学生的全部或部分学费。在校期间进入生活馆并接受训练的一、二年级学生，由国家负担住宿费用和被服费。此项政策的目的在于鼓励学生报考教育类专业，从而推动教师队伍建设，提高国家整体教育质量和水平。

为使韩国教员大学发展成为世界级高水平教师教育大学，1997年8月7日韩国教员大学发展基金会成立，为学校提供资金支持。截至2020年，该校已与国内外45所大学和9个机构签订了学术交流协议，开展学术信息交流、交换学生、多学位和语言培训等活动。

第二节 教师教育的特点

一、发展完善教师教育体系

韩国建立了一整套幼儿、小学、中学师资的培养和培训体系。职前教育主要由韩国教育大学、教育学院、综合性大学或学院的教育系（没有教育系的通过开设教育专业课程）来承担。职前教育的发展历程与国家经济发展一致：20世纪50年代的师范学校，60年代的2年制教师教育学院，70年代的3年制教师教育学院，1984年以来教师教育学院升格为4年制的教育大学。[1]

韩国的幼儿教师要经过4年正规的学前教育学习，幼儿教师主要由教育学院、初等学院和国家广播电视大学培养。韩国政府规定小学教师必须毕业于4年制的国立教育大学或学院。培养中学师资的教育机构有两种：综合大学的教育学院和专业大学的教育系。韩国还有一些国家广播电视学校和私立大学也设置了培养初级教员的院系和专业。在西方国家的师范大学纷纷向综合大学转型的潮流中，韩国坚持突出教师专门化特点，建立了集培养、培训、研究和推广于一体的综合型教育大学——韩国教员大学。[2]

（一）教师职前培养

20世纪90年代至21世纪初，是韩国教师教育改革时期。这一时期，政府实行了废除优先聘用制度实行公开聘用考试、重整教师教育课程及规定免试资格、引进教师培养机构评价等政策。

---

[1] 沈又红. 韩国中小学教师的培养和任用 [J]. 教师教育研究，2007（6）：78-79.
[2] 沈又红. 韩国中小学教师的培养和任用 [J]. 教师教育研究，2007（6）：78-79.

1．废除优先聘用制度并实行公开聘用考试

1990年之前，国立教育大学及国立师范大学毕业生，一直拥有无须考试优先聘用权利。1990年国立师范大学优先聘用政策被法院判决为违宪后废除，并从1991年开始引入了无论国立学校还是私立学校，毕业生必须统一通过公开聘用考试才能担任公立学校教师的制度。聘用考试制度引入以后，还相应建立了评聘分离制。国立教师即使具备教师资格，也不保障一定被聘用。实行聘用考试制度以后，比起大学课程，学生们花在准备聘用考试上的时间更多，导致教师教育质量下降，反而阻碍了教师教育的发展。

2．重整教师教育课程及规定免试资格

韩国教育大学课程总学分150分，分成教养（基础）课程、专业基础课程和选修课程。教养（基础）课程有：国民伦理、英语、韩国史、文化史、数学、体育、电算学、自然科学、现代社会与经济、第二外语（德语、法语、日语、汉语中任选一门）、人文科学（文学、语言生活、逻辑学、美学、心理学、汉文中任选一门）、社会科学（政治学、经济学、社会学、文化人类学、法学、地理学中任选一门）、自然科学（物理学、化学、生物学、地理科学中任选两门）、音体美实业（美术、音乐、舞蹈、戏剧、家政生活、实业生活中任选一门）。专业基础课程的必修课有：教育原理、教育心理学、教育课程、教育社会学、教育评价、教育史、生活指导、学校与班级管理、教师论、幼儿教育。选修课有：电化教育、教育研究与统计、教育哲学讲座、特殊教育等。教育大学还开设了音体美技能、专业深化、

教育实习等课程。[1] 各大学根据本校实际，可对课程和学分进行必要的调整，但不允许出现较大的差异。从课程内容来看，韩国教师教育的特点是：其一，人文学科比重较大，重视人文引领和文化熏陶，注重人的教养；其二，注重教师专业素养即教育素养的培养；其三，具有较强的开放性和鲜明的时代感，力求站在人类问题发展的高度培养教师。韩国教师教育的特点在一定程度上体现了整个国民教育的特色，即在保持自身文化传统的同时不断吸取异域文化和最新文明成果的养料，不断实现对自身的超越。[2]

20 世纪 90 年代是重整教师教育课程的时期，体现在减少普通高等学校教学课程规模，努力充实教学内容。一方面，师范大学教育类课程从 1993 年开始迎来巨大变化，教育类理论课程的比重明显下降，教学类教育的 3 门科目（9 个学分）被上调为必修课，反映出师范大学加强教学教育的趋势；教学领域开设了教学理论、教学教材研究和指导方法等课程。

另一方面，韩国可免试取得教师资格证书。《教师公务员资格检定令》规定，教育大学或师范大学毕业生，如果想免试取得教师资格证书，专业科目和教职科目要分别修满 50 学分和 22 学分，各科成绩的平均分须达到 80 分以上。

3. 引入教师培养机构评价

1995 年，"5·31 教育方案"改革了教师培训制度。为保证教师教育的质量，韩国教育部制订了教师培养机构评价基本计划，韩国教育开发院制定了实施细则，从 1998 年开始实施针对教师培养机构的诊断评价工作。1998 年从师范大学开始，所有教师培训机构都实施了第 1 轮的评价，到 2018 年已完成第 5 轮评价。教师培训机构评价的目标是系统改善教师培训

---

[1] 沈又红. 韩国中小学教师的培养和任用 [J]. 教师教育研究，2007（6）：78-79.
[2] 沈又红. 韩国中小学教师的培养和任用 [J]. 教师教育研究，2007（6）：78-79.

机构的教育条件及运营状况，公开评价结果，通过各教师培训机构间的良性竞争提高教师培训质量。

（二）教师在职进修培训

韩国教师的在职培训在各种教育研修机构完成。这些教育研修机构建立在综合大学、教育学院以及当地教育行政管理部门或教育部指定的组织。

1．教师进修体系

教育人力资源部（教育部）2007年设定的教师进修目标和基本方向是：为提高学校教育质量，确保足够的预算和人力，提高培训机构的质量，提供高质量的多种培训机会，培养专业能力、人性和道德性，增进对社会变化和教育政策的理解。2010年，教育科学技术部（教育部）以提高教学专业性和教育竞争力为目标，实施与教师能力开发评价相结合的针对性进修，培养学校管理者的管理能力和领导能力，积极开展以反映教学一线教师需求为中心的进修。

韩国以研修机构为中心，将教师进修分为资格研修、职务研修、特别研修，系统地实施教师进修，积极展开校内自主进修和自我研修等活动。教师研修机构包括教育研修院、教育行政研修院、综合教育研修院、远程教育研修院。这些研修机构由教育部、道教育厅长官指定。

2．教师进修课程

如何编制和运营进修课程是决定教师进修效果的重要因素。朝鲜战争后，韩国在国家层面上实施教师进修，教育部针对各级学校教师的情况，统一开发和公布教师进修课程标准，并由教师研修机构施行。根据培训内容，教师在职培训分为信息数字培训、课程规划培训、综合培训和教学培训等种类。[1]

二、构建教师资格制度

韩国政府于1953年4月颁布《教育公务员法》，同年10月颁布《教师公务员资格鉴定令》后开始施行教师资格制度。教师资格证书的有效期限定为10年。[2] 1963年12月《教育公务员法》全面修订分类实施，将教师资格证书原来10年的有效期改为终身制，又把以前的初中和高中教师资格证统一为"中等学校教师资格证"。韩国教师取得资格证书的方法有考试鉴定和非考试鉴定两种方法。考试鉴定是特定学历者经过考试授予教师资格证书的方式，由教师资格鉴定委员会组织实施。考试鉴定主要有两种，一种是取得幼儿园、中小学学校和特殊学校的准教师资格证书考试，一种是部分职业技术教师、音体美教师和校医教师的技能资格考试。考试分为学历考试、技能考试和口试。非考试鉴定是指审查具备一定条件的人的资料后授予其教师资格证书的方式，由教育部组织实施。主要包括校长、副校长、幼儿园园长的资格鉴定和教育大学和师范大学毕业生、综合性大学教育专业学生、在教育研究生院学习教职课程者等取得二级正教师或者已有教师资格证书的人取得更高层次教师资格的资格鉴定。[3]

韩国对教师任用采用公开考试制度。所有准备从事教育教学工作的大学毕业生，在取得教师资格证书之后，还要参加国家组织的公开考试，合

---

[1] 沈又红. 韩国中小学教师的培养和任用 [J]. 教师教育研究，2007（6）：78-79.
[2] 金铁洙，孙启林. 韩国教师资格证书制度及其对中国的启示 [J]. 外国教育研究，2006（5）：75.
[3] 沈又红. 韩国中小学教师的培养和任用 [J]. 教师教育研究，2007（6）：78-79.

格后方可被任用。无资格者不能当教师；有资格证书但没通过教师任用考试者，也不能当教师。考试包括笔试、实际运用能力测试和面试三个部分，分两次进行，第一次考试分为笔试（包括填空题、选择题和论述题3个部分）和能力实践考试，第二次考试分为笔试（论述型）、能力测试和面试。各市、道教育厅根据上述规定实施教师任用考试。经过第一次考试选拔出的人数约为录用人数的1.2倍，然后进行下一轮的选拔。教师任用考试的通过率在20%-30%。按照《教育公务员法》第11条规定，这种公开考试的有关事项必须由总统令来决定。

韩国教师资格认证和教师任用严格区分了教师资质和教师就业两个过程，体现了评聘分离原则。教师任用中注重教育教学实践能力的考量，保证了充足的从业者预备队伍，具有较强的竞争性和较高的职业门槛。[1]

韩国为提高教师资格质量还尝试各种改进措施，如对未满20岁的人保留了教师资格证的授予，教师资格证上标明相关科目，引进取得高一级资格的再教育培训制度等。其他改革措施还有，废除教师资格证书有效期、向教育研究生院毕业生赋予初中正式教师资格证、废除教师资格证书授予的年龄限制、允许小学教师通过择优录取获得初中准教师资格等。相较20世纪80年代，20世纪90年代的主要变化在于：教师职业和专业成绩平均分达到80分以上才能免试获得教师资格；标示在教师资格证书上的专业科目须修满42学分，副科目的学分须达到21学分以上；大学和研究生院毕业生的教师资格鉴定和实际技能教师资格鉴定等由大学校长签字确认。

同时，韩国还对教师资格证进行严格的审核工作，审核形式分为考试评定和面试评定。免试认定由申请人所在大学的校长决定。

---

[1] 沈又红. 韩国中小学教师的培养和任用[J]. 教师教育研究，2007（6）：78-79.

三、健全教师教育质量控制体系

对于政府教育主管部门而言，开展诊断评估工作可以清楚地揭示各种形式的师资培训的实际状况和水平，为政府教育行政和财政决策提供科学有效的依据，便于出台与教师教育有关的指导性政策及合理的财政方案。各教师教育机构也可以通过诊断评估与其他教师教育机构进行比较的结果，分析自身的教育管理水平、条件和课程绩效，发挥自身的特色并查找不足。评估体系提高了教师教育机构的社会公信力，使其培养的教师的专业能力和资质可信度也随之增加。另外，相关评估结果信息也能够成为准备从事教师职业的人员和教师聘用机构决策的重要参考资料。

该项诊断评估工作共经历了5个阶段。

第一阶段为1998—2002年，第二阶段为2003—2009年。这两个阶段的工作为教师教育质量控制体系奠定了基础，教师教育质量控制体系是韩国建国后第一个对师范院校质量进行考核的系统。它鼓励教师培养机构根据教师教育的目的提高质量，并加强教育课程与学校教学一线之间的联系，确保达到预期的目的。通过向每所大学提供评估结果、不足或需要改进的内容，促进教师教育课程的质量提升，也促使不少学校为了改善教育教学课程，自主地增加了资金投入。

第三阶段为2010—2014年。该阶段评价诊断工作以建立系统化、专业性及目标指向性评价体系，增强评估结果的客观性、公正性及可信度为主要目的。开展的主要工作有：强化教育成果评价；引进二级学院、教育课程、学科（专业）水平的评价方式；简化评价指标体系，提高定量评价指标比重、引入授课实操等新的评价方法；强化财政运用的合理性等。

第四阶段为2015—2017年。基本与第三阶段评价保持一贯性，同时对师范大学、普通大学教育学科、普通大学教职课程、教育研究生院等机构进行综合评估，对所有教师教育课程进行量身定做型评价，进一步强调评价政策的实际效果。

第五阶段为2018—2021年。该阶段的评价诊断工作主要目的在于综合评估师资培养机构的力量，以提高教育质量。与之前阶段的工作相比，该阶段主要强调官方诊断与学校自主完善之间的良性循环，并将政策名称由"教师教育机构评价"调整为"教育能力诊断"。

能力诊断工作的实施总体分为四个步骤：筹备、实施、公布结果、决策。筹备阶段主要确定能力诊断的指标及推进计划，召开诊断工作说明会，普及工作说明手册。进入实施阶段后，首先由各机构进行自我检查并撰写报告书，然后集中检查评价，通报定量指标的结果并接受质询。随后开展书面诊断，专家进校进行现场检查。这一工作完成后即对诊断结果进行公布，并对提出的质疑进行答复，同时撰写诊断报告，对结果进行解释说明。最后，由政府教育主管部门根据诊断结果，提出后续的处理意见并制定相应的政策来完善教师教育工作。

韩国教育开发院根据不同教师教育机构的特点，研究制定了详细的诊断评分方法，在教学条件水平、教育课程水平以及成果水平三方面制定了数十项标准作为观测点，并赋予相应的分值，如表9.6所示。

表9.6 韩国教师教育评价诊断评分方法 [1]

机构	教学条件水平	教育课程水平	成果水平	总分
师范大学、普通大学教育学科	350	500	150	1 000
普通大学教职课程	235	495	150	880
教育研究生院（教育职能）	350	500	150	1 000

[1] 资料来源于韩国教育开发院官网。

续表

机构	教学条件水平	教育课程水平	成果水平	总分
教育研究生院（培训职能）	215	385	80	680

第三节 教师教育的挑战和对策

一、教师教育的挑战

虽然韩国当前教师培养体制已较为成熟，但依然存在着诸多问题，如教师资质问题、教师培养教育项目的专业性问题、教师培养机构质量管理体制问题、教师培养教育的国家标准及准则制定问题、封闭的教师资格证制度问题、教师培养机构细分问题等。

从韩国教育实践来看，加强教师的专业性、提高教师培养机构的质量、革新教师培养机构的教育课程是教师教育发展的首要课题。

韩国以调整师资供求为中心的教师教育政策导致师资供过于求，不利于提高教师教育质量，不利于提高教师专业素质，不利于增强教师专业能力。

另外，智能信息化社会给教师教育带来巨大挑战。教师职责从单一知识传授转为对学生知识、能力、态度的综合性培养，对教师的能力要求聚焦于更富于情感性、更富有创造性和艺术性、更具互动性的"人"的教育。韩国教师教育机构未能很好地面向教师的未来能力需求，在教学过程中仍然只局限于传统教学方法的讲授。许多农村地区中小学教师的培养和培训更显不足，这严重影响了教师应对未来所需的核心能力的提升。

二、教师教育的对策

为提高教师培养质量，韩国教育部于 2021 年 12 月出台了《中小学教师培养体制发展方案》，主要包括以下内容。

（一）改革教师培养课程体系

1. 完善教师培养课程

为了应对未来多样的社会需求，着力提高教师的未来素养，韩国教育部考虑定期编制有利于提高教师未来素养的教育课程。同时，联合未来教育中心、教育研究生院等，组织在职及预备教师进行有关未来素养的讨论、模拟授课等。在教师培养机构能力诊断评估体系中，增设"根据社会变化开展未来素养教育"指标，以强化对教师未来素养的要求。

强化理论课程与教学实践的联系。招募、任命优秀在职教师（首席教师等）为兼职或特聘教授，参与授课，与学生共同研究、讨论指导等，促使学生更深地理解教学实践。地方教育厅要积极采取措施予以支持。大学教授还应定期开展教学实践研究。

加强对学生品性的要求。教师培养机构要通过综合问卷、大学生活记录（处分、实习等）、（必要时）集体讨论等方式对学生的人格品行进行评判认定。在授予学生教师资格及聘用学生为教师时，应根据《教育公务员法》等法律法规，排除学生存在不合格的情况。

2. 强化教育实习并引入实习学期制

由大学向市道教育厅发放"学校现场实习运营指南"，明确现场实践的指导方针，确保实习单位加强实习指导，积极组织教师参与，建立与学习共同体、教师研究会以及市道教育厅的合作机制。

为使教育实习生能切实体验具体学校的教育教学情况，设立实习学期。每周3—4天进行现场实习，其余1—2天针对实践开展理论授课。通过辅助授课、学习指导、行政业务、团队协作等实际工作，提升实习生能力。提升实习在教师培养中的地位，实习结果若被判定为不合格，学生将不能获得教师资格。

考虑到实习学校的条件设施不尽相同，这项制度先在部分学校试运行，待形成成熟经验、树立优秀典型后，再逐步扩大运行规模。

3．培养多科目教学能力

由于学生选择权的扩大（如高中学分制等），科目融合式、复合式教学要求教师具备多科目教学的能力，而不是仅能够讲授单一科目。教师培养过程中，应开设融合专业[1]，设置核心专业及相近的关联专业。本科教师培养课程应与在职教师进修课程（岗位进修、一级正教师进修[2]）相关联，将部分在职教师进修课程融入本科教师培养课程体系中，确定为融合专业必修课并赋予相应学分。本科生在完成这些课程并达到要求后，可授予硕士学位。

考虑到各学科的不同特点，可通过多种渠道培养教师多学科教学能力。对于系列化课程（如社会、科学）来说，可将本科培养课程与之后的一级正教师进修联系起来，形成系列化且不断深化的课程体系。融合专业的学

---

[1] 融合专业教师是指学习多学科知识，有主、副专业的教师。

[2] 韩国教师资格证级别的一种。二级正教师拥有3年以上的教育经历，接受规定的再教育或拥有1年以上的教育经历，在教育研究生院或教育部长官指定的研究生院教育系获得相关硕士学位，就可以获得一级正教师资格。

生在获得本人核心专业资格标准的基础上，还可获得其他辅修专业的教学资格。对于新设课程，类似或相近课程的教师可通过追加进修的方式接受多科目教学的培训指导。

（二）改革教师培养体制

1. 结合科目特点，区分不同培养机构的功能

师范院校及教育系科目设置应以语文、英语、数学、体育、音乐、美术、信息·计算机、技术、家庭及社会（道德·伦理、一般社会、地理、历史）和科学（物理、化学、生物、地球科学）等综合性科目为中心，适当保留现有专业课程和少数师范类学科（如农业、工业、商业、水产教育，环境教育课等）。通过自主创新进行课程完善，根据需要，每年培养一定规模的综合性科目[1]。对于本科毕业后希望从事教师工作的学生，在名额尚有空缺的情况下，师范院校/教育系可以考虑允许其他本科生插班学习。

综合性大学的教职课程要与选修课、专业课、尖端新领域等需求对应。为更好提供教学，综合性大学应与教育系、教育研究生院联合，协作完成教学。

强化教育研究生院对教师再教育的功能。结合一级正教师进修、学历提升、职业生涯发展等形式，为社会培育教师。减少面向教师资格的课程（保留尖端、新领域及特殊科目等），以在职教师满足未来社会需要接受再教育为中心对教学体系进行重组。

为进一步提高教师专业水平和能力，培养出更高水平的中小学教师及大学教授，可在教育研究生院开设博士学位课程。在教学过程中加强实践

---

[1] 指前述家庭及社会、科学两个综合性科目。

教学，所在大学与各市道教育厅合作，确保一定比例的一线教师担任博士培养的兼职教师。

不同培养机构的不同功能，应在第六阶段的教师培养机构诊断评估中予以体现。从中长期角度，需要考虑在第七轮评估后，以认证制代替"教师培训机构能力诊断"，逐步建立大学的自主管理和自主招生控制机制。

2．调整小学教师需要学习的科目

适当扩大课程多样性，促进复合型教师[1]培养。根据新颁布的课程标准，将基本学习科目，包括小学伦理、小学语文、小学数学、社会入门、小学科学、小学体育、音乐入门、小学美术、生活实务、小学英语、电脑入门、综合课程、小学安全教育，共13门，纳入小学教育课程体系，以体现对小学生在理解、信息、融合等能力方面的要求。在小学教师培养中新增核心专业，培养具备多科目教学能力的小学教师。

（三）应对未来的需求，培养教师核心能力

面对未来的智能信息化社会，韩国教育界普遍认为教师教育将经历革命性的变化。未来社会的学校将是讲授融合知识的学校、无学年制及学级制的学校、没有围墙的学校以及讲授人性教育的场所。韩国教育界提出，未来智能信息化社会，需要教师具备智能信息运用能力、感性能力、知识融合能力、对人与社会的综合洞察能力、团结协作能力、维护社会正义能力以及国际化能力等7项核心素养。为使教师具备这些素养，各种类型的教师教育应随之进行相应的改革。

---

[1] 指掌握多种学科知识，能够进行多个科目教学的教师。

根据对幼儿教师的能力需求分析，未来社会从事幼儿教育的专业人员应具备以下核心能力：认识并解决问题的创意性思考能力、伦理意识和自我调节能力以及通过自我反省获得成长的能力。此外，还应培养诸如理解幼教政策制度并在幼教机构实施的能力、文化及领导力、情绪沟通及语言表达能力、遵从幼儿思维规律耐心倾听并授课的能力等。因此，要满足未来社会对幼儿教师素质能力的要求，在预备教师的职前教育方面应该注意做到以下几点：首先，在重视理想信念层面的使命教育的同时，更应注重现实层面的案例和体验的获得。其次，加强理论与实践相结合，增加实习实践时间和具体教育经验的获取，为未来上好课奠定基础。再次，增强使命意识，为幼儿教师提供基于长远发展计划的自我发展机会。而对于在职教师的进修培训，应当强化以教学一线为中心的在职培训，努力实现为教师量身定制的在职教育，以提高受训者的自律性、自发性；加强教师的使命意识并激发其对成功的追求，强调人文相关知识。在教学形式上，积极开发以游戏为中心的社会教育的体系化培训项目。另外，还要强化师德师风的培养，提升幼儿园整体的组织化学习意识，营造学习氛围，促进终身学习意识的形成。

对中小学教师的培养过程，应从以下几个方面进行改善：第一，在教师双资格方面，应采取开设专业课程和进修第二专业课程的方式。即预备教师必须接受能讲授三个年级的"第一专业"课程并获得资格证，同时，为了能够具备前序或者后续三个年级内容的讲授能力而学习"第二专业"课程并获取资格证。第二，迫切需要培养具有跨学年特点[1]的教师教育课程。6-3-3学制、9-3教育课程制、6-6教师培养机制等教育基本制度不一致而导致的教师能力不均衡问题亟待解决。

在未来的教育体系中，特殊教育教师的培养也需要融通性和创意性。

---

[1] 是指能够教不同年级的学生，具有该学科知识的不同层级、不同阶段的教学能力。

为构建能反映不同学生需求的教师培养体系，应使目前按学校级别培养的教师教育系统更具灵活性，不是一味强调统一教育的特殊教师培养过程，而是应该对多种残疾程度和残疾类型的教师进行差异化培养。那么，现在的教师培养过程需要发生划时代的变化。特殊教育制度应该把残疾学生或需要特殊照顾的学生的需求作为所有教育活动的前提和出发点来优先考虑。

第十章 教育政策

第一节 政策与规划

本节选取韩国现行重要的教育法规及近5年来的教育研究报告、政策规划、会议宣言、决议、行动计划等，来探讨韩国教育的发展方向。

一、教育法律法规

作为教育政策的依据和保障，韩国教育法律法规是调整教育活动和教育战略方向的规范性文件。1948年7月颁布的《大韩民国宪法》，规定了韩国教育相关的条款。1949年12月31日颁布的《教育法》，规定了韩国作为独立国家的新教育理念、宗旨、目标、行政体制、教育机构的种类、各级学校教育目的等重要事项。1997年12月，韩国制定《教育基本法》代替1949年制定的《教育法》。韩国教育法现行体系由上至下分别有《宪法》中的教育条款、《教育基本法》、教育部门法律、教育法律施行令以及教育法律施行规则。

（一）韩国的学制

1949年12月31日，韩国政府制定了《教育法》，引入了美国单线学制。1950年3月《教育法》修订后，形成了"6-3-3-4"的基本学制并沿用至今，即正式教育包括小学6年、初中3年、高中3年、大学4年这四大教育阶段。韩国分别于20世纪50至60年代将小学教育纳入义务教育，80年代中期，又从偏远地区开始扩大实施初中义务教育，从1993年起普及初中三年义务教育，到2004年基本在全国范围内完成。2018年至今，尝试和探索将义务教育扩大到高中教育阶段。此外，韩国的教育体制还囊括了师范大学（4年）等师资培训机构和专科大学、产业大学等类型的院校，以及技术学校（3年）、高等技术学校（3年）、公民学校（2—3年）、高等公民学校（2—3年）等非正规学校。

（二）《宪法》中的教育条款

韩国《宪法》是国家的根本大法，由韩国国会制定。韩国的教育相关法律由《宪法》引出，体现《宪法》规定的教育理念，强调保障国民接受教育的基本权利、保障平等接受教育的机会、保障教育自主性和专业性、保障基本义务教育，并将义务教育的无偿原则写入宪法。

韩国《宪法》第31条第1—5项包含了有关教育的条款，如规定所有国民都有平等接受教育的权利，以及免费义务教育、振兴终身教育、学校教育及运营、教育财政及教师地位等相关的事项。[1] 另外，《宪法》依法保障教育的自主性、专业性、政治中立性及大学的自主性等。一般而言，教育自主性意味着教育内容和机构应由教育者自主决定，排除行政权力控制，

---

[1] 资料来源于韩国国家法令信息中心官网。

包括教师对教育设施的建设、教育监督者的自由、排除教育行政机关对教育内容的权力介入、教育管理机构的公选制等。而教育专业性是指教育政策应尽可能由教育专家参与制定和负责。为具体实现《宪法》规定的教育理念，又通过具体的、特别的法令构建具体而详细的教育体系。

（三）《教育基本法》

韩国于1997年制定了教育法律方面的根本法《教育基本法》，旨在规定国民的教育权利、义务以及国家、地方自治团体的责任，并规定教育制度及其实行的基本事项。《教育基本法》由韩国国会制定，是有关教育的最高法律。《教育基本法》共三章，包括总则、教育当事人和教育的振兴，于1998年3月1日起施行，截至2021年3月23日，已修订过19次。

第一章"总则"。包括教育理念、公民的学习权、教育的机会均等、教育的自主性、教育的中立性、教育财政、义务教育、学校教育、社会教育、学校等方面的内容。《教育基本法》规定了韩国的教育理念，即"在'弘益人间'的思想指导下，唤醒所有国民的正直人格，使之具备自主生活能力和公民应有的素质，服务于国家的发展，为实现人类共同繁荣的理想做出贡献。"这里体现出的韩国教育理念是自由民主主义。《教育基本法》规定了公民具有学习的权利和均等接受教育的机会，即所有国民都有根据能力接受教育进行终身学习的权利，且不会因性别、宗教、信念、种族、社会身份、经济地位或身体条件等原因受到歧视。为此，国家和地方自治团体应该制定并实施使地区间教师供求等教育条件差距最小化的政策，使学习者平等接受教育。为保障公民受教育的权利，《教育基本法》第8条指出所有公民都有权利接受义务教育（6年的小学教育和3年的中等教育）。在教育的自主性方面，《教育基本法》提出国家和地方自治团体应保障教育的自主性和专业性，制定和实施符合地区实际情况的教育政策，并尊重各个学校的自主运营，且教职员、学生、家长及地区居民等可以根据法律规定参与学校运营。另外，《教育基本法》第6条提出教育应发挥教育本来的目的和功能，不能用作传播政治、党派或个人偏见的手段。国家和地方自治团体设立的学校不得为特定宗教进行宗教教育。

第二章"教育当事人"。内容包括学习者、监护人、教师与教师团体、学校等的设立者和经营者、国家和地方自治团体等方面。《教育基本法》第12条规定了"学习者"的权利和义务，提出包括学生在内的学习者的基本人权在学校教育或社会教育过程中应得到尊重和保护。教育内容、教育方法、教材及教育设施应尊重学习者的人格，重视个性，最大限度地发挥学习者的能力。学生应树立学习者的伦理意识，遵守学校规则，不得妨碍教师的教育研究活动或扰乱校内秩序。监护人方面，提出父母等监护人拥有教育、保护子女或儿童使他们健康成长的权利和责任，并就保护子女或儿童的教育向学校提出意见，学校应尊重其意见。同时，《教育基本法》对教师及教师团体也做了规定，提出在学校教育中，应尊重教师的专业性，保障教师的经济收入，保证教师的社会地位。教师自身要努力提高其作为教育者应有的品德和素质，培养作为教育者应具备的道德，指导学生在伦理道德的基础上学习知识，努力启发每个学生的才能。另外，教师不得为支持或反对特定政党或政治派别而指导或煽动学生。教师可以就任其他公职。教师之间可以相互合作，努力振兴教育和文化。关于教师的任用、服务、报酬及年金等必要事项另行法律规定。最后，学校和社会教育设施的创立者、经营者须运营、管理教育设施、设备及财政等。学校校长及社会教育设施的创立者、经营者须根据法令规定，对学习者进行教育，并记录学习者的学习过程和成果等。并且，教育内容应该事先向学习者公开。另外，国家和地方自治团体负责指导和监督学校和社会教育设施。

第三章"教育的振兴"。包括男女平等教育、培养健康的性意识、预防安全事故、和平统一、特殊教育、英才教育、幼儿教育、职业教育、科学和技术教育、学校体育、教育的信息化、学校和教育行政机关业务的电子化、学生信息的保护原则、振兴文化、建设私立学校、评价和认证制度、教育管理信息的公开、教育相关的统计调查、增进保障和福利、奖学金制度、国际教育等内容。[1]《教育基本法》规定，国家和地方自治团体应该制定并实施能够更积极地实现男女平等精神的措施和政策。学校及社会教育设施的创立者、经营者在进行教育时不得因性别而差别对待受教育者。政府还应设计重点培养体育、科学技术等女性活动薄弱领域的教育方案。为响应总统令规定的关于学校教育中增进男女平等的标准和内容等事项，设立男女平等教育审议会。《教育基本法》规定为身体、精神、智力障碍等需要特别教育关怀的人设立学校，并制定实施保证其教育所需的措施和政策。

（四）其他各类教育法

教育部门法律是韩国国会制定的各类法律，包括《幼儿教育法》《中小学教育法》《高等教育法》《职业教育法》《教师法》等。

《幼儿教育法》根据《教育基本法》第9条规定了有关幼儿教育的事项，包括幼儿教育的目的、定义、责任，幼儿教育发展的基本计划，幼儿教育和保育委员会，幼儿教育委员会，幼儿教育振兴院，幼儿园的分类和设立，幼儿园的并设[2]，幼儿园的设立义务，幼儿园规则、入学、学年度、教育课程，幼儿园生活记录，幼儿特殊学校[3]，应急措施，督导，评价，幼儿教育信息系统的构建及运营，幼儿园运营委员会的设立、职能、构成、运营及委员的研修，幼教职员的分类和任务，幼教职员的资格，等等。另外，还

---

[1] 资料来源于韩国国家法令信息中心官网。
[2] 幼儿园根据《小学·初中教育法》第2条，可以并设在小学、中学及高中。
[3] 以对因身体、精神、智力障碍等需要特殊教育的幼儿进行相当于幼儿园的教育和实际生活所需的知识、技能及社会适应教育为目的。

规定了幼儿教育的无偿性、幼儿园的园费、幼儿园名称的使用[1]、违规事项惩罚、休业及停课令、罚款等。

《中小学教育法》根据《教育基本法》第9条规定了小学、中学教育相关事项，包括中小学教育的目的，学校的种类，国立、公立、私立学校的区别，学校的设立，学校的并设、督导、奖学指导[2]，学校规则，学生、机关、学校评价，授课费，高中免费教育，学生和教职员的相关内容，教育课程，学校生活记录，学年制，学历认证考试，教学用图书的使用，教育信息系统的构建和运营，公民学校，广播通信中学，统合教育，选替学校等相关规定及停课处分，以及学校的废除，等等。另外，还规定了"义务教育"的相关内容，其中第13条规定了义务教育的范围包括小学和初中。

《高等教育法》于1997年12月13日制定，1998年3月1日起实施，截至2021年3月23日，已经过46次修订。该法根据《教育基本法》第9条规定了高等教育相关事项，包括：高等教育目的，学校的种类，国立、公立、私立学校的区分，学校的设立和督导，学校的规则，教育财政、实验实习费等的支付，学费和学费审议委员会，学生和教职员的相关规定，大学和产业大学的名称，学校的组织，大学评议委员会的设置，人权中心[3]，教育课程，授课[4]，学分的认证，插班，休学，学士学位授予的延期，研究设施，公开讲座，外国博士学位的申报，安全管理计划的制定和实施；研究生学院（大学院）的种类，学位课程的整合，研究生院大学[5]，授课年限，招生名额，入

---

[1] 只有依照该法律规定成立的幼儿园可以使用幼儿园或类似的名称。

[2] 教育监可以对管辖区域的学校进行教育课程运营和教授、学习方法等的奖学指导。奖学指导是根据《教育法》规定，为学术事务指导和监督的制度，为教育现场的教师提供有效的学习指导而开展的助力指导活动。内容包括，为参观学校设施或课程而访问学校、实施研究课程、与教师进行个别及集体面谈及会谈、举行研究集会等。

[3] 人权中心是学校为保护教职员、学生等学校成员的人权及提高其权益，预防和应对性骚扰、性暴力而设立并运营的机构。该条为2021年3月23日新设立的条款，2022年3月24日施行。

[4] 2020年10月20日新增远程授课和校外授课的方法，以及根据《灾难及安全管理基本法》，在难于进行正常授课时，可利用远程授课代替白天授课、夜间授课及季节授课。

[5] 为培养特定领域的专门人才，只设研究生院的大学。

学资格，学生的选拔方法，招生负责人，招生负责人就业等限制[1]，时间登录制；专科大学和技术大学的相关事项及学校的罚则、更改和取消；等等。

韩国的社会教育法规包括《终身教育法》在内的法律体系，有《补习班法》《图书馆法》《学分指定法》《婴幼儿法》《青少年法》等。

此外还有《教育公务员法》《统一教育支持法》《对于残疾人的特殊教育法》《对于在外国民教育支持等的法律》《进路教育法》《对于特殊外国语教育振兴的法律》《民办学校法》《科学教育振兴法》《学校体育振兴法》《人性教育振兴法》《地方教育财政拨款法》《私立学校法》《环境教育振兴法》《相关教育环境保护的法律》等。

另外，韩国行政部门制定了执行法规，通常"总统令"命名为"施行令"，"教育部令"命名为"施行规则"，如《幼儿教育法施行令》《幼儿教育法施行规则》《初、中等教育法施行令》《初、中等教育法施行规则》《高等教育法施行令》《高等教育法施行规则》等。

二、政策规划要点

（一）推动个性化教育

第四次工业革命呼吁全球教育系统与不断变化的社会格局保持同步，并推动进一步创新。韩国政府在公共教育领域的创新计划包括：通过个性化的职业教育，促进学生能力的发展；运用数字技术创新教育系统；促进教师专业发展。

---

[1] 招生负责人在退休后的3年内，根据《学院的设立、运营及课外辅导相关法律》第2条第1号，不得设立学院或就业，不论以何种名称，不得设立专门从事入学考试咨询的企业或就业。但是，根据《教育公务员法》第5条规定的人事委员会或《私立学校法》第53条第3款规定，得到教师人事委员会的批准时例外。

第一，通过个性化的职业教育，促进学生能力的发展。首先，注重创造力和跨学科研究的课程。如 2019 年更新了幼儿园课程，强调"边玩边学"。2015 年对中学课程进行了重新修订，注重培养学生的人文想象力、科学创造力和实践技能等。在高中阶段，教育部根据当地和学校的具体情况提供选修课和必修课，以灵活的方式为学生提供个性化课程。其次，实施自由学期制。韩国政府于 2016 年开始在所有中学实施"自由学期"计划，旨在培养学生的创造力、个性和 21 世纪所需的核心能力，让学生在以他们为中心的非竞争环境中，可以自由地选择一到两个学期的多样化课程，以适应自己未来的职业道路。再次，实施以职业教育为重点的高中课程。在高中学分制下，学生可以选择与自己的能力和职业道路相匹配的课程，完成课程后，获得可以毕业的学分。该制度于 2020 年在所有名匠高中（51 所）中引入，并在 2022 年应用于所有职业高中。普通高中在 2022 年开始逐步引入该制度的部分内容，计划于 2025 年在韩国所有学校中全面实施。最后，重视艺术和体育课程。韩国政府实施了鼓励学生参与艺术教育的中长期政策。开展"一个学生一门艺术"计划，鼓励每个学生至少接受一项艺术教育。为此，韩国教育部开发了一款移动应用程序，使学生能够随时了解当地与艺术有关的各种活动和项目的信息，倡导他们积极参与。

第二，运用数字技术创新教育系统。首先，构建以学习者为中心的数字教育生态系统。为此，教育部开发了数字教科书和软件教育课程。同时，韩国教育部通过改善无线网络连接和提供数字教学方面的教师培训，加强数字基础设施建设。根据 2015 年修订的课程计划，2018 年在部分中学引入软件教育，并于 2020 年逐步在所有中学普及。小学从 2019 年开始采用该计划。其次，引入人工智能（AI）教育课程。韩国教育部于 2020 年首次将 AI 引入教育课程。2020 年 9 月，针对小学生启动了基于 AI 的数学课程。AI 课程会分析学生的表现，并提供适合学生学业水平的学习内容，以便缩小教育差距。从 2021 年下半年起，在高中开设 AI 基础和 AI 数学，此外，韩国教育部在五年计划中要求1 000名教师修读AI硕士课程，从而提高教师的AI教学能力。再次，建设未来型绿色智慧学校。为了应对后疫情时代，创造一个面向未来、生态化的学校环境，韩国政府启动了绿色智慧未来学校项目。在未来五年内，计划将40年以上的2 835栋教学楼改造成新的"智能"教学楼，最终目标是创造一个无处不在的学习环境，让学习者随时随地进行学习，构建一个基于可持续发展的低碳、环保的学习环境。最后，重组学习空间。教育部启动了"学校空间创新项目"，目的是使学校成为平衡学习、娱乐和休闲的地方，帮助学校更好地适应不断变化的课程，为未来的教育提供理想的空间。通过多样化的空间设计和布局，培养学生的创造力和跨学科思维能力，为教学和学习环境带来全新变化。

第三，促进教师专业发展。首先，完善师资培训制度。韩国政府为了进一步提高教师的能力，将改进教师资格考试，把重点转移到实践技能上。教育部也将通过提供各种培训课程来帮助教师不断发展自己的专业能力。其次，培养教师的能力和专业知识。为此，将继续完善和实行相关政策，如在2012年教育部实施了导师计划，鼓励经验丰富、有出色教学能力的教师，在教学和指导学生中分享知识，并指导新进教师或相对缺乏经验的教师。最后，提高教师的数字教学能力。教师的数字教学能力比以往任何时候都变得更加重要，因此教育部在负责教师培训的高等教育机构中开设了未来教育中心。未来教育中心具备在线教育基础设施，例如在线课堂实验室和内容制作讲习班，以便教师能够进一步提高其数字教学技能和增长知识。

（二）加强公共责任制

韩国的教育政策致力于确保从幼儿到高等教育的所有人享有平等的教育机会。政府对普及教育和公共问责制的政策包括减免大学学费、削减学生住宿费用以及帮助社会弱势群体等。

第一，加强教育的公共责任。首先，提供优质的幼儿教育和育儿服务。自2018年以来，政府通过引入Nuri课程，为3—5岁的儿童提供了充分的教育资金。为了确保幼儿园录取的公平性，教育部启动了幼儿园录取管理系统，提供在线申请服务。2020年，所有幼儿园都加入了幼儿园录取管理系统。同时，教育部保障低收入家庭的儿童入学。为了提高公立幼儿园的入学率，政府每年至少增加500个班级，并通过增加课后活动和校车数量来改善服务质量。此外，为提高财政资金使用透明度，韩国教育部于2020年将地方教育财政公示系统引入所有公立和私人托儿机构。[1] 其次，提供全日幼儿托儿制度和小学的托儿服务。作为政府加强对托儿服务问责制的一部分，教育部与学校和地方政府合作，从2018年开始实施全日制托儿计划，减轻了许多双职工家庭的托儿负担。学校与地方政府合作开展的托儿服务在2021年为30 000名儿童提供了服务。图书馆、公寓单位的公共设施和社区青年中心也共同参与，以满足不断增长的托儿服务需求。到2022年有约53万人从这项服务中受益。2022年，小学的课后托儿服务扩大到3 500个班级。再次，建设安全健康的学校。为了保护学生的健康和安全，教育部与其他12个部委合作，为肥胖学生提供代谢综合征筛查测试，为残疾学生指定体检机构，并为小学生免费提供流感疫苗。教育部还通过24小时短信和网络咨询来解决学生心理问题或精神问题。2019年，全国所有小学、初中和高中都安装了空气净化器，以改善学校的空气质量。为了确保学生上学途中的安全，在学校区域安装了交通执法系统以及更多的交通信号灯。同时，确保全民基本教育。教育部建立了严格的体系，确保所有学生都能达到基本的教育水平。韩国政府推出了"梦想学校"计划，帮助出于多种原因未达到基本学业水平的学生。由班级老师、特殊教育老师和顾

---

[1] 资料来源于韩国地方教育财政通知官网。

问组成的团队为学业落后的学生提供量身定制的帮助。另外，2021年面向所有高中生提供免费教育。在实施高中义务教育之前，初中毕业生的入学率为99.7%。最后，减轻高等教育财政负担。韩国政府在2012年启动了一项国家奖学金计划，确保任何有愿望和能力的人都有接受高等教育的机会。这项计划根据学生的家庭收入水平发放奖学金，要求各大学在不提高学费的同时提供奖学金项目。2018年，国立和公立大学取消了大学入学费。另外，政府为了进一步减轻学生和家长的经济负担，将学生贷款利率从2.2%（2019年第二学期）下调至1.85%（2020年第二学期），2021年第一学期下调至1.7%。

第二，弱势学生帮扶计划。首先，资助低收入家庭学生。为了防止弱势学生被剥夺受教育的机会，政府不仅为他们提供教育费用，而且还实行特别的筛选制度。在高中入学时，允许学生选择入学的地区，实行社会综合筛选。在大学入学时，实行机会均等特别筛选。同时，为了减轻大学生的教育和住房负担，政府正在扩大全国勤工俭学奖学金项目，并开设了政府资助的"快乐宿舍"。为了帮扶来自低收入家庭、具有学习潜力的中学生，提供"梦想阶梯奖学金"。其次，为弱势学生提供个性化教育。2020年，教育部开始实行远程教育。为了帮助残疾学生，建立残疾学生网络教室平台，上传学习资料4 247份，不收取数据使用费。此外，政府还为2021年残疾学生远程学习基础设施项目拨款85亿韩元，以支持在线平台的扩展、课程开发和创建更多以体验为中心的参与性活动。另外，国际学生也可以接受个性化定制教育，包括韩国语课程和辅导。最后，帮助辍学的学生。韩国教育部正在帮助有可能辍学或已经辍学的学生。学校一经发现这样的学生，立即向市道教育办公室以及各地区的青年中心反映，帮助这些即使不在义务教育阶段的学生能够重返校园，继续接受教育。此外，有辍学风险的学生可以利用至少2—7周的咨询，探索就业或艺术体育活动，鼓励他们继续接受教育。

（三）高等教育自主创新培养未来人才

为了应对日益减少的学龄人口和满足未来社会的需要，韩国政府和大学共同努力，通过加强大学、研究实体和行业之间的合作，改造教育生态系统，更加强调自主创新。

第一，建设自主创新生态系统。首先，加强大学合作创新。韩国政府将选择一批重点支持的大学，与国内外大学共享课程和研究资源，促进相互发展。2020年10月公布的数字高等教育创新支持计划包括开设公共课程和建立大学联盟。2020年，教育部允许大学进行线上与线下课程的结合，最大限度地提高教学效果。同时，鼓励大学共享例如核心领域的课程的教育资源，扩大学术学分交换方案，并采用双学位和联合学位方案。此外，教育部还将支持建立一个涉及地方政府、大学、行业和研究机构的合作平台，帮助大学之间共享技术、专业知识和设施方面的资源，促进人工智能和大数据等新兴产业的增长。其次，鼓励地方政府与高校合作创新。韩国大学正在成为创新的中心，地方大学作为一个新的增长引擎，通过与地方政府建立合作平台，发现有潜力的企业，培养未来的领导者。当地企业、研究机构、学校和教育办公室通过合作，制定联合课程，将各大学的优势结合起来，创建双学位和联合学位课程，并建立一个网络系统。此外，教育部实施"监管沙盒[1]"制度，帮助新企业和创新者免受可能妨碍发展的监管制度的影响。到2020年，这类创新平台开始在部分地区建立，预计到2024年将进一步在全国推广。最后，进行大学重组。为解决适龄人口迅速减少的问题，提高高等教育质量，政府自2014年起开始实施大学结构改革。其中包括减少招生名额，采用新的大学评估制度，以及建立改革的体制框架等。2018年，教育部采用新的大学评估体系，诊断大学自主发展的能力，结果

---

[1] 监管沙盒（regulatory sandbox）：由英国政府于2015年3月提出的概念，在新产业、新技术领域推出新产品和服务时，在一定时间内免除或延缓现有限制的制度。

显示60%的大学被承认具有这种能力。同时，政府为大学自主发展中长期计划提供资金支持。另外，教育部实施了一些条例，以加强大学运作的透明度。

第二，为新兴产业培养人才。首先，确保所有学生都具备数字化技能。从2021年开始，教育部与具备数字化教育能力的大学合作，以满足新兴产业的需求，实施创新的"大学联盟"制度，确保所有学生都能学习基本的数字技能。在各大学开设新兴技术方面的跨学科课程，并制订调整后的课程计划，根据学生的水平为他们提供定制的个性化学习内容。基础课程以所有学生具备数字技能为目的，也开设面向公众的网络课程，包括非参与大学的学生和在职学生。其次，支持先进技术的发展。教育部通过21世纪智慧韩国工程（目前处于2021—2027年第4阶段）培养数字技术领域具有硕士或博士学位的未来领导者。该项目向参与研究活动的研究生院提供奖学金，支持年轻研究人员，并为他们的国际性活动提供资金支持。最后，培养新兴技术人才。传播新兴技术技能和培养这些领域的未来领导者是技术学院的首要任务。他们的毕业生必须具备满足各种规模企业需要的专业知识。政府资助支持创新课程开发和改善新兴技术教育环境的项目。

第三，产学研合作与就业支持。首先，在产学研合作方面，2018年10月，韩国政府与八个部委、各行业和大学合作，启动了国家产学合作委员会及其产业教育和产学合作框架，包括四个战略：人力资源开发、技术转让和商业化、创业精神、促进校企合作。其重点是通过产学研合作项目发展专业化的劳动力队伍，该项目利用新的课程，为积极与行业合作的教授提供额外的支持。[1] 截至2019年，共开发了2 350门课程，包括"顶点设计[2]"，61所大学和学院目前正在运行联合课程和需求驱动课程。另外，

---

[1] 资料来源于韩国产学研合作先导大学项目官网。

[2] 顶点设计（Capstone Design）：为了解决学生在实践中遇到的问题，以本科课程期间学到的理论为基础，进行作品企划、设计、制作的全过程，培养符合产业需求的创意性设计技术人才的综合设计教育课程。

开发两年制技术学院的合同聘用课程，要求技术学院在第一年对学生进行基本技能教育，在第二年对学生进行高级技能教育和就业安置。到2021年，创新领先的大学开设新兴技术的新专业，如"智能"医疗和物联网。其次，为新兴技术打下坚实的基础。为了最大限度地发挥研究的潜在效益，韩国政府支持将技术从大学转移到产业，例如"网桥＋项目"，自2015年以来一直致力于大学生创意的商业化。再如，教育部支持一个技术融合项目"技术包装计划"，根据该项目，各大学进行跨行业的多种技术合作，创造创新产品和服务。最后，就业和创业支持。从2020年开始，大学提供了职业发展课程，并为完成该课程的学生提供学分，也为处于弱势群体的学生提供海外工作的机会。同时，教育部通过制定创业课程或产学研合作方案，支持大学生就业和创业。另外，韩国政府储备资金，帮助大学成立风险投资公司，在市场上测试新技术，也为年轻求职者或那些准备在工作期间上大学的人提供奖学金。

（四）确保终身职业教育

在韩国，每个希望接受职业教育的人都可以获得全额奖学金，这使得所有人不论其社会经济背景如何，都能随时获得受教育的机会。此外，政府还支持个人在其一生中任何阶段进行学习，提高个人能力，以更好地适应不断变化的社会环境，这样既能对其工作、学习和日常生活产生深远影响，还能满足技术进步的需要和解决人口老龄化的问题。

第一，高中职业教育方面。首先，通过专业定制课程，开设工商管理、金融、机械、农业、渔业、海洋生物等17个学科领域的课程，重点提供实践教育和培训机会，确保学生毕业后具备就业能力。其次，在确保安全的前提下实行与企业接轨的培训，以培养学生的实践技能，并注重培养其未来工作所需的基本能力。为此，教育部开发了一种工具来诊断和评估学生解决问题的基本技能,在培养学生基本技能的基础上,帮助他们在工作中继续成长。在一年级和二年级,学生会得到一个基本的职业能力评估,提供关于他们优势和劣势的信息。再次,提供强有力的就业支持。韩国教育部与学校和地方教育局合作,指派教师和帮助就业的官员,寻找能够与地方政府、公共机构和管理就业支持中心的教育局合作的企业。如在2020年成立的中央就业支持中心开展政策研究,重点为毕业生寻找最佳企业。同时,支持学生持续能力的发展。自2018年起,政府向在中小企业工作的学生提供奖学金。教育部为有三年以上工作经验的职业高中毕业生提供特殊的大学入学途径,并开设工作和学习课程,使学生能够继续发展能力。最后,建设名匠高中。与职业高中相比,名匠高中在实施项目型课程方面有更大的灵活性,这些课程有利于学生发展解决问题的技能和自主学习,以满足行业的需求。

  第二,终身教育方面。首先,建设国家终身教育体系。韩国政府于1988年修订了《宪法》,加强国家层面的终身教育责任,并于2000年颁布了《终身教育法》。自2002年起,政府每五年更新一次《终身教育促进总体规划》,现在正在实施第四个总体规划(2018—2022年)。截至2020年7月,政府确定了175个城市为终身教育城市,并发起了一项全国性的促进地方社区发展运动。因此,成人终身学习的参与率从2007年的29.8%大幅上升至2019年的43.4%。其次,确保人人享有终身学习权利。韩国政府正在尽一切努力确保所有人获得终身学习的机会。其中之一是第四个终身教育框架,根据该框架,政府自2018年起每年向5 000人发放定值35万韩元的终身学习券。另外,政府提供了一种衡量学习成果的教育工具,并根据每个学生的兴趣和能力提供定制的课程。再次,建立工作、生活和学习的平衡。韩国政府采用了终身学习账户系统,允许学习者在其终身学习账户中记录学习经历,并将其转化为教育学分或职业资格证书,还可以将其纳入个人简历,确保学习成果得到充分认可,在工作中得到更好的利用。成人学习者可以通过学术学分银行系统和自学学士学位考试等多种途径获得高等教育。今后，教育部将根据韩国资格框架和"学习培训挂钩标准"开发一个将工作经验转化为学分的系统。为了实现这一目标，将于2024年在学分库系统中增加对先前学习的认可系统。最后，加强大学的终身教育功能。作为终身学习政策的一部分，政府于1999—2020年通过学分银行系统向761 916人颁授学士学位。未来，学分银行系统的课程设置将体现人工智能、虚拟现实、大数据等新兴产业应对技术变革的需求。为了增加成人接受大学教育的机会，大学将把工作经验转化为大学学分，并根据专业减少所需的授课时间。同时，韩国政府继续资助反映大学专业领域和社会需求的成人专属学位课程。另外，教育部还开办了大规模在线公开课程，涵盖各种学术主题和职业培训。

第二节 实施与挑战

本节将立足当今韩国教育现状，结合文在寅政府主要教育政策与改革措施进行分层次解读，分析韩国教育政策实施的问题、经验与启示，研究未来韩国教育的发展方向。

一、主要改革措施

文在寅政府（2017—2022年）在《国政运营五年计划》中提出了百大国政课题，其中实现教育革新的6大国政课题有强化教育的公共性、推进课程改革创新公共教育、加强对特殊群体教育的保障和支持、提高高等教育质量及终身和职业教育革新、营造未来教育环境及构建安全学校、恢复教育民主主义和教育自治，[1] 教育部根据这6大国政课题出台了详细的教育政策及改革措施。

（一）强化教育的公共性

文在寅政府认为，从幼儿期开始到大学，应强化国家对保育和教育的义务性，保障均等教育机会，支持不同人生周期的教育。

第一，扩大国家对幼儿教育的责任，消除教育差距。学前教育由托儿所和幼儿园两个不同的机构提供。为了保证学龄前幼儿教育的机会均等，韩国政府正在不断增强国家对幼儿教育的责任。特别是政府在幼儿教育机构实行的最新Nuri课程，使在人生起跑线上的幼儿实现实质性的教育平等，消除教育差距。政府对幼儿园的政策还包括：法定保障儿童的学习机会，扩大公共幼儿园的服务，鼓励父母参与并为私立幼儿园运营建立新的会计制度等。

第二，建立全托体系。随着女性社会地位的提高和双收入家庭的增加，对孩子的养育和照顾不再只是家庭的任务，而是全社会的责任。因此，为了减少放学后或学校放假期间被忽视的儿童和青少年，消除看护的死角，教育部、行政安全部、福利部以及其他相关部门和地方政府将一起构建全托体系，强化国家层面的责任。并且，逐步扩大为了减轻学校及教师工作负担的课后学校，使小学托管班充实化，同时加强地方政府的照料职能，使社区能够起到共同照料儿童及青少年的作用。

第三，全面实行高中免费教育，保证平等的教育机会。韩国的义务教育始于1950年，并在随后的70年中分阶段推进。从1985年开始，初中义务教育被引入并逐步在全国范围内展开，于2004年在全国范围内实施。高

---

[1] 资料来源于韩国"温暖的教育"教育交流空间官网。

中免费教育是指政府提供入学金、学费、学杂费、教材费等，无偿进行高中教育。从2019年开始以高三学生为对象实施免费教育，2020年对高二、高三学生实施免费教育后，从2021年开始面向高中所有年级实施免费教育。如此，给120多万名高中学生带来免费教育的优惠政策，每人每年减轻160万韩元的高中教育费用负担。同时，强化小学、初中、高中教育的国家责任，保障所有学生不受家庭环境影响，得到公平的教育机会，消除收入差距带来的教育差距，实现宪法保障的所有国民的教育基本权利。[1]

第四，减轻大学学费及住宿费负担。教育部为此将推进扩大国家奖学金支持、免除或减少入学金、降低学费贷款利率等方案。从2018年开始扩大对国家奖学金的支持，增加一半以上的学费奖励对象。学费贷款利率将分阶段下调，在2017年，从2.5%降至2.25%，国立大学入学金也将废除或阶段性地减少。另外，为了减轻大学生的经济负担和营造稳定的居住环境，将推进大学生宿舍建设项目。扩充宿舍可容纳人数，并在大学校园内外建立各种类型的公共联合宿舍、民间捐赠型联合宿舍及学生综合福利中心、国立大学宿舍等。[2]

（二）推进课程改革创新公共教育

第一，重组以学生为中心的课程。韩国教育部通过2015年革新以学生为中心的基础教育课程，为个性化学习奠定了基础，包括加强学生对课程的选择权，根据学生的兴趣和适应性来选择适合的课程，并进一步强化学校教育课程的自主性。为此，重点建立了以学生参与为中心的教授、学习及评价体系，根据学生的兴趣及就业意愿编制和运营以学生为中心的教育课程，扩大学生的科目选择权，并与市、道教育厅合作推进支持针对学生

---

[1] 资料来源于韩国教育部官网。
[2] 교육부, 교육부 6대 국정과제: 출발선부터 균등한 교육기회 보장① [J]. 행복한교육, 2017（9）: 30-32.

的教育计划等。通过这种课程革新来创新公共教育的方式,为培养具有未来所需核心能力的人才而努力。

第二,转换高中体制以适应就业。韩国现行为提高教育能力而推进的高中多样化政策导致出现了一些不好的现象,如为了高中入学考试而进行的各种课外补习负担的增加,外国语高中和私立高中等对优秀学生的垄断等。所以,韩国政府计划引入高中学分制,学生将根据各自的特长和对未来职业的适合性及发展方向来选择和进修多种课程科目,累计获得毕业所需的学分标准。[1] 加强职业教育,让学生自主学习未来社会所需的核心能力。另外,将修订《小学和初中教育法施行令》,以便可以同时进行外国语高中、国际高中、私立高中和普通高中的入学考试,并支持希望转换为普通高中的学校能在不中断教育课程的情况下稳定地转换。

第三,保障基础学历及"1课程2教师制"。在强化公共教育责任和缩小教育差距方面,基础学历的保障作为韩国的主要教育政策一直在持续推进中。教育部从2012年开始以"不能错过每一个孩子"为原则进行1对1的以学生为中心的定制教育,并为了帮助学习成绩差的学生而设立学习诊断中心,系统地诊断学生学习水平,针对不同学生进行管理,为保障国家基础学历奠定基础。另外,从2015年首尔市教育厅开始实行小学合作教师制后,2018年为继续探索保障基础学历及课堂革新模式,实现1对1定制教育,示范开展了与辅助教师一起的小学合作教师制和由两名教师合作的"1课程2教师制",对课堂授课的方式进行了多种尝试。

第四,促进学校革新及自由学期制。通过将部分优秀学校革新的成果推广到普通学校,引导建设自治型和合作型的学校,构建民主的学校文化,扩大学生和家长等教育主体的参与。同时,为活跃以学生为中心的课程及以过程为中心的评价,改善学生评价制度,支持学校将自由学期制扩大为

---

[1] 资料来源于韩国教育部官网。

"自由学年制"。为此，韩国将开发评价模型，并为避免地区及学校间产生差距，发掘宣传优秀示例。同时，加强对学生进行系统的就业指导活动，推进初中、高中休学制的改革，从课堂教学开始全面支持帮助学生成长并促进公共教育的革新。

第五，提高适应未来社会需求的教师专业素养。为了适应未来社会，培养符合知识信息社会要求的教师，教育部对教师培训部门的课程进行重组，并加强对教师培养部门的质量管理，不断推进教师专业性的提高。为了让教师专心于教学和对学生进行生活指导，以教育活动为中心，改善学校文化，大幅度减少教师的行政工作。另外，将通过现场意见征集扩大校长竞赛系统，以便任命有能力的教师担任校长，并促进合理改进教师人事制度，例如完善绩效系统。教育部也计划积极支持专业性强的教师，以便有能力的教师引领公共教育领域的革新。

第六，简化高考制度，提高公正性。具体内容包括简化大学入学考试、确保大学入学考试的公正性、简化大学入学考试的录取程序、修改中长期高考制度等。2019年下半年，文在寅提出改革高考制度的建议，并在2019年10月22日国会施政演说中表示："将严格推进'学生综合素质评价[1]'录取制度，并对其实施的全面情况进行调查，探讨消除高中序列化的方案""还将制定包括增加定期考试权重在内的'入学制度改编案'"。2019年10月25日在首尔举行的教育改革相关部长会议上，强调扩大首尔一流大学的定期考试规模、改善学生综合素质评价录取制度、解决高中序列化问题、加强公共教育等。

---

[1] 学生综合素质评价录取占常规高考录取的20%，与常规录取不同，通常根据学生记录簿中记录的内容进行评估，但是否公正引起了争议。

（三）加强对特殊群体教育的保障和支持

第一，保障社会关怀对象[1]学习的权利。韩国教育部通过推进选拔机会的均衡，扩大需要社会关怀的学生接受大学教育的机会，并通过对扩大机会均衡选拔的大学提供奖励，保障需要社会关怀学生学习的权利。如帮助经济状况困难的学生入学，扩大中小企业工作人员等在职人员和成人学习者的大学升学机会，减轻成人学习者时间、经济上的学习负担等。

第二，扩大对社会弱势群体的教育援助。在韩国，从幼儿园到高中都必须对残障学生进行特殊教育。特殊教育包括根据残疾类型和特征的不同开展的特殊课程，以及定制服务（咨询、治疗和辅助技术设备）等。此外，向三岁以下的残疾儿童以及希望高中毕业后继续接受职业教育的残疾人免费提供教育。另外，为社会弱势群体增加特殊教师、特殊学校和班级，开设残疾大学生前途和就业教育中心，加强终身教育等根据人生周期进行的特殊教育支援。同时，强化政府部门与私营机构的合作，为校外青少年提供取得学历的机会，促进对学业中断学生的早期应对及管理。为学习成绩优异且具有潜在能力的低收入层学生等制定奖学金制度。通过这种具有针对性的支持，保障在任何情况下任何人都能得到优质的教育机会，并为缩小教育差距做出贡献。

第三，扩大对高中毕业生就业的支持。让职业高中和名匠高中的学生可以更顺利地进入相关专业领域，并充分发挥他们的才能和积极性。为此，公共部门带头聘用高中毕业人才，并通过部门需求调查，阶段性地扩大招聘规模；通过给予工资补助和税额扣除等方式支持聘用高中毕业人才的中小企业，扩大私营企业的高中毕业生聘用规模。此外，还计划通过各种政策来增加高中毕业生的就业机会，不断改善就业条件。

---

[1] 社会关怀对象是指根据收入水平等社会经济标准，从政策上、制度上得到国家或地方自治团体支援的对象。国家和地方自治团体从制度上照顾社会弱势群体和经济弱势群体，以保障机会均等，实现社会统一。社会关怀对象一般包括国民基础生活保障领取者、于国家有功者、残疾人等。

（四）提高高等教育质量促进职业教育革新

第一，强化高等教育的公共性和竞争力。韩国高等教育的对象是国家授权的高中毕业生或具有同等学力背景的个人。普通大学、大专院校、师范类学院以及基于在线学习的网络学院都可以进行高等教育。20 世纪 80 年代以前，高等教育机构的入学率一直低于 10%，但在 20 世纪 80 年代之后，入学率急剧上升，2019 年达到 67.8%。为了给所有人接受高等教育的机会，加强国家对高等教育的责任，强化高等教育的公共性和竞争力，自 2012 年以来，政府实施了各种国家奖学金计划，并建造了更多的宿舍以减轻学生的住房负担。此外，政府通过定制课程以满足学生和企业的技能要求，培养学生跨学科研究的能力，将大学提升为培养未来领导者的中心，并计划推进"强化高等教育的公共性及竞争力"的政策。为此，韩国政府将通过加强与地方自治团体的联系和鼓励自主创新来支持建设国立大学，在科研、教育、学生就业等方面加强国立大学间的合作，提高整体竞争力。另外，为了培养规模较小但实力雄厚的大学，计划加大对小规模大学的支持，并逐步加大对私立大学的财政支持力度，阶段性引进公营型私立大学，使其相当于国、公立大学。

第二，加强大学自主性及大学基础研究。"大学"是国家科学研发的中心，创造新知识并培养优秀研究人才的殿堂。韩国教育部计划加强大学自主性，扩大对大学研究、教育（专业化）和产学合作等基础研究的支持，提高国家各方面的增长潜力。如为促进大学的研究性和成果的积累，以及融·复合技术的产业化，将继续推进"支持大学创意型资产实用化"。被选定的大学将强化技术转化，并在有潜力的、以技术为导向的大学间进行技术资产的融合和商业化。

第三，支持大学创业和产学合作。为了解决青年就业难和人力不足的问题，支持大学生创业及产学合作。为此，推进大学生的创业教育，构建在线创业教育平台，扩大大学创业基金规模，并推进促进技术创业的研究室建设。在大学教育课程中，设立反映企业需求的个性化教育，加深大学生对企业的认识，提高与企业相关的就业率。建立"大学-公共机构-地方自治团体"相连接的产学合作集群，促进大学教育和就业率，并通过在大学创建产学合作区，引导以大学为中心的产学合作。

第四，加强国家对职业教育的责任。为有效应对第四次产业革命带来的工作岗位变化和低生育率导致的劳动力短缺等问题，韩国政府计划进一步强化国家对职业教育的责任。韩国的职业教育从高中阶段开始。大多数职业教育是在专门的职业高中进行的，而名匠高中则提供产业需求的课程，还有一些提供职业教育课程的普通高中。截至2020年4月，韩国有576所职业高中，占高中总量的24.3%。韩国政府的就业支持系统将中央政府、地方教育部门和学校联系在一起，帮助学生毕业后找到更多的工作机会。如"先就业、后进学"计划不仅可以帮助学生提早工作，而且还可以让他们在求职后接受高等教育，提高他们的能力。其他政策包括扩大针对在职学生的大学课程，并提供学费援助，帮助他们实现职业目标。扩大职业高中专业教师及辅导教师的规模，加大国家对职业教育部门的财政投入，引入培养创意·融合型技术人才的职业高中学分制，加强职业高中和专科大学的联系。另外，引入职业高中毕业生将学习和工作经验转化为大学学分的"先前学习认证制[1]"，用于大学插班学习及就业等方面。为此，将进一步完善各部门参与的职业教育体系，并制定国家层次的职业教育总体规划。

第五，提高大专院校的质量。韩国教育部为应对第四次产业革命，培养优秀的产业人才，采取各种措施与政策促进大专院校的发展，使其成为民族职业教育的枢纽，在本地区的终身职业教育中发挥关键作用。首先，扩大对大专院校的行政和财政支持，根据多样化和专业化的需求，全面提

---

[1] 先前学习认证制是指在学校、研究机构、企业等学习、研究、实习、工作的经验或经历被认可为大学学分的制度。

高职业教育质量，激活终身职业教育领域。其次，为了扩大国家对职业教育的责任，将在每个地区选择一所大专院校作为该地区的高等职业教育中心，将其建设成为公立专科大学。为此，计划收集大专院校和产业界等多方意见，制定"专科大学培养方案"，同时准备专科大学财政支持项目。

第六，促进K-MOOC等形式的成人终身学习。韩国的终身教育包括补充教育、成人扫盲教育等方面的系统性教育活动。"学分银行系统"等项目显示了韩国对终身教育的重视。另外，为了促进成人学习者的终身学习，韩国教育部加强扫盲教育及对成人学习者的教育支持，根据成人学习者的特性增加广播通信高中的灵活性。为应对知识生命周期缩短的第四次产业革命时代，完善利用K-MOOC等线上公开课程，加强大学的终身教育功能，让成人学习者利用大学优秀的基础设施接受优质教育。同时，将引导扩大至邑、面、洞等终身学习中心，积极支持开展自发性学习活动，以便任何人都可以亲身参与终身教育。[1]

（五）营造教育环境构建安全学校

韩国教育部力图培养主导第四次产业革命时代的创意融合型人才，构建安全学校，营造发达国家水平的教育环境。

第一，加强知识信息融合教育。韩国教育部为培养主导第四次产业革命时代的创意融合型人才，将构建包括软件教育在内的未来型教育环境基础设施，并通过STEAM教育架构创意融合教育基础。另外，通过加强先导大学的革新，培养第四次产业革命领域的创新产业人才。同时，培养中小学软件教育教师，强化负责教师培养的师范类大学的软件教育，检验软件教育的研究和先导学校的成果，建立优秀的研究模型。此外，通过引进实

---

[1] 교육부. 교육부 6대 국정과제②："고등교육 혁신으로 더 나은 미래 만듭니다"[J]. 행복한교육，2017（10）：36-37.

感型内容及提升数字教科书的质量，提供智能型学习分析服务，扩大无线基础设施的设置，构建未来型教育环境基础设施。另外，还将扩大STEAM研究和先导学校及教师研究小组的规模，同时支持并推进第四次产业革命先导大学内的教育环境、教育课程、教育方法的革新。

第二，营造发达国家水平的教育环境。为培养符合第四次产业革命时代的人才，韩国教育部减少教师人均负责学生数，改善教学条件和合同制教师待遇。首先，为扩大国立、公立幼儿园规模，将扩招幼儿园教师，并分阶段补充咨询、保健等特殊的非教科教师。其次，通过扩大学生的课程选择权、完善个性化教育、建设以学生参与为中心的课堂等改善教育条件，并阶段性地减少教师人均负责的学生数，达到经济合作与发展组织成员国的平均水平。最后，改善合同制教师待遇，实行优胜劣汰的制度。

第三，改善教学设施和教学环境。为了营造安全的学校环境，韩国教育部计划每年增加改善教育环境的投入，以解决存在灾难风险的设施，如改建40年以上老旧建筑物等，解决存在安全隐患的教学设施，改善韩国教学环境。另外，为了加强对学校设施的安全管理，在2018年上半年制定"改善教育设施5年综合计划"。更换老旧教室的空调、窗户以及粉笔黑板等设施，防止可吸入颗粒物对学生健康造成损害。力求建设"想去又好玩的学校"的国政目标，同时也为学生提供幸福的教育环境奠定了基础。

第四，加强对儿童的安全教育，改善学校周围的教育环境。韩国教育部计划以"每个孩子都是我们所有人的孩子"为理念，加强儿童安全教育，让学生安全地生活和学习，并持续改善学校周边的教育环境。为此，建立学校、地方教育厅、儿童福利机关等与当地社区相联系的早期发现虐待儿童的体系，并制定对设置在学校附近的赌博设施的合理监管措施。另外，有效实施系统的和持续性的学校安全教育，提高教职员及教育活动参与者的安全意识。同时，加强生存教育，培养学生的自我保护能力。

(六)恢复教育民主主义和教育自治

第一,恢复教育民主主义。韩国教育部促进改善国立大学校长的任命制度,并消除私立学校的腐败现象,以恢复教育领域的教育民主、信任与自主权。为此,将国立大学校长聘用制度改善为尊重大学成员协议的方式,废除国立大学校长候选人选定方式与财政支持项目之间的联系,并推进尽快解决长期校长空缺的状况。为确保私立学校的公共性、责任性,成立私立大学革新委员会及推进团,开设24小时"国家私立学校发展建议中心",制定并推进包括私立学校制度改善方案及调查、审核措施在内的根除私立学校腐败的方案。

第二,设立国家教育委员会。为了进行强有力的教育改革,文在寅政府设立可进行总统直属的国家教育会议和讨论中长期国家教育政策的国家教育委员会。2017年9月12日确立了《关于设立和运营国家教育会议的规定》,委任委员等程序于2017年11月正式出台。成立国家教育委员会后,通过对主要教育政策和政策提案提出建议,进一步提高教育政策的质量。另外,由于国家教育委员会对自身的性质和功能存在各种意见,因此计划通过国家教育会议讨论,收集充分的意见后,制定更多具体的教育方案。

第三,重组教育部职能。教育部从主导国家的教育政策中摆脱出来,教育实现地方分权和学校民主主义。2017年8月,教育部与市道教育厅共同组建"教育自治政策协议会",制定幼儿园、小学、中等教育的阶段性移交方案,是教育领域协治的象征。2018年,教育部内设立"地方教育自治强化推进团",推进三大课题:改编国家政策、扩大学校的自主性、评估市道教育厅的自主性。通过充分收集学校的意见,制定了"教育自治政策路线图"。随着幼儿园、小学、中等教育领域的阶段性向地方移交,教育部将强化高等、职业、终身教育领域的政策职能,应对第四次产业革命等未来型教育环境,提高教育竞争力。

第四，强化学校自治。教育部为加强学校的自治，一方面推进学校设立指导委员会，收集学生、家长意见，另一方面积极开展学生家长参与学校活动和学生自治活动。为了使学校的运营充分反映教育需求者的意见，扩大学校运营委员会的审议事项中学生和家长需要了解的主要内容的意见收集范围，以促进制度的改善。另外，为了强化学生家长参与学校教育以及构建以学生为中心的共同体，将制定促进家长和学生自治活动的方案，并通过优秀案例的评选和宣传，推广各种自治活动模式。

第五，加强教育领域的交流。通过教育政策说明会、教育政策履历制和教育领域现场的交流等加强教育领域的沟通交流，增加教育成员的参与机会。首先，将确保教师、学生和教育部门之间的现场沟通机会，如"与父母一起的脱口秀""访问市道政策协议会""各区域的高等教育政策说明会"等。其次，通过政策咨询委员会与国策研究机关建立合作体制等，实现政策实施、反馈等过程的交流。最后，通过不断发现国民关心和影响大的政策，扩展政策实名制[1]和教育政策履历制。

二、挑战与对策

（一）构建共享型数字化的未来教育

1. 构建共享成长型教育体系

在第四次工业革命的进程中，人口结构的变化和高度联系的社会正在改变个人的生活方式，新的价值观和秩序也在逐渐形成，再加上全球供应链

---

[1] 根据 2018 年 11 月 27 日施行的《行政效率和促进合作的相关规定》，是指为了提高政策的透明性、责任性，记录并公开参与主要政策决定及执行的相关人员的实名等制度。

的变化,世界经济低增长,社会的资源分配结构加剧了阶级之间不平等的状态,中产阶级式微,进入了上层独占的超两极化的时代。教育在这样一个不断变化的时代,需转变应对未来的被动姿态,摆脱跟随发达国家教育的追击型教育改革,采取创造未来的积极态度,建立自信的教育,通过建立韩国式的教育体系来探索先导型全球教育价值链,构建新秩序和新范式。

远程教育普遍化引起了数字化教育能力和数字化理解力的两极分化,以及由此带来的学习差距,这些已成为国际性议题。为了解决超两极化的教育问题,政府应扩大教育支持项目,如为弱势儿童提供教育福利政策,为恢复中产阶级提供教育支持等。另外,为了革新超两极化的教育结构,应该探索以人类生活质量为中心的教育模式。以连带、合作、共鸣为中心的包容社会,比起胜者独食、各自为生的竞争社会,更能够保障富有人性化、生动感和活力的生活。教育不是个人间、学校间的竞争,应该构建共享成长型教育体系,使教育能通过合作和协作共同成长并展现其创新能力。

2．利用数字化技术改革学校教育

第四次工业革命的驱动力是人工智能、3D打印、机器人、大数据、无人驾驶以及物联网等科学技术,其也会通过"超连接"迅速改变社会体制。第四次工业革命具有积极的一面,例如可以通过发展新兴产业和重建工业生态系统来调整以财阀为导向的经济结构和确保新的增长引擎,但是由于人工智能等技术进步带来的工作岗位减少、阶级差距增大等问题将变得更加严重。与此同时,第四次工业革命为学校教育带来了数字技术教育、数字混合形态授课、数字教育基础设施建设以及利用人工智能和虚拟现实来定制学习等新变化,但如果通过大数据和人工智能的连接和融合形成超智能化现象加速,专注于简单知识转移和记忆的学校教育将面临革新,教育两极化的问题也将变得更加突出。第四次工业革命的特征"超连接性"指向相互合作和网络社会转换，创新和自律的个人能力以及通过相互合作解决问题的多元能力将成为社会的核心。与此相适应的学校教育目标、内容和方法以及人力资源等政策的革新也变得更加迫在眉睫。

3．改革符合时代变化的教育课程

虽然人工智能社会已经来临，各界也在不断讨论以多种方式应对未来的教育，但实际上韩国学校并没有发生大的变化。虽然聊天机器人、增强现实、虚拟现实、自然语言处理技术等尖端技术正在教育领域得到应用，但教育还没有发生革新性的变化。

"人工智能技术在教育中的应用"大致可以从两个方面进行讨论，即在人工智能时代应该教什么和应该如何教。应该如何教的问题是如何将多种人工智能技术应用于教授和学习活动。但更重要的是，应该教什么，以及在人工智能技术可以以多种形式被利用的今天，如何传达目前教科书的知识和信息等。

关于人工智能时代学校教什么的问题可归结为对未来人才面貌的讨论。学校培养的未来型人才所需的能力可以概括为"6C"。第一，概念性知识（Conceptual Knowledge）。概念性知识是教育课程的核心，为了培养学生创意性学习能力，理解课程的核心概念是必不可少的。还有学习结果的转移，即不仅是简单的接受信息，而是举一反三，把所学知识运用于其他范畴，转化为具有更高价值的知识。第二，创意性（Creativity）。创意性是指利用新的想法或概念将现有想法或概念重新组合起来解决问题的能力。第三，批判性思维（Critical Thinking）。批判性思维是指在进行判断时，能不偏不倚地分析事物或基于事实证据进行评价的能力。在信息形态和媒体更加多样化的未来社会，批判性思维是分析问题的核心能力。第四，计算思维（Computational Thinking）。计算思维是指分析问题、设计系统、模型化、算法化及通过计算机科学来解决问题的能力。第五，融合能力（Convergence）。融合能力是指为解决问题，在内容和方法方面综合运用各种学科和实际领域的知识和信息的能力。在内容方面，可以实现学科间的融合、新学科的创造、学科与实际生活的融合；在方法方面，可以利用人工智能、虚拟现实等进行革新融合。第六，人性（Character）。人性在东方意味着人本来的性格，在西方意味着更具体的社会情绪力量等非认知力量。社会情绪力量由自我认识、自我管理、社会认识、关系技术、负责任的决策构成，在强调全球问题和共同体意识的未来社会中，人性是重要的核心。[1]

人工智能时代不是遥远的未来想象，而是现在进行时。需要改革符合时代变化的教育内容，以核心概念性知识为中心、五种能力为基础的教学内容为教育课程的重构指明了方向。在教育界利用多种尖端人工智能技术之前，有必要对未来的人才需求进行深入的研究和对教育课程进行革新。在2022年修订的国家教育课程中，应该筛选出各学科的核心概念性知识，提出引领未来社会的创意性人才培养之路。

（二）有效应对人口结构的变化

在经合组织国家中韩国的老龄化速度处于最高水平，存在老人贫困率和老人自杀率高、生产人口减少、应对老龄社会转换的社会经济体制改善不足等问题。早在2006年联合国人口论坛上，英国牛津大学人口问题研究所就曾提到"韩国的低出生率问题可能导致其成为地球上最先'消失'的国家"。虽然韩国人口问题可以从多个方面来看，但首先是学龄人口和可生产人口（15—64岁）比重的急剧减少、老年一代比重和老龄化速度的急剧

---

[1] 资料来源于韩国教育部官网。

增加、多文化家庭的增加等。韩国从 2016 年开始，可生产人口达到顶点并呈下降趋势，从 2020 年开始，受生育人口持续减少和婴儿潮一代大举进入老龄人口的影响，韩国人口结构发生了"断崖式"变化。"人口断崖"式发展导致人口骤降、生产力减少、消费萎缩、工作岗位减少、经济低增长等问题。根据韩国统计厅预计，2017 年韩国的 5 136 万名人口到 2067 年将减至 3 929 万名，人口规模回归到 1982 年的水平。[1] 因此，韩国未来教育面临的一个严峻问题是作为教育主体的学龄人口的减少。为了韩国教育的可持续发展，有必要转换思路，把学龄人口减少视为机会和挑战，而不是教育危机。

1. 人口问题的解决方案

从社会结构角度来看，韩国的人口问题是在经济、劳动、教育、医疗等众多社会结构性因素的综合作用下形成的。在韩国，由于结婚和生育抚养困难等原因，处于适婚年龄的一代出现了放弃结婚和晚婚、回避生育和低生育率、回避养育和放弃养育等现象。为了缓解韩国社会低生育率和老龄化现象，并积极引导结婚和生育，首先政府应该大力推进韩国社会育儿、减轻结婚和育儿带来的经济负担、制定让工作家庭并存和工作生活均衡的各种政策和制度等。从这个角度来看，韩国政府为消除引发放弃结婚及回避生育的社会结构性原因，将提供巨大的经济援助。另外，人口结构变化现象与可生产人口数量减少导致了经济低增长，因此，通过提高人力资源的质量来提高劳动生产率是当务之急，为此，迫切需要扩大未来教育投资。同时，为了国家各地区均衡发展，消除地区差异，应制定教育投资分配战略，认识到教育是对未来的投资，是国家可持续发展的必要因素。[2]

---

[1] 차우규. 왜 인구교육인가 [J]. 교육정책포, 2021（334）: 4-7.
[2] 반상진. 교육을 조망하며（2021 년, 다가온 미래와 교육）[J]. 한국교육개발원, 2021（331）: 4-7.

2．政策问题及解决对策

韩国以往应对低出生率危机的对策重点是建设育儿基础设施、减轻结婚及育儿带来的经济负担、引入工作家庭两全的政策和制度等，但仅靠这些措施是不够的，还须诱导家族亲和价值观和文化的形成。因此，从社会文化角度来看，为了克服今后超低生育率问题，必须改善育儿基础设施、减轻结婚及育儿带来的经济负担、制定工作家庭并重和工作生活均衡的政策和制度、为新婚夫妇提供住宅、为青年提供工作岗位等。同时，还要树立对婚姻和家庭的价值理解、对子女的珍贵认识、对下一代的自信感，以及工作家庭和工作生活并存文化、反偏见文化、共同育儿文化等。

另外，在法律和制度得到完善的同时，为了能在现实中得以实施，个人认识和社会文化也要进行变革。因此，需要进行人口教育和宣传，而且为了引导系统性的、持续性的变革，应该以教育为中心。

3．人口教育

人口教育是通过让学生了解家庭、地区、社会、国家、世界的人口及相关内容，使学生具备应对人口状况的合理和负责任的态度的教育活动。学生在教育中了解人口现象的特征、变化、背景和原因等，分析对其自身和社会产生的影响，能帮助其具备应对人口状况的合理和负责任的态度，从而促进其个人生活质量的融合发展，不断提高其自身价值。强调负责任的态度，不仅是为了提高个人生活质量，更是为了谋求社会的持续发展，形成亲家庭的价值和态度。人口教育不是为了要介入抑制生育或奖励生育等涉及个人选择领域而制定的国家政策，而是以"提高个人和社会生活质量"为目的展开的教育活动。

人口教育是各种人口政策在韩国实行的基础。在韩国，各种人口政策的具体实施是人口教育必不可少的要素。韩国的第一次到第三次低生育高龄社会基本计划正是忽视了人口教育的重要性，最终成为标本化的人口政策。韩国应该更加积极地关注人口教育，反映在教师培养政策上，就是在教育行政机关新设人口教育政策负责人，实现系统性的人口教育。

虽然，韩国为应对低出生率问题，在劳动、住宅和经济等多方面进行改革，但问题仍未能得到有效解决。比如，经济水平高带来了高学历女性结婚时间晚、生育率低的问题。因此，应努力通过人口教育，系统、持续地将个人价值认识及社会文化环境认识转变为亲家庭环境认识。特别是要根据学生的人生发展阶段，以其能够产生共鸣和理解的主题和内容来讨论人口教育。

人口教育的核心主题或内容要素包括脱离权威主义和建立民主家庭、两性平等及工作和生活的均衡、多文化包容性和多样的家庭、预备夫妇教育和爸爸的育儿参与、富人教育、消除世代平等和世代断绝、世代责任意识、共同体意识和共同育儿、对未来的希望等。

随着学龄人口的减少，教育机关的各种应对是必要的，但这只不过是临时性的消极应对而已。更根本的对策应该是积极支持人口教育。学校合并、每个班级人员数调整、闲置教室翻新、教师供求调整政策等都是随着学龄人口减少不得不做出的对策，但重要的是人口教育。如修改教育课程时，要系统地反映人口教育内容，教师培养机构教育课程中必须包含人口教育。另外，在教育部和教育厅层面，有必要开发人口教育教材（包括数字教科书）进行学校人口教育，全面推动人口教育的发展。

第十一章 教育行政

教育行政是指为了有效地实现教育目的，制定或执行教育政策法规，整顿确立教学所需的各种条件，有效地调整教育组织成员协同行为的服务活动。

韩国教育行政体制和实践具有世界上其他国家所没有的独特之处。建国之初，韩国就采用了西方分权型体制，而不是中央集权的统治模式，这为韩国教育的自由和多样发展提供了良好的体制环境和进行多种尝试的可能性。例如，颇具韩国特色的地方教育自治制度受到了广泛关注和研究。然而，韩国政府并不偏重和依赖地方自治，虽然国家和地方教育自治两者处于对等的地位。地方自治团体仍然属于国家的组成部分，在接受中央监督、遵守国家统一标准的前提下，享有地方教育自治权。

第一节　教育行政体系

基于与教育相关的诸多法令，韩国确立了具有一定特色的教育行政制度和体系。例如，韩国《教育基本法》（2007年12月21日修订）第5条规定，韩国国家和地方自治团体应保障教育的自主性和专业性，制定并实施符合实际情况的教育政策，确定韩国的教育行政体系的主体是中央教育行政和地方教育行政两大层级。再如，《教育基本法》第 11 条规定国家和地方自治团体应设立、经营学校和社会教育设施，第 17 条规定国家和地方自治团体可以对学校和社会教育设施的建设和管理进行监督等。

一、教育行政体制

如果说教育行政是为了实现教育目标而发起的协同行为，那么有效实施教育行政的依据和制度基础就是教育行政体制，载体就是教育行政组织。大部分国家的教育行政体制都由中央教育行政组织和地方教育行政组织构成，在机构设置和职能等方面呈上下段关系。

韩国的教育行政组织主体由中央教育行政组织和地方教育行政组织构成的。韩国的中央教育行政组织以教育部为中心机构发挥着作用，地方教育行政组织以地方教育自治为基础，由教育委员会、教育监、市/道教育厅、市/郡/区教育厅组成。一般来说，中央教育行政组织负责教育法规和各种教育政策的制定、财政预算的制定和运行、课程和教材的制定、高等教育机构运行、组织开展教育调查统计分析和研究等事务。地方教育行政组织在教育监的全面负责下，掌管着市、道层面的教育事务。

（一）中央教育行政

韩国的中央教育行政组织以教育部为中心，同时包括总统、国务总理、国会等角色。从行政机构的角度看，由中央行政机构确立下属的部、处和厅履行相应职能，行政管理的权限体系自上而下分别是"总统—国务总理—国会—教育部官员"。

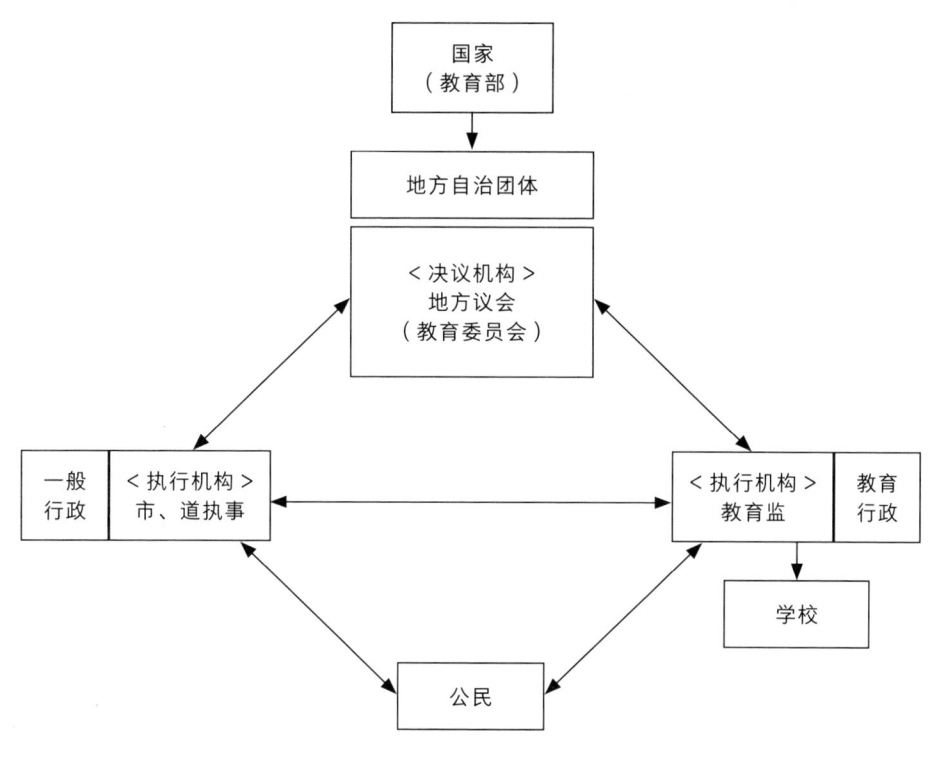

图 11.1 韩国的教育行政框架

1. 总统、总理和国会

韩国总统在国家教育行政中的角色和作用包括：指挥和监督兼任教育部长官的副总理的工作，发布关于教育的总统令；任命主要岗位的教育公务员；在教育政策制定过程中发挥一定的影响力。

总理不仅对教育部的工作行使指挥权力，还通过辅佐总统、接受总统的教育令统辖教育行政各部。

国会作为政府政策的审议机关，审议政府制定的重要教育政策，发挥相应的教育行政功能。

2．教育部

教育部是韩国中央教育行政组织的核心，履行教育行政的中枢职能，是依据教育法令、总统指令及国会决议，执行国家教育政策的最高教育行政机关。

1948年，韩国建国后成立文教部，1990年第一次更名为教育部。2000年12月，《政府组织法》修改后，由一名国务副总理兼任教育部部长（教育副总理），同时作为国务委员，参与国家最高教育政策、法令的制定，发表教育部令，对下属机关行使指挥监督权等，发挥中央教育行政组织的实际作用。

根据《政府组织法》（2017年7月26日修订版）规定，教育部是负责人力资源开发、学校教育和终身教育、各类学术事务的中央教育行政机构。教育部部长接受国务总理关于教育、社会及文化政策的政令，负责统筹协调有关中央行政机关，并可担任国务委员。另外，教育部可以设置一名次长（副部长）辅助部长开展工作和履行职责，并可担任政务型公务员。

教育部的总体职能定位是将人力开发和科学振兴国家两者结合，对教育、社会和文化政策进行统筹协调，全面负责人力资源开发和人才培养工作，并开展学校教育、终身教育等其他有关教育的事务。

根据《教育基本法》（2007年12月21日修订版）等相关法律规定，教育部的行政权限具体如下：

首先，教育部和地方自治团体教育行政部门教育权限的内涵包括：制定并实施更加积极的男女平等政策；制定和实施必要的措施，使全体国民确立在学业、研究、考试等所有教育过程中的伦理意识；为保护学生、培养学生对性的正确认知，制定和实施必要措施；制定和实施保证学生与教职工安全、预防事故发生的必要措施；制定和实施必要的措施以确立学生和教师自由民主的基本秩序，追求平和、统一的教育或培训；为具有身体、精神、智力障碍等需要特殊教育和关怀的学生开设和运行专门学校，并为提供教育支持制定和实施必要的措施；对在学问、艺术或体育等领域展现出色才华的学生，制定和实施必要的措施；为振兴幼儿教育、科学和技术培训，制定和实施必要的措施；为使全体国民能通过学校教育和社会教育提高职业素养和能力，制定和实施必要的措施；为促使学生参加体育活动，制定和实施必要的奖励政策。

其次，教育部权限的外延在于：培养国民作为国际社会的一员而应具有的素养和能力、为国际化教育做出努力；为居住在外国的同胞实施必要的学校教育或者社会教育，制定必要的措施；为振兴学术研究制定出国留学的相关措施，为促进世界各国对韩国的了解、确立韩国文化整体性的教育研究活动提供支援；就与外国政府和国际组织等进行教育合作制定必要的措施。

教育部的组织机构如图 11.2 所示。

以教育部在职业教育管理中的职能发挥为例，教育部对韩国职业教育体系的管理负全责，终身和职业教育局及其下属的人力资源和能力政策司、终身教育政策司、职业教育政策司和中等职业教育政策司负责具体工作。韩国大学学院教育委员会负责职业学院的管理。①就业和劳动部负责职业培训。该部下属的就业政策处、技能发展政策司、人力资源发展司和技能发展评估司负责协调职业培训。在私营部门，根据《工人职业能力发展法》提供职业培训。②就业和劳动部下属的韩国人力资源开发处负责执行技能发展政策。这些政策包括终身职业能力发展、国家资格考试、外国人就业支持、海外就业和技能竞赛等。③韩国职业教育培训研究院和韩国劳动研究所负责进行与职业教育和培训有关的研究。韩国职业教育培训研究院成立于 1997 年，其宗旨是通过有效的职业教育培训政策及资格考试制度相关研究和职业教育培训项目的开发、普及等措施，积极推广职业教育培训以提高国民的职业能力。作为国务总理下属的国策研究机构，以成为"主导

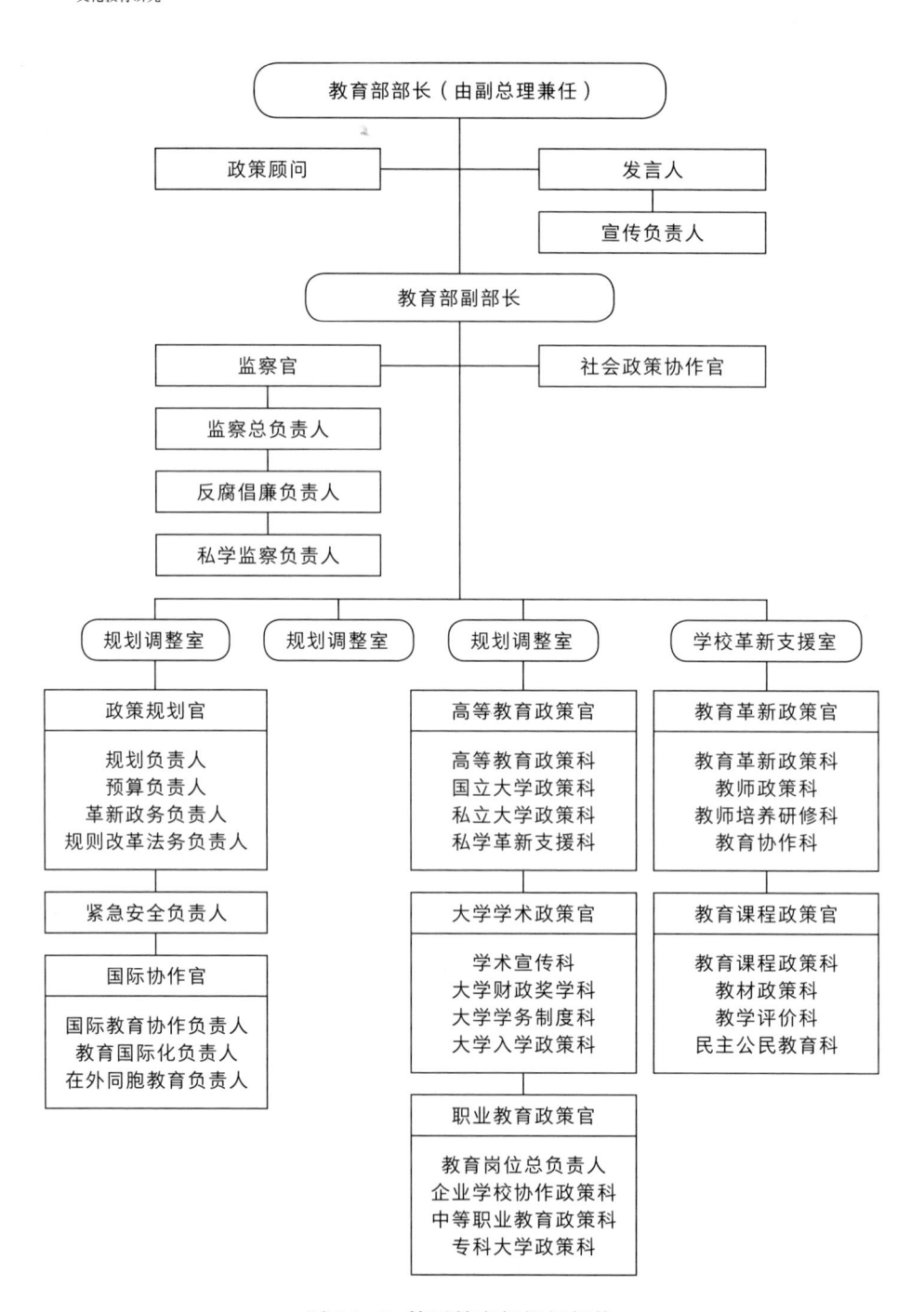

```
                    教育部部长（由副总理兼任）
                            │
        ┌───────────────────┼───────────────────┐
     政策顾问                                   发言人
                                                 │
                                              宣传负责人

                    教育部副部长
                            │
        ┌───────────────────┼───────────────────┐
      监察官                                社会政策协作官
        │
     监察总负责人
        │
     反腐倡廉负责人
        │
     私学监察负责人
```

规划调整室	规划调整室	规划调整室	学校革新支援室
政策规划官	高等教育政策官		教育革新政策官
规划负责人 预算负责人 革新政务负责人 规则改革法务负责人	高等教育政策科 国立大学政策科 私立大学政策科 私学革新支援科		教育革新政策科 教师政策科 教师培养研修科 教育协作科
紧急安全负责人	大学学术政策官		教育课程政策官
国际协作官	学术宣传科 大学财政奖学科 大学学务制度科 大学入学政策科		教育课程政策科 教材政策科 教学评价科 民主公民教育科
国际教育协作负责人 教育国际化负责人 在外同胞教育负责人	职业教育政策官		
	教育岗位总负责人 企业学校协作政策科 中等职业教育政策科 专科大学政策科		

图 11.2 韩国教育部组织机构

教育训练—就业相衔接的全球职业能力开发政策研究机构"为目标，推进国家人才开发和职业教育培训的政策研究，进行资格考试制度和教育及培训项目的开发、职业培训机构及培训课程的评价、国家公认的民间资格管理及运营、职业前途信息及咨询服务等多种研究。

（二）地方教育行政及地方教育自治制度

韩国全境分为 1 个特别市、6 个广域市、8 个道、1 个特别自治市以及 1 个特别自治道，这些行政区域形成了 17 个广域地方自治团体，每个地方自治团体都设有"教育监"作为掌管地方教育的最高负责人，行使地方教育行政的权力。此外，韩国还建立了颇具特色的地方教育自治的教育行政制度，与中央教育行政共同构成国家教育行政体制的两大层级，形成中央、地方二元化管理模式，并作为教育公共治理的现代化形态，为世界各国提供了很好的借鉴。

1. 地方教育行政的组织机构

（1）教育委员会。在《地方教育自治的相关法律》（2015 年 6 月 22 日修订版）中，规定了道、市的议会可以设立教育委员会，审查和表决有关教育、学术事务的议案和请愿等，具有常任委员会的性质。委员会成员由道、市议会议员和教育议员组成，人数为 7—15 人，其中后者须过半数。成为教育议员的候选人是有 5 年以上教育或教育行政经历，且在过去的 1 年内是非政党党员。教育议员由居民直接选举产生，任期 4 年，拥有道、市议会议员的地位和权限。

教育委员会的权限包括：发布条例；预算和结算；特别征税、使用费、手续费、摊派金、分担金及入会费征收的有关事项；公债案；基金的设立和运营；总统令中关于重要资产的取得和处置的有关事项；总统令规定的公共设施的设置、管理和处置的相关事项；除法令条例规定外、预算外应承担的义务等相关事项；请愿的受理和处理；与外国地方自治团体的交流合作；法令和道、市条例规定的其他权限和事项。

（2）教育监。根据《地方教育自治的相关法律》，在市、道设立教育监，作为地方自治团体教育、学术事务的执行机关，代表道、市开展教育行政工作。

教育监成员候选人的资格是具有3年以上教育或教育行政经历，在过去的1年内是非政党党员。最终由公民直接选举产生，任期4年，最多可连任3届。

教育监的权限包括：条例的编写和提交；预算的编制和提交；决算报告的编写和提交；教育规章的制定；学校和其他教育机构的设立、迁移和废止；教育课程运营的有关事项；科学技术教育、终身教育的振兴；学校体育、保健和环境净化的有关事项；学生走读的有关事项；教育设备设施和教具的有关事项；资产的取得和处置的有关事项；特别征税、使用费、手续费、摊派金、分担金及入会费征收的有关事项；公债、借款和预算外应承担的义务；基金的设立和运营；辖下的国家和地方公务员的人事管理；道、市所委托其他教育、学界事务。

值得注意的是，教育监可以在法令条例的范围内就其权限内的事务制定教育规则，但应按照总统令规定的程序和方式公布，如果没有特别说明，从公布之日起20天后才能生效。

（3）市、道教育厅和市、郡、区教育厅。在首尔特别市、广域市、道设有教育厅，教育监下设副教育监、局长、科长、股长职位，负责相应权力范围内的地方教育事务。从纵向职能分工来看，市、道教育厅是韩国地方教育行政权力的实体部门，致力于地方教育政策制定、教育资源管理与配置及教育评估等工作。

规模较大的市、郡、区，在教育厅下设立学务局和管理局，规模小的设立学务科、社会教育科、管理科和财务科等，对幼儿园、小学、中学、公民学校、高等院校等各级各类学校进行办学指导和监督。

2. 地方教育自治制度

在教育管理基本政策的变化过程中，韩国的教育行政体制经历了从中央集权到地方分权、再从地方分权到学校自主决定的两大重要转折，分权化、自治和公民参与是变化的主要特征，显示出韩国始终在为实现教育民主化而努力。在韩国教育发展的初期阶段，中央集权这种向上式的教育体系在教育政策的统一、教育资源的合理有效分配等方面发挥了积极作用。但随着教育系统的迅速发展和外部环境的变化，这种管理体系逐渐暴露出单一化、缺乏灵活性等问题，使得教育系统很难根据社会政治、经济的变化迅速做出调整和反应，尤其难以满足各地区不同的现实状况和学生需求。1991年，韩国政府制定并公布了《地方教育自治法》，其中使用了"地方教育自治制度"这一用语。地方教育自治制度作为一种教育制度在韩国应运而生，也自此成为韩国教育行政体制和实践的一大特色。

韩国教育开发院将韩国地方教育自治制度的概念和内涵界定为：在地方分权的思想和民主控制的自由民主主义理念基础上，以一定区域为基础设立教育自治机构，在公民的责任分担下，实现地方教育事业的发展。简言之，就是为实现地方教育管理上的自主性和专业性，赋予地方教育自治机构相应的角色和功能，以谋求建立和发展教育体系。从根本上来讲，这种自治的根基来自基础法令的保障和导向，即在《教育基本法》中规定的国家和地方自治团体应当保障教育的自主性和专业性，建立和实施因地制宜的教育措施。以此为本，韩国的地方教育自治制度是基于地方分权、公民控权、独立于一般行政之外、专业化管理四方面原理而建立的，是一种将地方自治和教育自治相结合的制度。

据此，韩国在实施地方教育自治制度时遵守的四大基本原则如下：

第一，地方分权的原则。这一原则指的是，应教育行政民主化的要求，扬弃中央政府的统一控制和处理方式，制定符合地方实际情况的教育政策和实务。其宗旨是，通过立足地方的特殊性，实现以多样性为基础的统一性，并通过地方公民的教育活动培养其自主自治的精神。

第二，公民控权的原则。这一原则与地方分权原则并称为"民主性原则"，意味着公民可以通过他们自己的代表议决教育政策，具体体现为教育委员会制度。其意义在于摆脱官僚控制，公正对待和尊重民意。

第三，独立于一般行政之外的原则。由于教育事业的特殊性，并保障其自主性和政治中立性，必须将教育行政从普通行政中独立出来。

第四，专业化管理的原则。这与独立的原则并称为"专业性原则"。该原则是指，必须对教育活动的本质和特殊性有充分的理解和认识，并通过一定的训练积累复合的教育行政技术，以培养能够有效管理教育活动、具有专门教育领导能力的人员，由他们掌管和负责教育行政活动的开展和运行。具体来说，包括教育监制度、教育行政专职人员制度等。

韩国地方教育自治制度的意义在于把教育行政从一般性行政中分离出来，使地方的教育运营摆脱中央行政的控制而独立，即实现教育行政管理上的地方分权。究其原理，确立地方教育自治就是要在地方自治的范围内，确保教育的自主性、专业性和政治中立性，以教育主体（教师、学生、家长）为中心，通过当地公民的积极参与，使教育行政从人事、财政等各个方面独立出来，以保证行政制度和组织上的教育独立性，促进教育的分权化。

在具体实施方面，首先是教育立法对于地方教育行政制度的规定。遵照韩国一贯的法案精神，韩国地方教育自治制度的实施首先要有相应的法律基础和保障，如2020年11月24日修订和颁布的《地方教育自治有关法律的施行令》（总统令）、2021年3月23日最新颁布的《地方教育自治法》等。其次，从权力主体和权责上来看，地方教育自治制度的辐射范围为地方自治团体的教育、学界事务，分为特别市、广域市、道及市、道两个层级，各级可设1个或2个以上的以市、郡、自治区为辖区的教育行政机关。韩国地方教育行政在横向上有两个并行的权力主体，即"教育委员会"和"教育监"，二者之间不存在隶属关系，而是根据韩国《地方自治法》和《地方教育自治法》分别享有各自独立的组织权力，并相互制衡；教育委员会设在广域单位地方自治团体中，作为教育自治的决策机构，具有审议、监督、干预权。由此可见，韩国地方教育行政权力集中在市、道一级的教育行政机构中，它们与下属的市、郡的教育行政机构之间形成了"纵向二级机构设置、横向二元主体并行"的公共治理网络，而中央政府只通过立法和制定教育规则、政策等宏观手段参与治理。

从2010年起，教育委员会成为地方议会的常设委员会之一，享有与其他委员会同等的行政权力。《地方自治法》规定：该委员会享有地方条例规定的立法权、财政权和行政监察权；对外拥有在本领域内设置公共设备、处分相关事务的权力，受理居民请愿事项的权力以及其他法令、条例规定的地方议会的议决权；对内拥有议会规则制定权、内部监察权、内部组织权及地方议会议员的资格审查、惩罚、辞职许可等事项的处理权。委员会成员半数以上须有10年以上教育或教育行政资历，且在过去2年中不属于任何政党。教育委员当选后，不能兼职公务员、教师、私立学校的经营者和理事等职位。委员职务任期4年，其中议长、副议长由委员会成员无记名投票选举产生，任期2年。

教育监由当地居民直接选举产生，全面负责该地域的教育自治事务，任期4年，可以连任3届。教育监的选任不仅有学识和德望方面的要求，还需要有过去2年不具有政党党员身份和5年以上的教育或教育行政经历。教育监当选后，不能兼职国会议员、地方议会议员等其他职位。根据韩国《地方教育自治法》《地方财政法》《初、中等教育法》《行政权限的委任或委托有关规定》等法律法规，教育监具有"教育财政权，国家财产管理与处分权，教育规则制定权，学校等教育机关的设置、移转、废止权，所属教师和教育行政公务员的人事管理权"等职权；对下级机关及其领导者还可以行使委任权，指挥、监督权和事前协议权。当有紧急事件发生时，教育监具有先处理后向教育委员会报批的处分权。为避免权力滥用，对教育监的行政权力也有一定的限制，如制定与当地居民财政、义务相关的条例时，必须与地方自治团体长官协商后再做决定，当教育监判定市、道议会或教育委员会的议决有违反国家法令或侵害公众利益时，有权将案件报告给教育部长官，进而要求教育委员会再议决等。

（三）学校

韩国《教育基本法》（2007年12月21日修订版）规定了幼儿教育、初等教育、中等教育和高等教育学校的设立种类、办学方式等有关学校教育的基本事项，其中明确了在各级各类学校内部，教育行政由谁完成、应当履行哪些职能等内容。

1. 组织主体：学校运营委员会

根据《初、中等教育法》规定，为提高学校运营的自主性，进行符合地区实情和特色、多样和有创意的教育，韩国在小学、初中、高中及特殊学校成立学校运营委员会。学校运营委员会由该校的教师代表、家长代表和地区社会人士组成，人数为5—15人。学校运营委员会在教育行政方面的主要职能包括六类：第一类，在办学决策中的行政权责，包括对于学校运营的提案和建议；学校章程、校规的制定和修改；学部的组建和运作；辅佐校长履行教务和学生管理职责，校长因故不能履行职务时，代行校长职责。第二类，在学校财政中的行政权责，包括办学经费的筹集、运营及使用；对于学校发展基金相关事项的审议和表决。第三类，在学校人事管理中的行政权责，包括校长的公开招聘、聘用和评价；教师的招聘。第四类，在招生、教学和学生管理中的行政权责，包括高考特招生的推荐；选定教学所用的图书和教学资料等；正规学习时间外或放假期间的教育和培训活动。第五类，在后勤服务中的行政权责，包括学校的供餐；校服、运动服、毕业相册等家长负担费用的相关事项。第六类，其他由总统令或市、道条例规定的学校委员会应承担的事项。

2．行为主体：校长、校监和教育行政人员

小学、初中、高中、（高等）公民学校、高等技术学校以及特殊学校等均设有校长、校监、首席教师和教师等。但学生数在100名以下或班级数在5个以下的学校，可以不设校监。此外，除了教师之外，在学校内还设有学校管理所必需的行政职员等，他们有各自的职责。校长通过统辖教务和对下属教职员的指导、监督，完成教育学生的职能。具体来说，根据《教育基本法》规定，学校和社会教育机构的创立者、经营者应根据法令规定，确保教育相关设施、设备、财政及教师等资源的配置并进行管理，选定生源并记录和管理学生的学习成果。此外，校长可以在法令范围内制定或修改学校规章，制定和修订的程序应遵照总统令的相关规定。校监辅助校长管理教务、教育学生，校长因不得已的事由不能履行职责时，代替校长履行职责。在没有校监的学校里，由校长指定的教师（包括首席教师）代理校长的职务。教育行政人员依照法令规定负责学校的行政事务和其他事务等，是学校教育行政的执行者。

二、教育财政投入

韩国的教育财政一般包括中央教育财政、地方教育财政和学校教育财政，其中构成宏观教育财政体制主体的是前两者。

（一）中央教育财政投入状况

2000年以后，韩国的教育财政投入预算基本保持在占政府财政总预算15%—21%的水平，见表11.1。[1]

表11.1 2000—2017年韩国政府预算、教育部预算及教育部预算占比

单位：百万元，%

年度	政府预算	教育部预算	教育部预算占比
2000	939 370 570	19 172 028	约20.4
2005	134 370 378	27 982 002	约20.8
2010	211 992 599	41 627 519	约19.6
2015	322 787 071	51 224 094	约15.9
2016	329 909 201	54 065 928	约16.4
2017	339 661 568	61 832 104	约18.2

根据韩国《2018—2022年国家财政运营计划——教育领域报告书》，教育整体支出呈增长趋势，从2013年的49.6万亿韩元增加到2017年的57.0万亿韩元，年均增幅为3.5%。其中，在各领域支出中，高等教育一直为高增长率领域，幼儿和中小学教育、终身教育、职业教育和社会福利等

---

[1] 资料来源于韩国教育部官网。

领域则低于平均增长率,见表11.2。

表11.2 2013—2017年韩国教育部各教育领域财政投入情况

单位:亿元,%

领域/年度	2013	2015	2017
幼儿和中小学教育	415 236	395 656	471 494
高等教育	71 671	104 173	93 638
终身、职业教育	4 521	2 435	2 545
其他教育	929	992	1 079
社会福利	—	—	1 451
总计	496 439	503 256	570 038

虽然近几年高等教育的支出相对增加了,但幼儿及中小学教育占总支出的比重超过82%,高等教育与终身、职业教育之和不到17%,也就是说教育领域的预算几乎大部分都用于幼儿和中小学教育,可见韩国的教育投资模式仍未摆脱以中小学教育为中心的模式。细究各教育领域的支出项目,占最大预算的项目是地方教育财政拨款42.93万亿韩元,其次是幼儿教育支援专项会计支出预算3.94万亿韩元,二者约占幼儿及中小学教育预算的99.4%。

(二)地方教育财政体系

地方教育财政指的是韩国地方自治团体为了设立、运行教育机构和教育行政机构而筹措、支出经费等一系列公共经济活动,一般由地方教育行政机构负责。因在教育财政性质和规模上的特殊作用,地方教育财政已经成为了整个国家初等、中等教育管理的中心。

考虑到教育的特殊性,地方教育财政制度在运行模式上不同于其他地方财政事业，由国库和地方共同负担。其中，国库负担的部分由专供地方教育的财政拨款和国库补助金构成，地方负担的部分由地方教育行政机构的收入和地方自治团体的拨款构成，见图11.3。

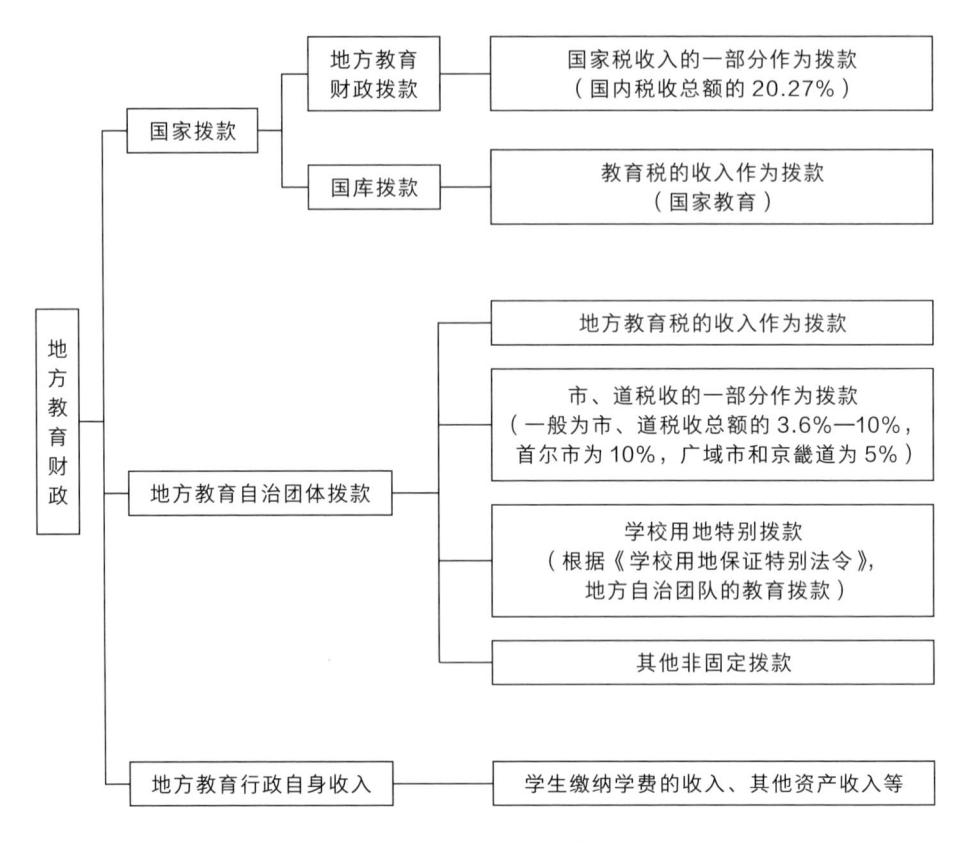

```
地方教育财政 ─┬─ 国家拨款 ─┬─ 地方教育财政拨款 ── 国家税收入的一部分作为拨款（国内税收总额的20.27%）
              │            └─ 国库拨款 ── 教育税的收入作为拨款（国家教育）
              │
              ├─ 地方教育自治团体拨款 ─┬─ 地方教育税的收入作为拨款
              │                      ├─ 市、道税收的一部分作为拨款（一般为市、道税收总额的3.6%—10%，首尔市为10%，广域市和京畿道为5%）
              │                      ├─ 学校用地特别拨款（根据《学校用地保证特别法令》，地方自治团队的教育拨款）
              │                      └─ 其他非固定拨款
              │
              └─ 地方教育行政自身收入 ── 学生缴纳学费的收入、其他资产收入等
```

图11.3 韩国地方教育财政政策

（三）教育财政投入的特点和改革趋势

国家公共事业财政环境和状况的变化主要有财政规模变化和财政运营方式变化两大方面。就教育领域来说，各国教育财政总体规模在一定历史时期内有较大变动的可能性不大，更多的是财政收支结构等财政运营方式

的变革。因此，在教育领域预算规模保持稳定的情况下，通过财政综合运用的战略财源分配成为韩国教育政策的核心。与此相关，韩国的幼儿和初、中等教育财政的最大特点是以从中央政府和地方政府转移收入的形式筹措资金，集中表现在地方财政教育拨款被法定化为国税的20.27%，并在此基础上追加国税教育税。

以国税一定比例固定下来的地方教育财政拨款与核算方式为确保和稳定教育财源做出了贡献，但也有一定的弊端，主要是在应对社会形势变化和教育革新方面暴露出的不足。其一，地方教育财政拨款存在的一个特点或者说严重的问题是，即使社会经济和文化环境急剧变化，但教育的重心仍停留在中小学教育上，这就使得教育应对社会变化的可能性在减少，尤其是在面对已经到来的终身学习时代下，日益增长的高等教育和终身教育需求表明，韩国地方教育财政投入的结构有待转型和调整。其二，地方教育财政拨款被固化为一定比例，一旦发生经济萧条，随之而来的财源规模本身就会减少，从而造成后劲不足。

对此，近年来韩国政府和教育部研究和开展了教育财政改革，主要趋势是接受学龄人口持续减少的现实，围绕培养能够引领社会革新的人才，在教育领域内进行财政支出结构的必要调整。调整的基本方向可以概括为适当抑制过度膨胀的中等教育财政投入"一元化"情况，对能够主导社会革新的高等教育和终身职业教育加大投入，对于能够为韩国提供社会革新增长动力、拉动变革或是提升世界竞争力的大学提供战略性财政支援。另外，重视和强化财政支援工作的效率化问题。在财政支援的绝对水平没有增加的情况下，在教育领域内重新设定财政投入的优先顺序、完善和优化财政管理制度，有必要时进行重新设计，以提升教育财政投入的使用效率。

三、教育公务员制度

根据韩国的《教育公务员法》等法令，将履行与教育有关职责的公务员称为教育公务员，作为教育活动和行政事务的行为主体，担当起了整个国家和社会的教育事业。

由教育部颁布的《教育公务员人事管理规章》，对韩国的教育行政管理人员的主体——教育公务员体系和制度做出了相关的说明和规定，包括教育公务员的聘任、晋升和管理等。其中，颇具韩国特色的制度和模式如下。

（一）教育公务员的类型和地位

根据《教育公务员法》，韩国教育公务员包括三类人员：在公立和国立各级各类教育机关工作的教师及助教；在教育行政机关工作的学术人员和各类学者；在教育机关、教育行政机关或教育研究机关工作的教育研究人员。其中，后两者又称为"教育专门职员"（以下简称"教育专员"）。《教育公务员法》中所说的教育机关是指根据《幼儿教育法》规定的幼儿园、根据《小学初中教育法》及《高等教育法》规定的各级学校、根据本法规定的研修机关，以及根据教育相关法令或条例设置的学生培训机关等教育研修机关。教育行政机关是指教育部及其所属机关和首尔特别市、广域市、道的教育机构。教育研究机构是指专门调查、研究教育而设立的国立或公立机构。以校长为例，在韩国，只有公立和国立学校的校长是归属于教育公务员性质的国家工作人员，由相应的教育行政部门按规定任用。

从性质上看，教育公务员属于韩国公务员体系中的一部分，须遵从韩国国家公务员的一般性规定。同时，教育公务员有着不同于一般公务员的地位和行业特殊性。在《国家公务员法》中，把教育公务员从有经验的公务员中分类为特定职公务员，应遵守相当于国家公务员的服务义务，即诚实、服从、禁止离开工作岗位、亲切公正、严守秘密、清廉、正直、有尊严，以及禁止政治活动及集体行为等。

现行的《教育公务员法》截至 2021 年 6 月 23 日已经过 57 次修订。将教育公务员定位于为"通过教育服务于全体国民"的公务员，并对其任职资格、聘用、报酬待遇等做出规定。其中，《教育公务员法》中提到教育公务员的报酬应得到优待，并根据资格、经历和职务的困难性及责任程度，以总统令的形式制定。一般教育公务员的退休年龄为 62 岁，但根据《高等教育法》的规定，教授等教育公务员的退休年龄为 65 岁。在身份保障方面，教育公务员享有一定的身份特权，除了因犯罪、精神异常等特殊情况，各机构不得对教育公务员做出停职、降职、免职或劝退等处理。这些法令充分保障了教育从业者的劳动权益，也反映出教育公务员在韩国享有较高社会地位。

（二）教育公务员人事委员会

韩国教育部设立了教育公务员人事委员会，围绕教育公务员的体制及其运行，提供和发挥教育行政人事政策的咨询和审议功能。发挥作用的方式是，教育部部长在行使以下权力时，必须经得教育公务员人事委员会审议通过：制定教育公务员制度相关的人事行政方针、计划和标准时；制定、修改或废除现有的教育公务员人事政策法令时；其他涉及教育公务员人事制度变动的重大事项时。

教育公务员人事委员会由 1 名委员长和 7 名委员组成。其中，委员长由教育部副部长兼任，委员的任职资格要求有 7 年以上教育或教育行政从业经历且具有丰富的人事、行政管理经验。有关委员会运行、人员任命等的政令均由教育部部长拟定，经总统批准任命，可见在韩国的教育行政体制中，教育公务员人事委员会的地位是举足轻重的，起到教育行政督导的作用。

（三）教师和教育专员的双向转任

在韩国的教育体系中，专门面向学生开展教育教学活动的教师和从事教育行政和管理的教育专员是相对分离、并行的两个职业体系。一般情况下，只能择其一而从之，如果想要调换，需要遵照"转任"制度来实现。

1．从教师转任为教育专员

（1）对于想要从教师转为教育监和教育研究员的，由市道教育厅等聘用机构通过推荐等方式初步选定候选人，然后通过公开选拔考试，考查其是否具有相应的履职能力和资质。

（2）公开选拔考试应包括基本素养考核和业务能力考核两大方面，其中，基本素养考核以客观笔试题的方式开展。考核可以由市道教育厅自行组织开展，也可以委托专门的考核评价机构负责。

（3）对于教育厅自行组织完成考核的，须成立专门的评委会，评委会成员半数以上应为非教育厅工作人员，以保证客观、公正性。

（4）考核通过后，相关人员还必须接受有关的职前培训。

（5）想要转任到教育部及其所属机关工作的，须有5年以上教师岗的工作经历。必要时，可调到教育部及其所属机关进行试用，再决定是否录用。

（6）由一般级别的教育专员转任教师的，在教师岗工作2年以上的，可以再次调回为教育专员；市、道教育厅的科长及以上职位转任为教师的，不得调回。

2．从教育专员转任为教师

（1）教育专员转任教师的，应当转到由教师转任教育专员时的职位。但是，从教师转职为教育专员 5 年以上，从校监转职为教育专员工作 2 年以上的人可以根据任用者规定的标准转职为校监或校长。

（2）教育经历 10 年以上并从事教育专业人员工作 10 年以上的，不受第一款规定的调转职位的限制。

（3）教育专员在每个职级阶段只有一次转任为教师的机会。教育部及所属机关及市、道教育厅科长职位及以上的官员不受此限。

（四）破格晋升

韩国的教育公务员有以下方面表现时，可以不受一般晋升的标准要求而破格晋升职级：第一，作为德才兼备的教育家，展现出极强的创造力，以及以清廉的作风、高度的服务精神等出色完成本职工作，在教育改革中成为楷模人物的。第二，在教学和科研等方面有突出表现，为教育发展做出巨大贡献的。第三，根据《国家公务员法》第 53 条和《地方公务员法》第 78 条，所提出的教育法案被采纳、实施，在减少预算、优化教育行政运营等方面做出突出贡献的。第四，因公殉职或在职期间有其他卓著功绩的。

第二节 教育行政改革与发展趋势

一、教育行政地方化

如上节所述，韩国的教育行政是以中央政府为中心，由市道教育厅及其下属的地方教育厅和学校组成的垂直层级结构，但地方教育自治意味着必须建立充分反映地域特殊性和独立性的分权化和以自治、自律为基础的教育行政和政策。为此，中央集权教育行政体制应转变为反映地方特殊性的分权教育行政模式。当前世界大多数国家都在增加对教育的投资，甚至通过培养创新人才等方式，积极发挥教育在国家及区域发展中的作用，美国和英国等主要发达国家在赋予地方和学校自主性的同时，强调地方教育问题应由地方自行解决，致力于以教育目的、教育政策等方面的决策分权化为目标，进行教育再结构化。韩国也不例外，不仅增加了对教育的投资，还针对学校暴力、课外教育费用增加、区域间教育差距深化等问题，逐步制定并推进脱离中央政府层面的以地方为中心的教育发展战略，教育行政的地方化倾向日益明显，教育权限从中央大幅移交到地方。例如，李明博政府积极推进立足于"新公共管理论"的模式，在提高学校组织的地位和作用、地方教育厅追加对学校的支持等改革上做出努力。

为此，韩国近年进行了一系列聚焦中央和地方教育行政权力划分体系、提升地方教育行政力量的改革。

（一）教育行政区域化的必要性和意义

虽然当前学界对于"教育行政区域化"还没有一个明确统一的定义，但就韩国而言，主要指由市、道教育厅主导，以地区为中心完成地区教育目标的改革。其核心在于，教育区域化是韩国所选择的一种教育发展方式，以解决那些依靠中央政府单方面难以解决的教育问题——升学考试负担及由此引发的课外辅导负担过重问题、学校暴力和人性教育问题等。而且他们认为，这些问题产生的首要原因是，教育需求者的要求和教育体制设计顶层间的距离过大，所以应当将教育体制的规化与构建向以受教育对象为中心的方向转化，实现的路径就是通过教育分权化，探索以本地区和学校为中心的教育行政区域化机制。

其次，教育行政区域化的另一重要层面是考虑地方区域的独特性和多样性，从而提高教育的针对性和适应性。国家是以区域社会为基础，区域的发展以当地公民对自己生活区域的历史、地理、产业的理解为基础，通过地区教育的竞争力来实现教育的针对性和适应性。因此，为提高地区教育的质量和竞争力，教育的运营权理所当然应赋予当地。

（二）教育行政区域化的诉求和举措

在教育分权化背景下，教育行政区域化带来的是中央教育行政职能和权限开始向地方下放，地方教育行政机关的地位和作用得到提升，并随着财政支持的增加，地方教育行政机关的自主权限和功能越来越复杂多样，见图11.4。

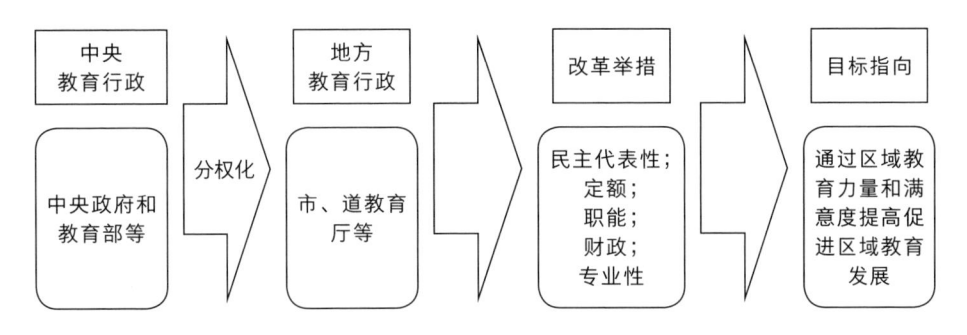

图 11.4 韩国教育行政区域化改革框架

在市、道教育厅层级上，为了实现行政分权化和区域化的发展，一方面提高地方教育行政机关的自主性和责任心，通过激活地方教育力量和满足地区教育行政需求，提升地方教育发展水平和民众的教育满意度。另一方面以地方教育行政机构的自主化、分权化体制为基础，构建地方自主行政核心力量，塑造对应的职能体系。

对此，韩国着重从以下四个方面推动教育行政改革。

1. 提升地方教育行政的民主代表性

想要通过教育行政区域化推进地区教育发展，首先需要保证地方教育的权限和责任是能代表当地民众意愿，满足当地民众利益要求的，这就是所谓的民主代表性，主要通过由公民直接参与选举决定地方教育长官来实现。

另外，强化民主代表性也是建立教育行政机构与地方自治团体间联系与合作的有效手段。当地方推行的教育政策具有足够强的民主代表性时，政策在制定和推行阶段就能够得到更多地区居民的同意和支持，进一步提高政策的实施效率。

近20多年来，韩国地方教育行政体制的重要部分——教育监选举制度，先后变更为教育委员会间接选举制、由学校运营委员代表和教师代表组成的选举团间接选举制、全员学校运营委员间接选举制和居民直选制。2010年，改革尝试出现了重大转折，实行了教育监选举与地方选举同时进行的举措，并以一人可以投八票的方式进行选举。因此，地方居民对地方自治中教育领域的关心和参与意愿被激发和释放，一度引发排队投票的现象，大大提升了韩国教育的民主化进程。

2. 实行教育行政人事费用总额制

此前，韩国包括市、道教育厅在内的地方教育行政机关实行的是"定额制"的人事管理制度，即在教育部规定的标准范围内，考虑辖区内的教育行政的需求量、各市道间的均衡、实际业务的难度和责任度等因素，确定当地教育行政人员数量和级别体系。具体操作上，每年由市、道教育厅向教育部先行申报所需的教育行政专职职位数（国家公务员性质），由教育部与行政安全部、财政部协商后批复决定。从行政管理的目的和效果来看，这样的标准定员制是根据国家性的法令法规，对全国各地的教育行政机构及其人员配备做出了统一规定，虽然曾发挥过抑制韩国行政机构人员规模过度膨胀的积极作用，但忽视了地方区域教育行政的特点，压抑了各地教育行政的自主力和能动性。另外，这里的定员制是年度周期性的而非中长期人力供需计划，导致了在短期内对地方教育行政人员数量和结构不断反复调整，缺乏教育组织必要的稳定性和规划性。

为了规避这些弊端，适应地方教育行政需求的差异性和变化，建立符合区域特点的、灵活有效的教育行政组织和人事运营体系，从2013年开始，韩国在地方教育行政管理中引入了教育行政"人事费用总额制"（以下简称"总额制"）。总额制一改过去国家主管部门对地方教育行政人员数量进行统一标准规定和行政审批程序，转为只规定地方在教育行政人事成本和费用方面可以支配的经费总额，在总金额标准范围内，地方可以根据自身情况，自主确定机构设置情况和人员配额，并有权通过制定地方性行政制度的形式将有关内容长期确定下来，见图11.5。

总额制的实施，为构建实质性的地方分权化教育行政体制提供了制度基础，为实质上推行地方教育自治化做出了贡献。例如，研究员作为能够为教育发展提供咨询指导的重要角色，一直以来在韩国被设立为教育专职岗位，而且不同于教育监这类地方公务员，是国家行政序列的教育公务员性质，即使地方有增加研究员岗的迫切需求，但因受制于国家近些年对于

图 11.5 韩国教育行政的人事管理制度变革

幼儿教育、创意性教育领域的政策倾斜，也会被无视和压制。而在实行总额制后，地方有权增加研究员等所需的教育专职岗位，大大缓解了相关岗位人力不足的状况，增强了地方教育行政人力资源结构配置的合理化和实效性。此外，各市、道教育厅秉持自我负责的理念，建立了更强的机构及人员定额管理自律性，以条例的形式推行符合本地现实情况的教育行政运行体系，并引入地方议会及当地公民的参与等。

3．职能和权力下放

根据现行法令，韩国地方教育行政机关可以在地区层面自主推行多样化、革新性的地方教育政策，但在实践中，依然存在依赖中央政府和教育部的传统倾向，而且经常暴露出对应激事件和民众教育需求应对能力不足的问题。

韩国民众对教育问题的关注度一向很高，每当出现重大教育事件时，国会和媒体舆论等就会一起强烈要求中央政府制定对策，而以往国家和地方之间的权限、责任分配标准不够明确，有的重叠杂乱，有的出现空档，很多情况下市、道教育厅很难发挥出应有的作用和在政策制定、执行中的主导性。不仅如此，受国家政策的限制，市、道教育厅工作人员的组成结构封闭老旧，人员补充滞后，这进一步影响了其功能的发挥。因此，在李明博政府时期，为了充实和发展地方教育自治，对国家教育部的职能进行了精简，重点发展和强化了市、道教育厅的职能，致力于将其打造为可以自主决定地方教育事务、更直接地为地方学校提供支持的机构。与之相应的职能权限变革见表11.3。

表 11.3 韩国地方教育厅职能变革

变革方向	行政领域	地方教育厅原有职能	变革后地方教育厅职能
缩减监管业务	督学	行政性质的综合督学	专业性的咨询式督学
	监察	三年一周期的统一监察	综合监察事务缩简后移交地方教育厅
	学校评价	由地方教育厅组织实施（学校负担过重）	由教育研究院组织实施（学校负担减轻）
国家办公厅和地方教育厅间职能的再分配	行政事务	一般行政管理工作（审计、评估、设施、学生招收等）	根据市道条件情况，行政管理业务尽可能移交地方教育厅管理
	管辖学校	掌管幼小初高各级学校	对幼小初高学校的咨询式督学、保健和餐饮事务等提供综合支持
	业务范畴	管辖范围内的各项事务	一般按区域履行职能，必要时可整合、执行其他厅的事务

4．教育行政主体的专业化

在过去，对组织成员进行管理的活动被称为"人事行政"或"人力管理"，但近来更多采用的是"人力资源管理"或"人力资源开发"的说法。这是因为随着社会革新，在组织行为学中，个体的"人"已经成为决定整体组织竞争力的关键要素。在教育行政中亦是如此，由此对于教育行政主体专业性的重视和要求也越来越高。

在社会对教育不断提出更加复杂、更加专业化的诉求的背景下，各级各类学校的教师和市、道教育厅等地方教育行政机关的教育公务员，作为韩国教育发展的核心人力要素，地位和作用变得更为重要。结合教育全球化、教育行政区域化的要求，韩国在教育行政领域改革中，致力于制定和实施各种能够提高教师和教育行政人员水平的研修和教育培训计划，以强化其专业素养，提供更好的教育服务，增加国家的教育竞争力。

具体来说，市、道教育厅组织开展面向地方教育行政人员的业务素质训练，以及通过改善工作条件、提供接受继续教育的机会等，提高地方教育工作者的专业能力。

二、教育行政资格制度

如今，随着公共教育的发展和普及，学校经营及教育行政体制规模变得巨大而复杂，出现了诸多问题和纷争，对于非专业者来说，是难以理解和应对的，需要交由教育专家来解决。对此，韩国意识到，学校经营及教育行政业务呈现出复杂化、专业化的倾向，但相应的教育行政主体建设却存在短板，即教育行政从业者的资格制度未能及时适应新形势。因此韩国提出了教育行政专业资格制度的开发方案，大力开展教育行政主体专业化建设及其实践路径的探索。

（一）教育行政专业资格制度的定位

教育行政专业资格制度中的"资格"指的是因满足了特定的条件和标准而具备了某行业中的特定权限。在教育领域，专业资格的范畴很广，包括教育政策、教育教学管理、学校开设中的相关事项、学生事务、教师聘用及身份保障相关事项、教育纠纷处理的相关事项等。韩国教育行政专业资格包含教育律师、教育法务、教育会计师、学校经营咨询师、职业教育咨询师等。在最新的改革中，纳入了"教育行政师"资格制度相关内容，开发的基本方向是：首先，通过资格体系的细分，培养出专业性强的教育行政人员；其次，通过对相关人员不断进行理论知识和实际操作的在职培训，提升职业发展能力。

（二）韩国"教育行政师"专业资格制度

1. 树立教育行政的专业地位

此前，韩国教育行政学会是韩国教育行政学科专业建设的重要主体，成员超过1 000人，以全国高校的教育行政专业教授为核心，还包括博士生、曾任或现任的教育行政家、教育科学研究所的教育行政专业学者等。但是近些年，教育行政学科专业面临的危机越来越严重，特别是教育行政专业研究生大幅减少。与此同时，在一般行政和教育行政的关系上，教育行政的专业性和存在的意义正逐渐受到挑战。教育委员会编入地方议会，与一般行政职务相比，教育行政职务的体系或职务标准能力、资格制度不牢固。再加上偶有出现的校长职业道德低下等社会性事件，教育督学和国家人事行政系统间分界和职能关系混乱等，教育行政作为一种职业所应具备的专业威信、专业独立性和稳定性等都面临着很大的挑战。

因此，韩国推行教育行政专业资格制度，不是仅把它作为行政人员或教师培训中的一门课程，意在强调其专业地位，重新树立学术和职业认同，并通过学科和职业间密切关联而又各有侧重的方式，强化发展力量。

2. 实现教育行政专业化的分层分类

无论是什么领域的学问和职业，都有一定程度的专业性，而且很多时候不是"有没有专业性"的问题，而是"有多大程度专业性"的问题。

韩国在教育行政资格体系中，也考虑到了专业性水平的多层次化特征，认为专科教育、四年制本科教育、研究生教育各有各的存在价值和意义，甚至可以开设相关的成人教育，而且在课程内容、专业化知识体系上有所区别。

除了层次，类别上也应顾及差异性和适应性。以教育行政学为例，研究生院的硕、博士课程和政府专业培训机构提供的课程，在看重理论还是实际操作上，需围绕各自功用而有不同侧重。

与这种资格的分层分类相呼应，教育行政职务任用制度也应进行革新，即从初级到高级，既保持连贯性的分级排列，同时，各水平阶段的任用标准也应有所不同。

（1）教育行政师的职能范围。制定提请教育行政机关及学校提案、建议、异议等的申报材料；针对教育法令、学校经营和教育行政工作提供咨询服务或接受调查研究的委托。

（2）资格的获得。通过教育部部长组织实施的教育行政师资格考试。考试共有两轮，对已有一定教育行政工作经历者可免初试。

（3）资格的用途。对于具备教育行政师资格的人员，在参加教育行政公务员、教育公务员、教师聘用考试时给予一定的加分政策。对于具备教育行政师资格的在职教育行政公务员、教育公务员、教师，在工资报酬上给予一定的照顾。

3．资格制度对实践的推动

在实践运用上，教育行政资格制度重点朝着解决教育领域存在的矛盾和纠纷的方向发展，用教育专业的方法调和利害冲突。对此，应开设教育课程，由国家或者地方政府负担，对教师和教育行政人员实施义务培训。特别是校长、副校长及行政室长和教育行政机关的工作人员，必须接受一定的教育法令教育，并颁发相应的资格证书。

第十二章 中韩教育交流

自建交以来，中韩两国关系迅速发展，在政治、经济、文化、教育、科技等方面的互利合作不断深化，推进共建"丝绸之路经济带"和"21世纪海上丝绸之路"（"一带一路"），为推动中韩教育大交流、大开放、大融合提供了大契机，为此，两国加强了多领域的交流合作。中韩教育交流合作是共建"一带一路"的重要组成部分，为共建"一带一路"提供了人才支撑。本章系统梳理中韩教育交流历史、现状与模式，展现和分析两国教育交流合作中的成功案例和经验，对未来双方在"一带一路"国家层面上的教育合作交流提出中肯建议。

第一节 交流历史、现状与模式

中韩教育交流的历史源远流长，自建交以来，开展了包括校际学生联合培养、教师交流、访问学者派遣、短期文化体验团互相派遣、合作办学、共建孔子学院、合作举办国际学术会议等一系列的教育交流与合作。

一、交流历史

中韩建交之前，两国学者的学术交流就已经开始。1984年高丽大学时任校长洪一植教授随韩国羽毛球队来到中国，访问北京大学，开启了中韩学者学术交流的大门。1986年，韩国社会科学院时任理事长金俊烨博士与北京大学东语系教授杨通方在美国共商学术交流大计，为恢复两国学术交流迈出了第一步。1989年，辽宁大学时任校长冯玉忠访韩。山东大学作为中国较早与韩国交往的学校之一，1988年，经教育部特许开始与韩国高校交流，此后与韩国国立首尔大学、成均馆大学、仁荷大学、清州大学签订了几项友好交流意向书，在中韩建交的当年，山东大学韩国语专业开始正式招生。

自1992年8月24日中韩建交以来，两国政府积极推进教育领域的合作与交流。1994年3月，签订了《中华人民共和国和大韩民国政府文化合作协定》。1995年7月，时任国家教委主任朱开轩在京会见应邀来访的韩国时任教育部长官朴瑛植一行，双方签署了《中韩1995—1997年教育交流与合作协议》，同时两国政府还在北京签署了《中华人民共和国教育部与大韩民国教育部教育交流协议》，提出两国每年互派代表团、教授、专家和奖学金资助的留学生，并在两国分别开展"汉语水平考试"和"韩国语能力考试"等项目，开启了两国教育交流的新局面。2008年5月，时任教育部部长周济在北京人民大会堂与韩国时任教育科学技术部部长金道然共同签署《中华人民共和国教育部与大韩民国教育科学技术部关于高等教育领域学历学位互认谅解备忘录》，为中韩教育交流提供了政策支持，标志着中韩教育交流进入了一个新的层次。[1] 2012年，中韩建交20周年，时任教育部部长袁贵仁赴韩出席第五届亚太经济合作组织（APEC）教育部长会议，深

---

[1] 中华人民共和国教育部. 历史上的今天 [EB/OL].（2020-05-27）[2020-08-19]. http://www.moe.gov.cn/jyb_sjzl/moe_1695/tnull_190283.html.

入探讨了"亚洲校园"项目，签署了《中韩 2012—2014 年教育交流与合作协议》，推动两国教育交流合作迈上新台阶。[1] 2016 年 3 月 31 日，习近平主席同韩国时任总统朴槿惠在华盛顿就进一步发挥中韩人文交流共同委员会的作用进行了交流。同年，《2016 年中韩人文交流共同委员会交流合作项目名录》发布，其中包括学术教育等两国人文领域共 69 个交流合作项目。[2] 2018 年 3 月，时任教育部部长陈宝生访问韩国教育部，与韩国时任副总理兼教育部长官金相坤签署了中国教育部考试中心与韩国教育课程评价院合作的协议。陈宝生在访问汉阳大学时发表了题为"携手并进，谱写中韩教育合作新篇章"的演讲，[3] 并考察全球首家孔子学院——首尔孔子学院。期间，还与韩国现代中国研究会理事长金学俊等中韩两国政府和教育界人士一起为"网络汉语水平考试韩国总部"揭牌，进一步推动了中韩教育的交流。

二、交流现状

（一）留学生交流现状

中韩两国从政策上和国家层面积极推动留学生交流，逐渐形成了各自独特的"留学经济"，同时也为两国的政治、贸易、文化的交流和发展打下了坚实的人才基础。随着中国经济的发展和综合国力的不断提升，韩国

---

[1] 中华人民共和国教育部. 袁贵仁与韩国教育科技部部长李周浩举行会谈 [EB/OL]. （2012-05-22）[2021-02-01]. http://www.moe.gov.cn/jyb_xwfb/gzdt_gzdt/moe_1485/201205/t20120522_136252.html.

[2] 中华人民共和国中央人民政府. 中韩双方发布《2016 年中韩人文交流共同委员会交流合作项目名录》[EB/OL]. （2016-04-01）[2021-02-01]. http://www.gov.cn/xinwen/2016-04/01/content_5060461.html.

[3] 新华网. 教育部部长陈宝生会见韩国副总理兼教育部长官金相坤 [EB/OL]. （2018-03-27）[2021-02-05]. http://www.moe.gov.cn/jyb_xwfb/gzdt_gzdt/moe_1485/201803/t20180327_331339.html.

家长纷纷把目光转向中国。近年来的数据显示，韩国留学生一直是来华外国留学生主要生源国之一。随着韩国社会步入老龄化和近年来的低出生率，再加上韩国学生的出国留学热，众多的韩国大学招生的压力越来越大，本国生源很难维持，因此越来越多的韩国大学将目光投向中国，提供各种形式的优惠政策，从而吸引了越来越多的中国留学生。

中韩留学生交流形式有三种：一是国家公派；二是建立友好合作关系的院校学生互派；三是个人自费留学。留学生数量是直接反映中韩两国教育交流的深化程度的指标，自中韩建交以来，中韩两国留学生占比均互为第一。

2016 年，在韩外国留学生总数为 104 262 名，中国留学生占 57.7%。2017 年，在韩外国留学生总数为 123 858 名，中国留学生占 55.1%。2018 年，在韩外国留学生总数为 142 205 名，中国留学生占 48.2%。2019 年，在韩外国留学生总数为 160 165 名，中国留学生占 44.4%，为 71 067 名，比 2015 年增加了 2 万多名。2020 年受新冠疫情的影响，在韩外国留学生总数为 153 695 名，中国留学生占 43.6%。[1] 表 12.1 为 2015—2020 年中国赴韩国留学生不同类别人数。

表 12.1　2015—2020 年中国赴韩留学生不同类别人数

年度	总计	学位课程				非学位课程	
		专科	学士	硕士	博士	语言研修	其他研修
2015	54 214	23 724		8 869	2 294	12 912	6 415
2016	60 136	1 178	26 530	8 738	2 512	14 594	6 584
2017	68 184	1 231	31 159	9 410	2 806	16 226	7 352
2018	68 537	1 286	36 303	10 565	3 636	10 722	6 025

---

[1] 资料来源于 KESS 韩国教育统计服务官网。

续表

年度	总计	学位课程				非学位课程	
		专科	学士	硕士	博士	语言研修	其他研修
2019	71 067	1 272	37 759	11 311	5 765	9 326	5 634
2020	67 030	1 297	37 398	12 504	7 978	5 261	2 592

据中国教育部统计，韩国也是中国第一大留学生来源国。2011—2018年来华留学生中，韩国留学生人数始终排名第一。表12.2显示了来华韩国留学生人数的具体变化。[1]

表12.2 2011—2018年来华韩国留学生人数（不含港澳台地区）

年度	2011	2012	2013	2014	2015	2016	2017	2018
留学生人数	62 442	63 488	63 029	62 923	66 672	70 540	73 240	50 600

根据韩国教育部发布的数据，以每年4月1日为基准，2008—2020年来华接受大学教育的韩国留学生数见表12.3。其中，2018年来华韩国留学生占韩国国外留学生总数220 930名的28.9%，占比第一。2019年来华韩国留学生占韩国国外留学生总数213 000名的23.8%，占比第二，仅次于美国。2020年受新冠疫情的影响，来华韩国留学生数降至10年来历史最低，占韩国国外留学生总数194 916名的24.2%，占比第二，仅次于美国。[2]

---

[1] 中华人民共和国教育部. 2018年来华留学统计 [EB/OL].（2019-04-12）[2020-09-11]. http://www.moe.gov.cn/jyb_xwfb/gzdt_gzdt/s5987/201904/t20190412_377692.html.

[2] 资料来源于韩国教育部官网，与中国教育部数据略有不同。

（二）校际交流现状

在留学生交流的基础上，中韩两国一直在探索更深入、更体系化的合作办学模式。表12.3 为截至 2022 年 6 月，中韩合作办学机构与项目。[1]

表12.3 2022年中韩合作办学机构与项目名单

地区	合作办学机构/项目
北京	北京外国语大学与韩国又松大学合作举办国际经济与贸易专业本科教育项目▲
上海	上海工程技术大学国际创意设计学院▲■ 上海工程技术大学与韩国东西大学合作举办数字媒体艺术专业本科教育项目● 上海外国语大学与韩国梨花女子大学合作举办韩国社会与文化专业硕士研究生教育项目▲
天津	天津师范大学与韩国世翰大学合作举办教育行政学硕士学位教育项目● 天津师范大学与韩国世翰大学合作举办情报学硕士学位教育项目●
重庆	重庆理工大学与韩国科学技术院合作举办电子信息工程专业本科教育项目▲ 重庆理工大学与韩国科学技术院合作举办计算机科学与技术专业本科教育项目▲ 重庆理工大学与韩国科学技术院合作举办信息与通信工程专业硕士研究生教育项目▲
江苏	南京晓庄学院与韩国又松大学合作举办学前教育专业本科教育项目▲
浙江	温州医科大学与韩国全南国立大学合作举办药学专业博士学位教育项目▲
广东	韩山师范学院与韩国光州大学合作举办学前教育专业本科教育项目▲

---

[1] 中华人民共和国教育部中外合作办学监管工作信息平台. 中外合作办学机构与项目（含内地与港台地区合作办学机构与项目）名单 [EB/OL]. [2022-06-08]. http://www.crs.jsj.edu.cn/aproval/orglists.

续表

地区	合作办学机构／项目
山东	鲁东大学蔚山船舶与海洋学院▲ 青岛大学与韩国大佛大学合作举办朝鲜语专业本科教育项目● 泰山医学院与韩国全北大学校合作举办临床医学专业本科教育项目▲ 泰山医学院与韩国延世大学原州分校合作举办医学影像学专业本科教育项目▲ 聊城大学与韩国建国大学合作举办生物工程专业本科教育项目（停止招生）▲ 临沂大学与韩国水原大学合作举办社会体育指导与管理专业本科教育项目▲ 青岛大学与韩国世翰大学（原大佛大学）合作举办数字媒体技术专业本科教育项目（停止招生）▲ 青岛理工大学与韩国光云大学合作举办建筑学专业本科教育项目▲ 山东艺术学院与韩国又松大学合作举办戏剧影视美术设计专业本科教育项目▲ 烟台大学与韩国檀国大学合作举办材料科学与工程专业本科教育项目▲ 山东师范大学与韩国又石大学合作举办物流管理专业本科教育项目▲ 山东理工大学与韩国建国大学合作举办电气工程及其自动化专业本科教育项目▲ 青岛科技大学与韩国汉阳大学合作举办机械工程专业本科教育项目▲ 青岛科技大学与韩国国立庆尚大学合作举办高分子材料与工程专业本科教育项目▲ 聊城大学与韩国清州大学合作举办广播电视编导专业本科教育项目▲ 青岛科技大学与韩国汉阳大学合作举办材料成型及控制工程专业本科教育项目▲ 临沂大学与韩国江南大学合作举办社会工作本科教育项目▲ 山东理工大学与韩国建国大学合作举办环境设计专业本科教育项目▲ 山东艺术学院与韩国又松大学合作举办数字媒体艺术专业本科教育项目▲ 青岛科技大学与韩国中央大学合作举办影视与动画专业艺术硕士研究生教育项目▲ 曲阜师范大学与韩国水原大学合作举办音乐表演专业本科教育项目▲ 青岛农业大学与韩国世宗大学合作举办动画专业本科教育项目▲
江西	南昌工程学院与韩国光州大学合作举办电气工程及其自动化专业本科教育项目▲ 南昌理工学院与韩国南部大学合作举办汽车服务工程专业本科教育项目▲
四川	成都大学与韩国嘉泉大学合作举办电气工程及其自动化专业本科教育项目▲
安徽	安徽科技学院与韩国韩南大学合作举办机械设计制造及其自动化专业本科教育项目▲ 安徽科技学院与韩国顺天乡大学合作举办网络工程专业本科教育项目▲ 安徽理工大学与韩国东西大学合作举办机械电子工程专业本科教育项目▲ 安徽财经大学与韩国高丽大学合作举办应用统计学专业本科教育项目▲

续表

地区	合作办学机构/项目
河北	河北科技大学与韩国诚信女子大学合作举办服装与服饰设计专业本科教育项目▲ 河北科技大学与韩国祥明大学合作举办工业设计工程专业硕士研究生教育项目▲ 河北地质大学与韩国圆光大学合作举办环境设计专业本科教育项目▲ 石家庄学院与韩国又石大学合作举办制药工程专业本科教育项目▲ 河北美术学院与韩国湖南大学合作举办风景园林专业本科教育项目▲ 河北科技大学与韩国祥明大学合作举办产品设计专业本科教育项目▲ 河北农业大学与韩国培材大学合作举办制药工程专业本科教育项目▲
河南	信阳师范学院与韩国汉阳大学合作举办土木工程专业本科教育项目▲ 信阳师范学院与韩国汉阳大学合作举办生物技术专业本科教育项目▲ 南阳师范学院与韩国全州大学合作举办广播电视编导专业本科教育项目▲ 黄淮学院与韩国东明大学合作举办动画专业本科教育项目▲ 华北水利水电大学与韩国启明大学合作举办环境设计专业本科教育项目▲ 华北水利水电大学与韩国仁荷大学合作举办物流管理专业本科教育项目▲ 河南理工大学与韩国釜山大学合作举办电子信息工程专业本科教育项目▲ 南阳师范学院与韩国京畿大学合作举办机械电子工程专业本科教育项目▲ 平顶山学院与韩国庆云大学合作举办机械电子工程专业本科教育项目▲
湖北	中南财经政法大学与韩国东西大学合作举办视觉传达设计专业本科教育项目▲ 中南财经政法大学与韩国东西大学合作举办电影学专业本科教育项目▲ 湖北美术学院与韩国韩瑞大学合作举办动画专业本科教育项目▲
湖南	湖南理工学院与韩国湖西大学合作举办应用化学专业本科教育项目▲ 湖南文理学院与韩国牧园大学合作举办视觉传达设计专业本科教育项目▲
黑龙江	齐齐哈尔大学与韩国东新大学合作举办朝鲜语专业本科教育项目（停止招生）● 牡丹江师范学院与韩国清州大学合作举办生物技术专业本科教育项目（停止招生）▲ 哈尔滨学院与韩国世明大学合作举办食品科学与工程专业本科教育项目▲
辽宁	辽宁传媒学院与韩国鲜文大学合作举办数字媒体技术专业本科教育项目▲

续表

地区	合作办学机构／项目
吉林	长春大学启明学院▲ 白城师范学院与韩国大邱加图立大学合作举办学前教育专业本科教育项目▲ 吉林工程技术师范学院与韩国世翰大学合作举办动画专业本科教育项目▲ 吉林师范大学与韩国教员大学合作举办学前教育专业本科教育项目▲ 延边大学与韩国湖西大学合作举办通信工程专业本科教育项目▲ 延边大学与韩国崇实大学合作举办经济学专业本科教育项目▲ 通化师范学院与韩国岭南大学合作举办食品科学与工程专业本科教育项目▲ 吉林农业科技学院与韩国庆南大学合作举办机械设计制造及其自动化专业本科教育项目▲ 延边大学与韩国全北大学合作举办食品科学与工程专业本科教育项目▲ 通化师范学院与韩国清州大学合作举办生物科学专业本科教育项目▲ 吉林工程技术师范学院与韩国庆一大学合作举办电气工程及其自动化专业本科教育项目▲ 长春理工大学与韩国大邱大学合作举办生物工程专业本科教育项目▲ 吉林农业科技学院与韩国中部大学合作举办动物医学专业本科教育项目▲ 长春大学与韩国青云大学合作举办电子信息工程专业本科教育项目▲ 吉林医药学院与韩国建阳大学合作举办生物制药专业本科教育项目▲ 吉林工程技术师范学院与韩国东新大学合作举办机械设计制造及其自动化专业本科教育项目▲ 吉林化工学院与韩国南首尔大学合作举办电子信息工程专业本科教育项目▲
广西	广西师范大学与韩国韩瑞大学合作举办视觉传达设计专业本科教育项目▲ 广西师范大学与韩国龙仁大学合作举办体育教育专业本科教育项目▲
云南	云南农业大学与韩国尚志大学合作举办风景园林专业本科教育项目▲

- ▲ 为依据《中外合作办学条例》和《中外合作办学条例实施办法》批准设立和举办的中外合作办学机构和项目。
- ● 为根据原《中外合作办学暂行规定》依法批准设立和举办，现经复核通过的中外合作办学机构和项目。
- ■ 为同属本科和硕士研究生教育的部分合作办学机构。

（三）语言交流现状

当前中国开设韩国语（朝鲜语）专业的主要院校有北京大学、北京外国语大学、北京第二外国语学院、复旦大学、上海外国语大学、山东大学等。

从1997年开始，韩国教育部每年都举办外国人韩国语能力考试（TOPIK）。作为评价韩国语为非母语的外国人及海外侨胞的韩国语能力而设置的考试，并作为留学、就业的依据。2011年起，主办机构由原"韩国教育课程评价院"变更为"韩国国立国际教育院"，考试等级分为TOPIK Ⅰ（1—2级）和TOPIK Ⅱ（3—6级）。根据韩国国立国际教育院韩国语能力考试中心2020年6月发布的2015—2019年各国每届报名人数、应试人数和合格人数的资料，中国考生数历年均维持较高态势，见表12.4。[1]

表12.4 2015—2019年TOPIK中国考生数据（不含港澳台地区）

年度	届次	等级	报名人数	应试人数	合格人数
2015	39、40、42、43届	TOPIK Ⅰ	14 402	12 337	10 625
		TOPIK Ⅱ	34 447	29 567	20 119
		合计	48 849	41 904	30 744
2016	44、45、47、48届	TOPIK Ⅰ	19 616	16 533	14 689
		TOPIK Ⅱ	45 398	38 773	24 632
		合计	65 014	55 306	39 321
2017	51、52、54、55届	TOPIK Ⅰ	21 033	17 264	15 471
		TOPIK Ⅱ	49 741	40 747	26 264
		合计	70 774	58 011	41 735

---

[1] 资料来源于TOPIK韩国语能力考试官网。

续表

年度	届次	等级	报名人数	应试人数	合格人数
2018	57、58、60、61届	TOPIK I	19 225	15 461	13 441
		TOPIK II	51 170	40 819	25 526
		合计	70 395	56 280	38 967
2019	63、64、66届	TOPIK I	22 896	18 261	15 684
		TOPIK II	54 340	42 450	25 912
		合计	77 236	60 711	41 596

韩国处于汉字文化圈的影响下，韩国语言文字中保留了大量的汉字词汇，因此长期以来重视汉语教学，堪称汉语学习的大国。1993年，在韩国参加汉语水平考试的考生只有400人。2011年，参加新汉语水平考试（HSK）的海外考生（不含在中国参加考试的考生）为13万人，在韩国参加新HSK的考生为6万5千多人，大约占所有海外考生的50%。2017年，全球共有约80万人参加了新HSK，其中韩国应试人数超过16万人。如今，在韩国参加新HSK的考生每年都超过15万人。[1]

三、交流模式 [2]

随着"一带一路"建设的推进，中韩跨文化教育交流模式的探讨越来越受到关注。当代中韩教育交流在相互尊重和相互学习的平等原则基础上呈现多元交互型模式。

---

[1] 解妮妮，张晋军，等. 新汉语水平考试在韩国实施情况报告 [J]. 中国考试，2012（4）：48-51.
[2] 왕추빈，양철. 고등교육 교류와 중·한 공공외교 [J]. 성균차이나브리프，2017（5）2: 127-133.

（一）政府间教育交流

中韩两国建交后，在政府间协议的框架下，两国教育部、各省道教育厅等相关部门之间多次就中韩教育交流问题达成协议，先后签署了学术交流、留学生交流、合作研究、学历学分互认、汉语水平考试、韩国语水平考试、交换奖学金、合作办学等多项合作协议，为深化两国在教育领域的实质性交流与合作，并持续良性发展提供了坚实的基础。双方高层互访及教育代表团的不断交流，合作举办教育部长会议、校长论坛等，不仅加深了对彼此教育界的了解，更增进了两国人民之间的友谊。中华人民共和国教育部教育涉外监管信息网的统计数据显示，截至2018年11月，被中国认证的韩国教育机构一共341所，其中专科大学（可授予副学士学位，相当于专科学历）140所，4年制大学（可授予学士及学士以上的学位）178所，单独设立的"大学院（研究生院）"（只授予硕士、博士学位）23所。[1]

（二）校际合作办学

合作办学是在教育国际化背景下的一种办学方式，是在两国校际开设对外合作办学，在教学和资源上实现资源整合、优势互补，提升各自学科优势，实现多元文化教育和教育的多样性，既引进了他国优质教育资源，也对本国教育国际化的促进起到重要推进作用。中韩校际的合作办学按办学主体分为中韩合作办学机构和合作办学教育项目，是实现教育国际化的重要途径。在校际友好关系的框架下，为两国校际开展学生交流、教师交流、合作研究、教学资料共享、共同举办学术研讨会等奠定了基础。

近年来，中韩校际交流日益密切，越来越多的学校开展交流合作，开

---

[1] 中华人民共和国教育部教育涉外监管信息网. 韩国[EB/OL].（2018-11-01）[2021-03-02]. http://jsj.moe.gov.cn/n1/12035.shtml.

设合作专业，提高学校国际化办学水平，创新教学模式，改进人才培养方案，形成了具有特色的中韩办学模式。在双方的共同努力下，中韩教育交流与合作已经进入收获期。两国战略合作伙伴关系的确定为双方教育领域合作与交流的进一步发展提供了良好契机。2008年中华人民共和国教育部与大韩民国教育科学技术部签署了《关于高等教育领域学历学位互认谅解备忘录》，在进一步扩大政府奖学金、启动中学生短期互访交流等方面达成共识。

中韩合作办学机构如鲁东大学蔚山船舶与海洋学院，课程设置、师资、教材与国外教育资源紧密接轨，有利于学生接受中韩文化教育，在教学方式上更加灵活，保持更新，强调实际操作能力。引进韩国师资，部分课程使用双语教学，具有语言优势。在就业方面提供国外就业机会，受到国内的中外合资企业和涉及对外交流部门等的青睐，也为到国外高校继续深造奠定基础。在费用方面也可以降低出国学习成本，让学生在国内享有国外的教育资源。

两国教育项目的合作形式主要体现在学生的联合培养项目和科研项目的合作上。联合培养项目包括6个月以内及6个月的短期学生培养、1年制交换学生项目、"1+2""1+3""2+2"双学位制交换生培养项目、"3+3"本硕连读培养项目等。除教学联合培养项目外，还有部分高校在科研领域进行合作研究，韩国各类研究机构如韩国高等教育财团、韩国国际交流财团、韩国中央研究院等也对海外各类科研项目提供支持，还可通过向相关机构申报来获得科研项目及访韩的资助。

随着中韩两国教育交流合作关系的不断深入和发展，两国的合作领域在深度和广度上不断扩大，合作办学层次也不断提高。通过合作办学项目的展开，拓宽了毕业生的就业空间，培养了国内外急需的高层次专业人才，促进了国内相关专业的学科建设，开发了中外联合培养人才的新方案，培养和锻炼了一批专业化的教师师资队伍，强化了国际化人才培养的理念。

（三）教师交流

随着中韩教育交流与合作的不断深入和发展，两国有越来越多的学校建立了校际友好交流关系，在此背景下，相互派遣教师进行讲学、访学与科研方面的交流也成为中韩两国教育交流的主要内容之一，这非常有助于交流院校双方学习对方先进的教育理念和教学管理方法。为了促进中韩教育的国际级交流与合作，两国实施了一系列措施增进两国教师之间的交流。中国方面，国家设立"公派"海外汉语教师项目，向韩国派遣汉语教师；国内相关单位选拔优秀在校生赴韩进行辅助教学；中方通过汉文学者访华项目邀请韩国相关学者来华进行访学活动；国家留学基金管理委员会每年选拔中国优秀教师赴韩国知名高校攻读研究生学位，并利用中方单独提供的专项奖学金邀请韩国的学者来华学习；双方互派专家学者进行交流讲学、共同开展科学研究、编写专业教材等，从而促进双方人才培养、学科建设和科学研究。韩国方面，韩国国际合作机构开展了多种形式的对华教育交流与合作，加强同中国的友好合作关系及相互交流，无偿援助技术合作项目，为促进中韩两国人民的友好往来和中国经济的发展做出努力；通过中国科技部邀请中国教育领域的优秀公务员赴韩进修，并向中国开设韩国语课程的高校派遣韩国语教师进行辅助教学，向中国派遣专家和研究人员。另外，韩国国立国际教育院每年选派韩国高中汉语教师来华进行中文研修。

（四）学术交流活动

中韩两国同属"汉字文化圈"，有许多共同和相似的文化传统，如何将本民族优秀的文化传统向世界各国进行宣传，是中韩两国学者面临的共同课题。近年来，中韩两国学者在共同关注的研究领域进行了广泛和深入的学术交流，开展了形式多样的国际学术交流活动，这也是两国教育国际化的主要表现形式。

如中韩大学校长论坛、中韩比较现代化论坛、中韩伦理学国际学术研讨会、中韩日医学学术会议、中韩广告与文化传播国际学术会议、中韩国际交通学术会议、中韩数学会联合国际会议、中韩刑法学国际学术会议等。这些国际学术交流活动的开展加强了中韩两国相关领域的沟通与交流，同时，也对促进两国教育领域的国际交流与合作发挥了重要作用。随着中韩两国经济的不断发展和文化交流的不断深入，高水平宽领域的国际学术交流也会越来越频繁，对加强中韩教育交流与合作将会发挥不可替代的重要作用。

另外，中韩教育交流的模式还有假期语言进修班及短期文化探访团。随着中韩校际合作的不断发展，再加上中韩相似的文化传统和汉字文化圈的共同属性，吸引了越来越多的两国学生去对方国家进行语言进修和文化探访。每年有大批韩国学生来山东曲阜孔孟之乡进行文化探访和学习儒家礼仪，这些活动不仅加深了两国友谊，带来了良好的社会效益和经济效益，也促进了两国教育文化的交流。

综上，中韩教育交流必须建立在相互尊重和相互学习的平等原则之上，两国的交流是自主自愿的交流，不可将自己的文化和教育凌驾于其他文化和教育之上，推行文化霸权主义，更不可使用武力等强权把自己的文化强加于他国。从中韩教育交流史可以看出，中韩双方积极主动的、互惠互利的、平等的、相互尊重的、自主自愿的学习和交流对两国教育事业的共同发展起到了巨大的促进作用，增进了双方人民的感情。

第二节 案例与思考

随着中韩教育交流合作的不断深化,两国教育交流正在经历深刻的变革,中韩两国都在努力实现优势互补和均衡发展。本节在中韩教育交流历史、现状与模式的基础上,结合中韩教育交流合作中的典型事例,分析成功的案例和经验,对未来双方的教育合作交流提出中肯建议。

一、交流案例

(一)鲁东大学蔚山船舶与海洋学院

成立于2013年的鲁东大学蔚山船舶与海洋学院,是中国教育部自2003年《中外合作办学条例》颁布以来全国第一个在地方院校设立的非独立法人中外合作办学机构。

蔚山大学位于韩国产业之都蔚山广域市,是1970年由韩国现代集团投资创立的一所综合性大学,其船舶与海洋工学、机械工学等工科专业实力突出。自2006年始,蔚山大学开始实施"创世界一流学科"计划,共选取了包括船舶与海洋工程、机械工学在内的四个专业创建世界一流学科,与鲁东大学2011年开始探讨合作,成立非独立法人性质的中外合作办学机构鲁东大学蔚山船舶与海洋学院,9月份签署《合作办学协议书》,成立联合管理委员会,并开始筹建工作,后经山东省政府初次评估通过后报送教育部审批,2012年10月教育部专家组实地考察后,建议教育部批准设立,2013年成功获得教育部批准,依托韩方教学资源和国内校企合作模式,构建"应用型、有特色、国际化"专业人才培养体系。鲁东大学蔚山船舶与海洋学院由中韩两国地方政府扶持,大学企业通力合作,以韩国蔚山大学精英式教学为基础，立足中外合作办学特点，引入韩国培养应用型人才的先进经验、雄厚的科研实力以及产业资源，积极发挥中外合作办学优势，满足学生多样化与个性化发展需求。

鲁东大学蔚山船舶与海洋学院以小班化教学、合作式学习为特点，开设韩国语和英语双外语课程，大部分韩国语课程和三分之一专业课程由外方教授授课，部分专业核心课程采用原版教材，引进韩籍教师12人，占全部教师的44.4%，同时部分中方教师有韩国学习或进修经历。目前中韩合作开设的专业有机械设计制造及其自动化、船舶与海洋工程、电气工程及其自动化。学院与国际接轨，实施分类、分流与分段培养机制，积极开辟中韩联合培养的协同育人模式，把国际化的教育理念渗透到育人的每一个环节。2019年总体就业率达到98%，毕业生签约大中型船舶、机械企业的比例持续增长。[1]

学院办学规模为1 200人，2013—2022年每年招生1期，每期300人，在鲁东大学年度招生规模内统筹安排，纳入国家普通高等学校招生计划，参加全国普通高等学校统一入学考试，并符合相关招生录取规定和要求。颁发中国普通高等教育本科毕业证书、学士学位证书及韩国学士学位证书。

（二）北京外国语大学与韩国又松大学

北京外国语大学与韩国又松大学合作举办国际经济与贸易专业本科教育项目，以培养国家紧缺的应用型、复语型经济管理高级人才为目标，旨在培养具有扎实的国际经济学理论基础，掌握国际经济与贸易的基本知识和技能，拥有广阔的国际视野，熟悉国际经济、金融、商务相关的国际惯例及规则，具有一流的英语沟通能力和良好的第二外语语言运用能力，具

---

[1] 鲁东大学蔚山船舶与海洋学院[EB/OL].[2021-02-07].http://www.ws.ldu.edu.cn/index.htm.

有跨文化沟通能力，能在国家部委、商务部门、中外企业、金融机构等国际经济贸易相关机构工作的应用型、复合型高级经贸管理人才。

该项目为4年制本科学历教育，于2014年6月经教育部批准后开始招生，每年1期，每期30人，纳入国家普通高等学校教育招生计划。学生毕业获得北京外国语大学经济学学士学位，颁发中国普通高等教育本科毕业证书和学士学位证书。

该项目拥有鲜明的特色。第一，专业设置面向综合大类，注重引进外方优秀的教学资源。项目引进外方课程16门，占该项目全部课程（27门）的59%；引进外方专业核心课程13门，占该项目核心课程（22门）的59%，涵盖国际经济、国际金融与国际商务三个领域，为学生搭建复合型专业知识结构。第二，课程设置与国际接轨，突出跨文化特色。又松大学国际商学院是韩国第一个实行全英文教学、国际化程度最高的国际商学院，项目吸纳韩方先进的国际化人才培养模式，课程大部分为全英文授课，全英文商科教育模式逐渐成熟。第三，引进外方优质师资。外方派出教师均毕业于欧美名校，外方教师授课比例达到三分之一以上。第四，项目依托北外特有的语言优势，将西班牙语、法语、韩国语设置为第二外语，突出国际经济与贸易、英语、第二外语的多学科交叉，注重学生的多语种表达和跨文化沟通能力的培养，是国内为数不多的复语型、复合型经济管理专业之一。第五，项目注重发挥与国外大学的合作优势，为项目学生提供丰富的出国交流访问机会。如第三学期提供去本项目外方合作院校交流的机会和第五学期提供去北外位于欧洲的合作院校交流的机会。第六，项目注重商业实践，为学生提供大量业界知名人士的讲座、企业参访、案例学习与实习机会。

项目开办以来，合作双方遵循"扩大开放、规范办学、依法管理、促进发展"的16字方针，以不断提高项目质量为核心开展各项工作。伴随北外国际学生规模扩大、外国留学生教育层次和特色教学水平的提升，此项目为中外学生提供了更多的选择，形成了国际化特色鲜明、知识结构丰富、能力培养多样的培养模式，并产生了一定的社会影响。[1]

（三）上海外国语大学与韩国梨花女子大学

上海外国语大学与韩国梨花女子大学合作举办的韩国社会与文化专业硕士研究生教育项目是提供高端国际化专业人才教育项目，旨在引进韩国梨花女子大学优质的教育资源，培养熟练掌握韩国语言和文化，具备韩国现代社会及国际关系方面的理论与研究基础，为我国经济社会发展提供能在政府、专门研究机构及企事业单位从事涉韩业务的高端复合型涉外专业人才。

该项目为全日制三年（项目启动之初为两年半）硕士研究生教育，2013—2017年、2019—2021年每年1期，每期招收5名学生，在校生最大规模15人。该项目纳入全国研究生招生计划，学生参加全国统一研究生招生考试，并符合相关招生录取规定和要求。由上海外国语大学按全国硕士研究生入学考试划定的分数线择优录取，授课语言为汉语和韩国语。按教学计划达到学位申请要求的学生授予中国文学硕士学位，颁发硕士研究生学历证书和硕士学位证书。全部课程均在上海外国语大学内完成。

该项目实行精英教育模式，着力培养语言应用能力与文化理解能力兼备、社会理解能力与国际关系分析能力并重的高端"通才"。[2]

---

[1] 北京外国语大学国际商学院. 北京外国语大学与韩国又松大学国际经济与贸易专业本科项目自评报告公示 [EB/OL]. （2019-06-06）[2021-02-10]. https://ibs.bfsu.edu.cn/news_info.aspx?m=20140924110447513019&n=20190606150939790923.

[2] 上海外国语大学. 2019年上海外国语大学与韩国梨花女子大学合作举办韩国社会与文化硕士教育项目自评报告 [EB/OL]. （2020-04-29）[2021-02-10]. http://info.shisu.edu.cn/80/f6/c147a33014/page.htm.

二、交流思考

地理位置上的相近使得中韩两国很早就开始了教育上的交流。相似的文化特征和价值观构成了中韩共同的文化教育特质，也为中韩教育交流奠定了共通的基础。

（一）存在的问题和不足

虽然中韩两国在教育领域的交流和合作已取得明显成绩，但仍然存在一些问题和不足，需要通过双方的共同努力来改进。

第一，教育交流政策和制度层面有待完善。中韩两国建交后，双方签订了一系列交流协议，但大多数属于指导性意见，并集中于人员的交流层面，与两国教育交流直接相关的政策，如对留学生的支持和权益的保障、对两国高校交流的支持鼓励和资助、学分互认等方面的具体政策尚未出台。

第二，教育交流地区分布不均衡。中韩教育交流总体趋势虽然在不断地深化与扩展，但由于地理、经济和政策等客观原因，中韩教育交流主要集中在中国东北与东部沿海地区，韩国首尔、釜山等地区，中国中西部地方院校与韩国的交流与合作相对滞后，无论是规模还是数量上都有待进一步发展。

第三，教育交流合作领域偏窄。已有中韩教育交流领域主要集中在合作培养项目、人员互派及学术交流上。由于中韩学科分类、教育制度等方面有着显著差异，交流学科集中在人文类学科领域，合作领域有待进一步拓展。两国的教育交流应从校际的交流合作拓展到研究机构、高职院校、专科学校等方面。培养方式也应多样化，如增加双学位、硕博连读等各种类型的联合培养，以促进两国教育交流模式的多样化。

第四，教育交流平台有待进一步夯实。如学校管理国际化水平有待提升,两国的教务系统中英韩文版有待完善,教职工的外语水平、交流水平有待提高。两国留学生分开管理,缺乏更好的融合和接触。

第五,教育交流学生层次偏低。中韩两国开展的学生交流互派多以语言研修为主。以 2019 年为例,在韩中国留学生 71 067 名,语言研修和非学位研修人数达 14 960 名,占全部中国留学生的 21.0%,其中,攻读硕士、博士研究生的人数分别只有 11 311 名和 5 765 名,占 15.9% 和 8.1%,攻读高学历学位课程人数偏少。同样,来中国的大部分韩国留学生也以汉语进修和本科生为主。

(二)进一步加强中韩教育交流的建议和未来展望

教育是促进人类发展的重要途径,教育交流有助于中韩互相了解、相互交流、共同发展,未来我们应进一步加大中韩之间开放交流的力度,进一步促进文化交流互鉴,互相融合。为此,就以下几个方面提出相关建议和展望。

第一,加强教育政策沟通,开展两国教育法律、政策协同研究。构建两国教育政策信息交流通报机制,为两国政府推进教育政策互通提供决策建议,为两国学校和社会力量开展教育合作交流提供政策咨询。

第二,进一步推进中韩两国教育交流机制与体制的改革,助力教育合作渠道畅通。如推进两国间签证便利化,办事程序简单化,形成往来频繁、关系密切、合作众多、交流活跃的携手发展新局面。此外,建议两国完善教育质量保障体系和认证机制,加强高层磋商,推动教育质量保障协作机制和跨境教育市场监管协作机制,加快推进两国学生在不同类型和不同阶段教育之间进行转换。

第三,促进并开拓教育交流项目。首先,鼓励中韩学生之间进行更广泛深入的研修访学活动,互派留学生,加强学位互认,联合培养人才。其次，积极推动两国教师之间的交流，加强先进教育经验交流、教师及管理人员交流研修，推进优质教育模式在两国互学互鉴。再次，举办两国校长论坛，推进学校间开展多层次多领域的务实合作。此外，鼓励有合作基础、相关研究课题的学校缔结姊妹关系，建立国际合作联合实验室（研究中心），逐步深化拓展教育合作交流。最后，大力推进两国优质教学仪器设备、教材课件和整体教学方案输出，促进两国教育资源和教学水平共同发展，推动联盟内或校际教育资源共享。

第四，加强两国语言互通。研究构建语言互通协调机制，共同开发汉语、韩国语开放课程，拓展语言学习交换项目。

第五，探索开展多种形式的境外合作办学。除中韩各高等学校间的交流外，中小学、职业院校、培训中心、社会团体、企业单位等各个层次均可开展学习交流。整合资源，积极推进中韩青少年、社会学者等层面开展交流，注重利用社会实践、志愿服务、体育竞赛、创新创业活动、新媒体社交、文化体验等途径，增进中韩青少年及各层次社会人员对两国文化的理解。

第六，完善中韩教育支援制度。发挥教育支援在中韩教育合作交流中的重要作用，逐步加大教育支援力度。倡议建立中韩政府引导、社会参与的多元化经费筹措机制，通过两国国家资助、社会融资、民间捐赠等渠道，拓宽中韩教育交流经费来源，做大教育援助格局，实现中韩教育共同发展。

结　语

韩国教育的理念是"在'弘益人间'思想的指导下，唤醒所有国民的正直人格，使之具备自主生活能力和公民应有的素质，服务于国家的发展，为实现人类共同繁荣的理想做出贡献"。在此教育理念下，小学教育目标以培养学生的学习和日常生活所需的基础能力，形成基本生活习惯为重点；中学的教育目标以小学教育的成果为基础，培养学生的学习和日常生活所必需的基本能力，以及作为民主公民、世界公民的素质。

韩国教育法律法规起着调整教育活动和教育战略方向的作用。韩国《宪法》中的教育条款、《教育基本法》、教育部门法律、教育法律施行令以及教育法律施行规则等由上而下构成现行教育法体系。韩国有特色的法律包括《教育公务员法》《地方教育自治法》等，这些法律为保障韩国教育健康特色发展提供了支撑。

韩国的教育行政组织主体由中央教育行政机关和地方教育行政机关构成。中央教育行政组织以教育部为中心机构发挥作用，地方教育行政组织以地方教育自治为基础，由教育委员会、教育监、市/道教育厅、市/郡/区教育厅担任重要职能。地方教育自治制度把教育行政从一般性行政中分离出来，实现教育行政管理上的分权，确保教育的自主性、专业性和政治中立性，是韩国教育行政体制的一大特色。教育公务员作为教育活动和行政事务的行为主体，担当起了整个国家和社会的教育事业。

韩国学前教育发展相对完善。积极推进Nuri课程的实施，并针对实施过程中出现的问题不断进行修订。残疾幼儿教育从原来强调特殊教育普及率转变为强调综合教育，将综合教育作为残疾幼儿教育的基本内容，并重新完善了相关制度，韩国的全体特殊教育对象中有70%以上被安排到普通学校。韩国为减轻父母养育子女的负担，为上托儿所的婴幼儿提供保育费津贴，为上幼儿园的幼儿提供幼儿园学费津贴，对没有享受托儿所、幼儿园等保育机构的家庭提供家庭养育津贴。同时重视对多元文化家庭幼儿的教育。韩国学前教育也面临着私立幼儿园垄断、低出生率给学前教育带来冲击等挑战，对此，韩国政府采取恢复教育信赖，扩建和提升国立、公立幼儿园服务，强化学前教育的国家责任和公共性等措施应对挑战。

韩国基础教育具有不俗的成绩。韩国在中等教育阶段推行自由学期制，在关注学生基础知识和技能的同时，更加注重学生兴趣的培养及职业规划能力的提升，以述评的方式评价学生的课堂参与活动及参与过程中的表现。随着多元文化学生教育需求的增加，韩国努力提高多元文化家庭子女的在校率，扩大韩国语教室及"垫脚石课程"等适应性课程学习，保障同等的教育机会。实现高中免费教育，2021年免费范围扩大到高中全部年级，受惠学生数达126万，但高中尚未实行义务教育，学生初中毕业后，可以选择上高中或是就业。韩国基础教育尚存在教育机会不平等、高中分级制导致整体教育扭曲等挑战，韩国政府采取强化基础教育的公正性和透明性、加强对基础教育的革新、预防校园暴力、深化国家层面的责任等措施予以应对。

韩国高等教育越来越强调教育质量的提升。其大学课程由普通教育课、专业课和选修课组成，其中普通教育课程约占本科课程的30%，主要是培养学生思考和表达自我的能力，探究事实和理解现象、创造或区分价值观，以便做出正确的判断。女子教育是韩国特色高等教育的重要组成部分，在女性人力资源开发上取得了巨大成就，女性高等教育入学率从1990年的5%跃升至2002年的64%。韩国政府通过立法和行政两个渠道对高等教育机构进行控制，虽然法律赋予大学自治权，但其自治程度和实际实施效果相对被动。为提升高等教育质量，20世纪70年代开始建立和运营的实验大学，通过提前毕业等方式形成大学自主参与改革的风气，激活和推进高等教育课程的研究和改编，推进教育方法的改善并实现大学自我评估、自主研究和专家集体评估相结合的高等教育机构评价方式。因实验大学对韩国高等教育发展的特殊贡献，进入实验大学群本身成为大学的发展指标之一，象征性价值明显。

韩国政府越来越重视职业教育的发展。通过完善的法律体系，为职业教育发展提供法律保障。加大投入力度，为职业教育发展提供财政支持。制定国家职业能力标准体系及国家职业资格制度，为职业教育提供体系保障。强化产教融合，共同培育社会需要的人才。由于韩国学校提供的教育与经济发展需求不完全相符，导致大学生就业率持续下降，再加上老龄化社会来临及低出生率、低结婚率，这些都对社会结构及劳动生产产生了巨大且深远的影响。为应对挑战，韩国从中学开始提供职业教育课程内容，实施"自由学期制"，培养青少年的职业发展意识。韩国政府一直推行"先工作，后上大学"的政策，以满足高中水平工人的需求。积极拓展国际合作，通过学生海外实习等形式，提升职业教育质量。韩国职业教育4.0强调"能力中心型社会"，目前本科阶段的高等职业教育体制很难应对第四次工业革命的需求，有必要将现在以学术或知识为中心的研究生学位体制转换为以国家职业资格体系为基础的以岗位能力为中心的研究生教育体制。

韩国成人教育形态多样。政府通过制定《学分认证法》，构建学分银行制，保障国民终身学习权利及学习经验的多样化。实行自学学位制，扩大成人教育机会。随着老龄化社会的来临及人口结构的变化，终身学习需求增加，收入两极化加剧导致社会更期待社会公平，需要构建完备的终身学习体制，构建人人都能享有的、不受空间制约、在任何地方都能享有的终身学习体系。

韩国仍基本保持着小学教师和中学教师教育体系相对独立的教师教育体制。小学教师培养只限于特定大学，中学教师培养则是在师范大学、普通大学教职专业、教育研究生院中实施。1990年国立师范大学优先任用政策被法院判决为违宪后废除，从1991年开始引入不分国立和私立学校出身，均需通过公开竞争聘用为公立学校教师的任用考试制度。智能信息化社会需要教师具备智能信息运用能力、感性能力、知识融合能力、对人与社会的综合洞察能力、团结协作能力、维护社会正义能力和国际化能力。为培养优质师资，韩国将以研究生院水平来进行教师培育，整合中小学教师培养过程，在综合性大学中进行教师培养。

中韩建交以来，两国关系迅速发展，各领域互利合作不断深化，两国互为第一大留学生来源国。历年TOPIK中国考生均维持高态势。而韩国参加HSK的考生数也多年位于海外考生高位。中韩两国合作办学模式蓬勃发展。除两国政府全面推进教育交流外，校际合作办学、教师交流、学术交流活动亦蓬勃发展。推进共建"一带一路"为推动中韩教育大交流、大开放、大融合提供了大契机。中韩两国的教育合作将会更好地造福两国人民。

参考文献

一、中文文献

艾宏歌．当代韩国教育政策与改革动向 [M]．北京：社会科学文献出版社，2011．

本书编写组．习近平总书记教育重要论述讲义 [M]．北京：高等教育出版社，2020．

陈逢华，靳乔．阿尔巴尼亚文化教育研究 [M]．北京：外语教学与研究出版社，2021．

池青山，等．韩国教育研究 [M]．北京：东方出版社，1995．

冯增俊，陈时见，项贤明．当代比较教育学 [M]．2 版．北京：人民教育出版社，2015．

顾明远．顾明远教育演讲录 [M]．北京：人民教育出版社，2014．

国家信息中心"一带一路"大数据中心．"一带一路"大数据报告（2017）[M]．北京：商务印书馆，2017．

贺国庆，朱文富，等．外国职业教育通史 [M]．北京：人民教育出版社，2014．

黄雅婷．塔吉克斯坦文化教育研究 [M]．北京：外语教学与研究出版社，2021．

姜万吉. 韩国现代史 [M]. 陈文寿，等译. 北京：社会科学文献出版社，1997.

教育部课题组. 深入学习习近平关于教育的重要论述 [M]. 北京：人民出版社，2019.

李洪峰，崔璨. 塞内加尔文化教育研究 [M]. 北京：外语教学与研究出版社，2021.

刘辰，孟炳君. 阿联酋文化教育研究 [M]. 北京：外语教学与研究出版社，2021.

刘迪南，黄莹. 蒙古国文化教育研究 [M]. 北京：外语教学与研究出版社，2021.

刘捷. 教育的追问与求索 [M]. 北京：人民出版社，2021.

刘捷. 专业化：挑战 21 世纪的教师 [M]. 北京：教育科学出版社，2002.

刘进，张志强，孔繁盛. "一带一路"高等教育研究（2019）：国际化展望 [M]. 北京：北京理工大学出版社，2020.

刘生全. 教育成层研究 [M]. 北京：教育科学出版社，2011.

刘欣路，董琦. 约旦文化教育研究 [M]. 北京：外语教学与研究出版社，2021.

卢晓中. 比较教育学 [M]. 北京：人民教育出版社，2020.

陆有铨. 教育的哲思与审视 [M]. 北京：人民教育出版社，2016.

秦惠民，王名扬. 高等教育与家庭流动 [M]. 北京：科学出版社，2019.

秦惠民. 教育法治与大学治理 [M]. 北京：人民出版社，2021.

任钟印. 东西方教育的覃思 [M]. 北京：人民教育出版社，2017.

石筠弢. 学前教育课程论 [M]. 2 版. 北京：北京师范大学出版社，2014.

孙启林，安玉祥. 韩国科技与教育发展 [M]. 北京：人民教育出版社，2004.

孙启林. 战后韩国教育研究 [M]. 南昌：江西教育出版社，1995.

孙有中. 跨文化研究论丛 [M]. 北京：外语教学与研究出版社，2019.

滕大春. 教育史研究与教育规律探索 [M]. 北京：人民教育出版社，2019.

田以麟．今日韩国教育 [M]．广州：广东教育出版社，1996．

万作芳．谁是好学生：关于学校评优标准的社会学研究 [M]．长春：吉林人民出版社，2006．

王承绪，顾明远．比较教育 [M]．5 版．北京：人民教育出版社，2015．

王定华，秦惠民．北外教育评论：第 2 辑 [M]．北京：外语教学与研究出版社，2021．

王定华，杨丹．人类命运的回响——中国共产党外语教育 100 年 [M]．北京：外语教学与研究出版社，2021．

王定华．教育路上行与思 [M]．北京：人民出版社，2020．

王定华．美国高等教育：观察与研究 [M]．2 版．北京：人民教育出版社，2021．

王定华．美国基础教育：观察与研究 [M]．2 版．北京：人民教育出版社，2021．

王定华．新时代高品质学校建设方略 [M]．长春：东北师范大学出版社，2019．

王定华．中国基础教育：观察与研究 [M]．北京：人民教育出版社，2021．

王定华．中国教师教育：观察与研究 [M]．北京：人民教育出版社，2020．

王吉会，车迪．刚果（布）文化教育研究 [M]．北京：外语教学与研究出版社，2021．

王晶，刘冰洁．摩洛哥文化教育研究 [M]．北京：外语教学与研究出版社，2021．

王璐．教育督导与评价制度比较研究 [M]．北京：人民教育出版社，2018．

王名扬．美国公立研究型大学内部质量改进的实证研究 [M]．北京：中国社会科学出版社，2020．

吴式颖，李明德．外国教育史教程 [M]．3 版．北京：人民教育出版社，2015．

习近平．论坚持推动构建人类命运共同体 [M]．北京：中央文献出版社，2018．

习近平. 习近平谈"一带一路"[M]. 北京：中央文献出版社，2018.

谢维和. 我的教育觉悟[M]. 北京：人民教育出版社，2016.

徐辉. 国际教育初探——比较教育的新进展[M]. 2版. 成都：四川教育出版社，2005.

徐小洲，等. 当代韩国高等教育研究[M]. 杭州：浙江大学出版社，2007.

杨汉清. 比较教育学[M]. 3版. 北京：人民教育出版社，2015.

杨鲁新，王乐凡. 北马其顿文化教育研究[M]. 北京：外语教学与研究出版社，2021.

杨昭全. 韩国文化史[M]. 济南：山东大学出版社，2009.

袁本涛. 韩国教育发展研究[M]. 太原：山西教育出版社，2006.

苑大勇. 国际高等教育协同创新与人才培养比较研究[M]. 北京：知识产权出版社，2020.

曾晓东，等. 中国教育改革开放40年：关键数据与国际比较卷[M]. 北京：北京师范大学出版社，2019.

张方方，李丛. 安哥拉文化教育研究[M]. 北京：外语教学与研究出版社，2021.

张弘，陈春侠. 乌克兰文化教育研究[M]. 北京：外语教学与研究出版社，2021.

郑通涛，方环海，陈荣岚. "一带一路"视角下的教育发展研究[M]. 广州：世界图书出版公司，2017.

周曼，张涛. 多元文化视阈下的韩国社会与文化[M]. 太原：北岳文艺出版社，2020.

朱睿智，杨傲然. 莫桑比克文化教育研究[M]. 北京：外语教学与研究出版社，2021.

二、外文文献

김종철. 한국고등교육연구 [M]. 서울: 배영사, 1979.

김동환. 한국의 공업교육정책연구 [M]. 서울: 문음사, 2001.

서울대학교 60 년사 편찬위원회. 서울대학교 60 년사 [M]. 서울: 서울대학교, 2006.

윤소영. 한국 문화사 [M]. 서울: 어문학사, 2006.

정영근, 정혜영, 이원재, 등. 교육의 철학과 역사 [M]. 서울: 문음사, 2011.

한국사특강 편찬위원회. 한국사특강 [M]. 서울: 서울대학교 출판부, 2008.

한국교육개발원. 한국 근대 학교교육 100 년사 연구 3[M]. 충청북도: 한국교육개발원, 1998.